"十三五"职业教育国家规划教材

EXHIBITION
CONFERENCE PLANNING

会展策划

（第三版）

华谦生 /著

汇集世界**一流知名会展**的一手资料

40多个**经典案例**

50多个具有实用意义的**图表**

国内外大型**会展策划**全程揭秘

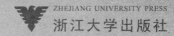

ZHEJIANG UNIVERSITY PRESS 浙江大学出版社

图书在版编目（CIP）数据

会展策划／华谦生著. —3 版. —杭州：浙江大
学出版社，2019.6（2021.8 重印）
ISBN 978-7-308-19160-9

Ⅰ.①会… Ⅱ.①华… Ⅲ.①展览会—策划—教材
Ⅳ.①G245

中国版本图书馆 CIP 数据核字（2019）第 095969 号

会展策划（第三版）

华谦生 著

责任编辑	黄娟琴　吴昌雷	
责任校对	宁　檬　杨利军	
封面设计	北京春天	
出版发行	浙江大学出版社	
	（杭州市天目山路 148 号　邮政编码 310007）	
	（网址：http://www.zjupress.com）	
排　　版	杭州青翊图文设计有限公司	
印　　刷	嘉兴华源印刷厂	
开　　本	787mm×1092mm　1/16	
印　　张	15.25	
字　　数	362 千	
版 印 次	2019 年 6 月第 3 版　2021 年 8 月第 3 次印刷	
书　　号	ISBN 978-7-308-19160-9	
定　　价	49.00 元	

第三版前言

作为一个新兴的朝阳产业,会展业在中国的发展日新月异。自2014年本书第二版出版以来,中国及世界会展行业出现了许多新的变化,也涌现了许多新的做法。本书作者是在会展行业从事实际工作的资深实战专家,本次再版,作者不仅将我国及世界会展行业的新理论、新模式、新做法、新手段和新趋势添加到本书中,而且对书中一些较过时的案例进行了更新,还在读者反映较多的认为不太容易掌握的内容里添加了一些新的案例,使本书的案例更加丰富,达到40多个;作者还对书中一些跨章节的有关联的内容进行了更为符合行业操作习惯的修订。考虑到内容的延续性和风格的一致性,作者对全书的篇章结构没有做改动。

相信通过这次修订,本书会更加贴近行业实际,更能反映行业最新发展趋势,也会更受读者欢迎。

华 谦 生

2019 年 1 月

第二版前言

　　会展是一项计划性和系统性非常强的活动,良好的策划与组织是会展能够成功举办的重要前提。不论新创立的会展还是已经连续举办了多届的会展,策划都是必不可少的。可以说,没有良好策划的会展往往是先天不足的会展,没有严密组织的会展常常是错漏百出的会展。

　　在我国,会展业是一个发展很快但又很年轻的产业,在会展策划与组织方面的相关理论研究远远跟不上会展业发展的实际需要,一些会展策划和组织理论还照搬一般的策划理论,脱离我国会展业的实际,这些理论和由这些理论延伸出来的会展策划和组织方法,使我国会展策划与组织的理论研究和实务工作严重脱节:我国多年的会展策划与组织实践经验没能从理论上加以总结和提升,而既有的会展策划和组织理论又远远满足不了启发和指导国内会展策划与组织实践的需要。

　　正是基于我国会展业的这一现状,经过多次赴德国、美国、法国、日本和意大利等会展业比较发达的国家考察当地的会展经济,我在长期从事会展策划与组织等实践工作的基础上,借鉴国外会展业先进的理念、模式和办法,对多年的会展策划与组织实务工作进行理论提升和经验总结,其成果凝结成了本书。

　　本书是根据策划和组织举办一个展会,从最初的立项策划和可行性分析,到展会招展、招商和宣传推广,直至展会开幕、现场管理的内在联系和顺序来写的,在写作中,注意使"理论和实务并重,基础和前沿兼顾",既注意对会展策划与组织一般理论的阐述,也注意对具体可行的实际办法、策略和方案的介绍,力争做到"原理阐释简洁有层次,方法和策略完整实用,兼收并蓄国内外办展理念和最新战略与策略"。

　　本书的案例极为丰富。全书精选了来自世界一流的知名展览会和会议的一手资料,汇集成40多个经典案例和近50个具有实用意义的图表,并按照全书各章节的实际需要,有针对性地分布在各有关章节中。通过这些案例和图表,读者不仅能更好地理解书中阐述的一些理论、流程和策划原理,还可以加以借鉴与发挥,增强自己的实际操作能力和提高理论水平。

　　本书共有十章,可以分为互为联系的四个有机部分:

　　第一部分,举办展会所必要的前期准备工作的策划,包括展会立项策划(第一章)、展会项目可行性分析(第二章)、展会品牌形象策划(第三章)、展会后勤方案策划(第四章),主要从理论和实务上讲述如何进行展会立项和如何进行展会项目可行性分析,以及如何具体策划筹备一个展会。

　　第二部分,举办展会的招展和招商等营销工作策划,包括招展策划(第五章)、展会招商与宣传推广策划(第六章),主要从理论和实务上讲述展会招展、招商和宣传推广的一般营销原理和具体方法。

　　第三部分,举办展会的会务和管理工作的策划,包括展会服务与现场管理方案策划(第七章)、展会时间管理方案策划(第八章)、展会危机管理方案策划(第九章),主要讲述展会服务、现场管理和其他管理等方面的一般原理和具体方法。

第四部分，会议及活动策划，为本书的第十章，主要讲述会议和活动的策划，以及展会期间举办的会议和活动的策划。

本书有以下五个显著特点：第一，理论联系实际，既注重对各种展会策划实务工作的理论提升和总结，又注意理论对展会实践指导的实用性；第二，完整性，本书包含的内容从立项策划等创立展会的最初工作到展会闭幕，全面包含了策划举办展会所涉及的各项主要内容；第三，可操作性，书中的很多策略和方法均来源于实践并已经在实践中被证明是有效可行的；第四，创新性，如本书论述的许多内容都是我国会展业所必须关注但目前我国会展理论研究还欠缺的；第五，开拓性，本书的很多内容在我国会展理论界都具有开拓性的意义，是首次在本书中被完整系统地论述。

本书所论述的内容适合于会议和展览会的策划与组织，但为论述方便，很多时候仍以展览会的相关策划与组织为例加以说明，希望读者在阅读本书的时候能举一反三、触类旁通。

本书适合我国广大会展从业人员、主管会展业的各级政府官员和行业协会（商会）人士以及业内理论研究者，也可以作为各高等院校会展、旅游以及酒店管理等专业的骨干教材使用。

华　谦　生

2013 年 11 月

Email：huaqs@tom.com

目　　录

第1章

展会立项策划 >>>> >

⬡▷【本章要点】

　　本章论述的是展会策划的前期准备工作和展会立项策划的相关内容。展会
策划的前期准备工作包括对相关产业、市场、法律法规、相关展会等各种信息的
收集,以及如何选定展会展览题材。展会立项策划包括如何确立展会的名称、
举办地点、办展单位、办展时间、展品范围、办展频率、展会规模、展会价格等基
本内容,以及进行展会如何定位、展会总体发展战略规划、展会阶段发展战略规
划等等。最后给出了如何撰写展会立项策划书的提纲。

　　展会立项策划的主要任务是:在进行广泛市场调查的基础上,充分掌握各种信息,为将
要举办的展会建立起基本框架;初步提出展会的基本内容,为下一步研究举办本展会的可
行性和将来制订展会的各种执行方案、营销策略和竞争战略做准备。

1.1　信息的收集

　　展会立项策划的前提是要掌握有关信息。掌握信息的过程就是一个系统的、有目的的
市场调查和信息收集与整理的过程。没有掌握有关信息的展会策划是盲目的策划。对于
策划举办一个展会而言,需要掌握的信息主要涉及四个方面:产业、市场、法律和相关展会
的信息。

1.1.1　产业信息

　　产业发展状况和产业的性质是影响一个展会能否成功举办的重要因素之一。产业不
同,举办展会的策略和办法也不一样。收集相关产业的有关信息,主要是从产业的角度分
析产业能给展会提供怎样的发展空间、产业对举办展会可能产生怎样的影响等,为策划出
切实可行的展会举办方案提供参考。从立项策划举办一个展会的需要出发,一般的,需要
收集和掌握的产业信息主要有以下几个方面:

1.产业发展阶段

每一个产业的发展都要经过投入、成长、成熟和衰退四个阶段。处于投入期的产业,由于刚刚起步,企业数量有限,市场不大,举办展会往往较难获利;处于成长期的产业,市场扩张快,企业数量不断增多,市场对该产业的产品和该产业对相关设备的投资需求较大,企业盈利性好,较适合举办展会;处于成熟期的产业,市场竞争激烈,企业数量较多,很多企业在为自己的产品寻找销路,也比较适合于举办展会;处于衰退期的产业,企业数量在不断减少,企业盈利性较差,市场容量收缩,较难举办展会。

2.产业规模

产业规模主要是指该产业的生产总值、销售总额、进出口总额和从业人员数量等,这些信息是策划举办展会时需要参考的重要数据。例如,了解产业从业人员数量可以为预测展会的到会专业观众数量提供参考。产业规模对展会规模会产生直接的影响,产业规模的增减会影响到展会规模的增减,在收集产业规模的相关数据时,不仅要收集产业规模的现在数据,还要对其未来的增减趋势做出预测,以便为展会制定长期发展策略提供参考。

3.产业分布状况

产业的分布状况与展会的招展和宣传推广策略的制定密切相关,是制定展会招展、招商和宣传推广策略的基础。了解产业的分布状况,不仅要了解该产业的产品主要是在哪些地方生产,每个生产地在该产业的产品生产中所占的比例大约是多少,也要了解该产业的产品主要是在哪些地方销售,每个销售地在该产业的产品销售中所占的比例大约是多少,还要了解每个地方生产和销售的产品的种类和特色以及档次如何等。只有了解了这些信息,以后的招展招商和展会宣传推广策划才会有可靠的依据,否则,就会无的放矢,不具备可执行性。

4.厂商数量

从理论上讲,一个产业拥有的厂商数量就是即将举办的展会的潜在参展商和专业观众的数量。如果产业拥有的厂商数量太少,则展会的潜在参展商和专业观众也会较少,展会举办成功的可能性也较小;如果产业拥有的厂商数量较大,则展会的潜在参展商和专业观众也会较多,展会举办成功的可能性也较大。因此,事先切实了解产业的厂商数量,对确定展会规模和可能的专业观众数量十分重要。

5.产品销售方式

产业的产品销售渠道模式及其成熟度对举办展会的影响也比较大。例如,如果某产业产品的批发渠道比较发达,大型批发市场较多,则在该产业内举办展会就会遇到很大的困难;或者,如果某产业的销售渠道比较成熟,各企业的销售渠道已经自成体系,则展会招展也比较困难。另外,有些产业产品的订货和销售的季节性都很强,在这些产业里举办展会,最好结合产品订货和销售的季节性来确定展览时间;如果展会举办的时间忽视了这种季节性,那么展会就很难成功。一般而言,适合举办展会的产业都是那些以"看样成交"为主的产业,以及那些对产品的外观设计和款式比较看重的产业。

6.技术含量

产业技术含量主要是生产指该产业的产品以及生产设备所需要的技术的难易程度以及它们的体积大小和重量等。了解这些信息,对于即将举办的展会的场地选择有着十分重要的参考意义。由于各地的展览场馆在展馆室内高度、场地承重、展馆进出通道等方面的技术要求不一样,其对展品的要求也不相同。例如,对于那些技术含量较高的展品,需要在布置展馆展区时提供较宽的通道和公共空间,以便参展企业进行产品现场演示;另外,对于一些体积较大的展品,则应选择在进出通道较大、室内高度较高的展馆里举办展会;如果展品较沉重,则应选择在地面承重量较大的展馆举办展会。

7.产业的发展趋势、产业的热门话题和产业的亮点等

这些信息对今后策划展会本身和策划与展会同期举办的会议及相关活动很重要。

一方面,要收集和掌握上述产业信息的范围与计划要举办的展会的设定参与范围有关。例如,如果计划举办的展会是一个国际性的展会,那么,我们就不仅要收集有关该产业的国内信息,还要收集国外的相关信息;如果计划举办的展会是一个地方性的展会,那么只要收集该相关地区的有关信息即可。另一方面,以上信息对计划举办的展会的准确定位也有重要的参考价值。换句话说,如果计划举办的展会所设定的参与范围要靠对收集的信息的分析来确定,那么,需要收集的信息是否全面、充实和详尽,就直接决定了该范围最终能否定得准确了。

1.1.2　市场信息

策划举办市场化的商业性展会,需要事先对市场进行全面的了解,对各种市场信息进行全面和深入的分析,并在此基础上做出科学的应对策划。如果市场信息掌握不全,凭此做出的策划就会出现偏差,有的甚至会使展会全盘皆输。策划举办一个展会需要收集的市场信息主要有:市场规模、市场竞争态势、经销商数量和分布状况、行业协会状况、市场发展趋势、相关产业状况等。

1.市场规模

某一产业的市场规模的大小,对在该产业内举办的展会的规模会产生直接的影响。如果市场规模过小,举办该产业题材的展会就会失去市场基础,展会就很难举办成功。了解市场规模不仅要了解现在的市场规模,还要预测市场规模的增减趋势,因为市场规模的增减直接影响展会规模的变化。如果市场规模缩减过快,展会规模也将会在较短的时间内很快缩小;当市场规模缩减到一定的程度时,展会也就失去了继续存在的基础。

2.市场竞争态势

市场竞争态势是指产业内部企业之间的竞争关系以及政府对该产业的控制力和影响力如何。市场竞争态势对企业的参展意愿会产生重要的影响。例如,对于垄断性较强的产业,企业通过参加展会这种方式来营销自己产品的积极性较小,在该产业内举办展会的难度就较大;市场竞争较自由的产业则反之。又比如,对于市场集中度较高的产业,少数几家大企业会对市场产生决定性的影响,它们是否参加某一展会,不仅会直接影响到该展会本身能否取得成功,还对产业内其他的企业是否参展产生重大影响;市场集中度较低的产业则反之。在了解产业市场竞争态势时,还要注意摸清其是属于买方市场还是卖方市场,处于买方市场状态的产业往往更适合举办展会。

3.经销商数量和分布状况

除生产企业外,各种经销商也是展会重要的潜在客户。他们既可能是参加展会的参展商,也可能是参观展会的专业观众。因此,事先准确掌握某一产业的经销商数量和分布状况,对展会本身有着重要的意义。

4.行业协会状况

产业内是否存在行业协会和行业协会在产业内的号召力如何,对展会的成功举办有较为重要的影响。如果存在行业协会,则意味着该产业内有一些较统一的行业规范和行业管理,产业内的企业行为和市场行为会受到某些条例的约束;否则,市场会较为无序。另外,如果行业协会在产业内有较大的号召力,则行业协会对某一展会的评价或看法会对企业的参展意愿和参展行为产生较大的影响;反之影响就会微不足道。了解行业协会的状况后,进而想办法取得该行业协会的支持,并进一步与该行业协会合作,这样将有利于展会的成功举办。

5.市场发展趋势

市场发展趋势直接影响到展会未来的发展前景。了解了某一产业的市场发展趋势,就可以为在该产业里举办展会的发展前景做出预测和规划。对于策划举办展会而言,需要了解的市场发展趋势包括:市场容量的增减趋势、市场集中度的发展趋势、产业市场营销方式的变化趋势、市场竞争的发展趋势、市场分布状况的变化趋势等等。

6.相关产业状况

这里的"相关产业状况"是指与展会展品范围所在产业有产品使用和供应关系的有关产业的状况。所谓"有产品使用和供应关系",是指该产业是展会展品范围所在产业产品的中间用户或最终用户,或者该产业是本产业生产设备和中间产品的提供者。例如,举办体育用品题材的展会,需要了解的"相关产业"包括房地产、宾馆酒店、各种会所、学校以及各种健身场所等。了解相关产业的状况主要是为策划展会的招商方案做准备。

1.1.3　有关法律法规

国家的法律法规对举办展会的影响体现在三个方面:一是通过对国内外企业参展意愿和参展行为的影响来间接影响展会;二是通过对展会组织方式等的约束来直接影响展会;三是通过对展会举办单位的市场准入资格的限制来影响展会。在策划举办展会时,需要了解的有关法律法规包括:

1.产业政策

产业政策是指政府对相关产业产品的生产、销售和使用等方面的规定,如国家对香烟、酒等销售方面的"专卖"的规定和对药品在生产和使用方面的规定等。这些规定对展会的举办、企业的参展意愿和参展行为等都会产生直接或间接的影响。

2.产业发展规划

产业发展规划是指国家和地方政府对某一产业的发展所做的长远和宏观规划。这种规划在某种程度上决定着该产业在今后较长时期内的发展状况和发展趋势。一般来说,在政府大力扶持或被规划为重点发展的产业里举办展会,其发展前景比较看好。

3.海关有关规定

海关有关规定主要是指针对某一产业的货物进出口政策、货物报关规定和关税等,这些规定对海外企业参加展会将产生重大影响。货物进出口政策直接影响海外企业的参展意愿,如果禁止或限制某类产品的进出口,那么海外企业不管是参展还是参观展会的意愿都将非常低;货物报关规定直接对展会的具体操作产生影响,如果报关手续复杂,那么展会的筹备期就势必要提前;关税水平的高低对海外企业参展的影响也较大,较高的关税会阻碍企业参展,较低的关税则对吸引海外企业参展较为有利。另外,海关针对参展商品的专门规定也是举办国际性展会所必须要了解的内容。

4.市场准入规定

市场准入规定包括两个方面:一是对举办展会的企业或机构的资格的审定;另一个是国家对外资进入该产业的政策规定。前者对企业能否举办展会将产生直接的影响,后者不仅影响到海外企业的参展意愿和参展行为,也同样影响到国内企业。

5.知识产权的保护

很多参展企业会在展会上或在展会前发布新产品、推出新设计,如何保护这些新产品和新设计的知识产权,是办展单位所必须要考虑的问题。如果展会上出现大量侵犯知识产权的展品,不仅会引起参展企业之间的纠纷,也会影响展会的声誉,对展会的发展较为不利。

6.其他规定

由于举办展会会涉及多种产业,因此,政府对交通、消防、安全等其他有关产业的规定,也会对展会产生这样或那样的影响。在策划举办展会之前,对这些规定也要有所了解。

1.1.4　相关展会的信息

俗话说:"知己知彼,百战不殆。"在策划举办展会时,最理想的状态是,在计划举办展会的产业里目前还不存在展会,这样,策划举办新展会就要容易得多。但是,在现在的市场状态下,已基本不存在没有展会的产业。因此,在策划举办展会时,一定要对该产业内的现有展会的情况有所了解。了解这些信息,一方面,可以为决定是否在该产业内举办展会提供决策依据;另一方面,也可以为一旦决定在该产业内举办展会而如何制定竞争策略提供参考。

从理论上讲,对相关展会的有关信息当然是了解得越多越好;但在现实中,由于存在竞争关系,一般很难全面收集到相关展会的全部信息。但在策划举办展会时,至少应该收集到相关展会的下述信息:

1.同类展会的数量和分布情况

我们要尽量弄清楚国内和全世界范围内与我们即将要举办的展会的题材相同的展会的数量,搞清楚这些展会的地域分布情况。一般来说,同题材展会的数量越多,对在该产业中策划举办新展会越不利;同题材展会的地域分布离计划举办的展会的地域越远,对策划举办新展会越有利。

2.同类展会之间的竞争态势

不管各展会的定位如何,同题材的展会之间总会存在这样或那样的竞争关系。弄清楚同类展会之间的基本竞争关系,对是否策划立项举办新展会和为新展会制定怎样的竞争策略有着十分重要的意义。

3.重点展会的基本情况

除要了解同题材的所有展会的数量和分布情况外,对该题材的一些重点展会的基本情况有必要作进一步的了解。所谓"重点展会",是指那些规模和影响都较大、行业口碑较好,或者是与我们计划举办的新展会有直接的竞争关系的展会。对于这些展会,对其组展单位、办展时间、办展频率、办展地点、展会规模、参展企业数量及分布、观众数量和来源、展品范围、展会定位等情况要有比较详细的了解。

1.1.5   获取信息的方法

在试图获取上述各种信息时,我们要尽量使获取的信息客观准确、全面系统且富有时效性。要达到上述目的,可以通过以下办法来获取上述各种信息:

1.委托专门的市场调查机构帮助收集一手资料

市场上有许多专门从事市场调查和市场信息收集的机构,它们有专门的市场调查程序和调查人员,有较科学的调查方法和资料整理分析手段,得出的调查结论也较为客观。从事市场调查的机构一般包括:专业市场调查公司、广告公司、咨询服务公司等。在委托这些公司帮助收集信息时,我们要向它们明确需要收集信息的地域范围、时间跨度和产业范围等。

2.收集现成的二手资料

能够提供现成资料的渠道有很多,如:政府部门公布的政策、法令和统计数据,各种信息中心和上级主管部门提供的资料,专业报纸杂志以及书籍提供的资料,公共图书馆里大量的资料,外国驻华机构提供的资料,国际商会和各国商会的出版物和贸易数据,国际组织刊发的资料等等。收集上述资料时,注意要先尽量利用办展单位已有的现成资料,然后再按先近期后远期、从一般到具体、从表象到实质的原则去收集。

3.市场抽样调查

市场抽样调查的方法有两种:随机抽样调查和非随机抽样调查。前者是采取随机原则从调查对象总体单位中直接抽取一部分单位组成样本进行调查的一种调查方法,它包括纯随机抽样调查、分层随机抽样调查、整群随机抽样调查和等距随机抽样调查等几种形式;后者是根据调查者主观设定的某个标准来抽取样本单位的一种调查方法,它包括任意抽样、判断抽样和配额抽样等几种形式。

4.通过网络收集

通过网络收集资料是一种非常便捷的信息收集手段。网络具有信息时效性强、覆盖面广、方便快捷的特点;但通过网络获取的信息的准确性有待提高。在使用网络收集信息时,要注意运用专业知识进行多方面分析和比较,去伪存真,力求信息准确可靠。

收集到上述信息后,就可以从时间、空间和产业三个角度对信息进行整理和分析。通过整理和分析,得出真实、及时、系统和适用的资料。根据这些资料,就可以进行展会展览题材的甄选和确定工作了。

1.2   展会展览题材的选定

选定展览题材是展会立项策划过程中的一项十分重要的工作。所谓展览题材,就是举办一个展会所计划要展出的展品的范围,换句话说,就是计划让哪些产业的商品在展会上展出。展览题材的选择是一项非常细致和专业的工作,它往往涉及产业的专业分类。展览题材选择的好坏和准确与否,直接影响到展会的专业性和市场拓展性,对展会的招展和未来发展有着重大影响。

1.2.1 确定在哪个产业举办展会

现代展览业越来越倾向于举办专业展,一个专业展一般只包括一个产业,而一个产业所包含的商品类别往往种类繁多。那么,究竟应该如何选择在哪个产业里举办展会并让哪些商品在展会上展出呢?在上述各种信息和一定产业专业分类知识的基础上,我们可以用市场细分的办法来选定将在哪个产业举办展会。

所谓市场细分,是指办展单位按照一种或者几种变量,把整个市场细分成若干个有相似需求和欲望的客户群体来形成子市场的市场分类过程。经过细分,每个子市场内部的消费者的需求都基本相似,不同的子市场的需求差别则比较大。结合办展单位自身的优势,通过市场细分,办展单位可以分析和把握市场机会,找到适合自己进入并举办展会的产业。

市场细分揭示了办展单位进入某一产业举办专业展会的市场机会,但办展单位是否决定要进入这个产业办展,还必须对该细分市场进行评估。一般的,办展单位可以就以下四个方面对细分市场进行评估:

1. 细分市场的规模和发展潜力

潜在的细分市场要有一定的规模和发展潜力,这是办展单位是否进入某一产业办展首先需要考虑的问题。如果产业规模小,未来可能参展的企业就少;如果产品使用范围小,展会未来的观众就肯定不多;如果产业发展前景渺茫,展会未来的发展空间肯定也不大。

2. 细分市场的盈利能力

细分市场不仅要有一定的规模和预期增长率,还必须有一定的盈利能力,对于举办商业性专业展会的办展单位尤其如此。对大多数办展单位来说,举办展会都必须保证在预定的时间内有一定的盈利水平,否则,办展单位就无法生存。

3. 细分市场的结构吸引力

有盈利能力的市场对大家都有吸引力,但具有市场结构差异的细分市场,对办展单位的吸引力是不同的:首先,细分市场的竞争状态影响办展单位进入该市场的难易程度;其次,新进入该市场的竞争对手的状况影响办展单位在该市场能否站住脚;最后,产业的特性影响办展单位在该市场招展和邀请观众的难易程度。

4. 办展单位自身的办展目标和资源

办展单位必须清楚认识自己的优劣势:如果自己在某一产业内毫无优势可言,那么,即使该产业再适合办展,该办展单位进入该产业也需要慎重。同时,在进入某一产业办展之前,办展单位首先必须明确自己的办展目标,比如,举办该展会是着眼于利润目标还是社会效益目标,是为自己的长远利益打算还是为眼前利益着想,如此等等。只有目标明确了,行动才更有说服力,才更有成功的保障。

通过对细分市场的评估,办展单位可能会发现一个或几个值得进入办展的产业;办展单位可以根据自身的实力选择进入一个或几个产业举办一个或几个专业展会。选定进入的产业以后,下一步就要决定该选择哪些具体题材作为展会的展览题材了。一般的,选择展会具体展览题材有四种办法:新立题材、分列题材、拓展题材和合并题材。

1.2.2　新立题材

所谓新立题材,就是通过对收集到的各种信息进行整理和分析,选定一个办展单位从来没有涉及的产业作为举办新展会的展览题材。

进入一个从来没有涉足的新题材对办展单位来说具有一定的挑战性。如果题材选择不当,不但展会很难举办成功,该办展单位的业务和形象也会受到严重的影响。所以,是否进入一个新产业策划举办一个全新题材的展会,办展单位要结合自己的优劣势进行综合分析,然后再慎重地做出决策。

办展单位可以从收集到的信息中甄选新立题材。当把几个候选题材的信息收集起来并经过仔细分析以后,办展单位可以结合自己的实际情况,从这几个题材中选择一个或几个,作为策划举办新展会的候选题材。之所以说是作为候选题材,是因为尽管目前选定了这一题材,但是最终决定是否举办该题材的展会,还要看项目可行性分析的结论如何。不过不管怎样,这时候是可以根据信息分析初步确定展览题材的。

通过新立题材的方式来策划举办一个新的展会有以下好处:第一,办展单位可以进入一个新的产业和开发一个新的市场;第二,新题材往往是暂时被市场忽视的题材,别的办展单位进入得少或者是根本就没有办展单位进入过,这样我们就可以避开别的办展单位的竞争;第三,新题材很多时候是市场的新兴产业,只要抢先一步,成功的可能性就较大。

通过新立题材的方式来策划举办一个新的展会也会有一定的风险:第一,对于办展单位来说,新题材是一个崭新的领域,进入一个陌生的领域有一定的风险;第二,办展单位可能会缺乏对该题材有所了解的专业人员,对该产业的企业、行业协会等的数量和分布等缺乏基本了解,不利于以后展会筹备工作的展开;第三,由于缺乏对该产业的了解,办展单位可能对抓住该产业的产业发展重点和产业热点有困难,展会可能因此而缺乏市场号召力。

1.2.3　分列题材

所谓分列题材,就是将办展单位已有的展会展览题材再作进一步的细分,从原有的大题材中分列出更小的题材,并将这些小题材办成独立的展会的一种选择展览题材的方式。分列题材的目的往往不仅仅是为了多办几个展会,而是为了使经过细分的题材的展会能更好地独立发展壮大。

分列题材不是随意想分就分,它必须满足一定的条件,要在符合办展单位的发展战略并得到收集的各种信息的支持的基础上才可以分列:第一,原有的展会已经发展到一定的规模,某一细分题材在原有展会中已经占有一定的展览面积;第二,由于场地限制或其他原因,某一细分题材在原有展会中的面积已经很难再进一步扩大,但是,如果将这一细分题材独立分列出来单独发展,其发展的空间将更大;第三,尽管某一细分题材在原有展会中已经占有一定的展出面积,但是,如果将这一细分题材分列出来,原有的展会不会受到太大的影响,或者,这一细分题材分列出来后,原有的展会还可以得到更好的发展;第四,某一细分题材与原有展会其他题材之间有相对的独立性,这一细分题材的企业和客户可以从原有展会中分离出来;第五,收集到的各种信息表明,这一细分题材适合单独举办展会。如果达不到上述条件,分列题材就可能会导致失败。

通过分列题材的方式来策划举办一个新的展会有以下几个好处:第一,由于细分题材是从原有展会的大题材中分列出来的，公司对该题材有一定的了解，并有一定的客户基础，新展会容易举办成功；第二，该细分题材分列出来以后，不仅为原有展会其他题材让出了更大的发展空间，而且依据细分题材所办的新展会也可以更加发展壮大；第三，原有展会和依据细分题材所办的新展会都将更加专业化。

通过分列题材的方式来策划举办一个新的展会也有一定的风险：第一，分列的时机很难把握，很难确定什么时候才是将某一细分题材从原有的展会中分列出来的最佳时机，如果时机把握不好，题材分列就很难成功；第二，将某一细分题材从原有的展会中分列出来，会给原有展会造成多大的冲击往往较难把握；第三，办展单位是否已经具备将某一细分题材从原有的展会中分列出来独立办展的实力，要经过慎重考虑才能决定。

将某一细分题材从原有的展会中分列出来独立办展以后，如果这一细分题材的展会规模刚开始还比较小，就可以将它和原有的展会一起同时同地举办，以便培育其发展壮大，等其发展壮大到一定规模时，再将其彻底和原有展会分离；如果这一细分题材的展会一分列出来就具有一定的规模，则可以一开始就将它和原有展会彻底分离，另外确定时间和地点来举办。

【经典案例】

CeBIT 从汉诺威工业博览会中分列出来成为新的大展

德国汉诺威工业博览会创办于 1947 年，是国际最知名的大型工业博览会之一。汉诺威工业博览会展出题材众多，其中，消费电子、办公、信息及通信技术与设备是其重要组成部分。

随着消费电子、办公、信息及通信技术的蓬勃发展，到 20 世纪 50 年代末，来自消费电子、办公、信息及通信技术与设备领域的展商数量，在汉诺威工业博览会众多展出题材的参展商数量中已位列第三名，越来越多的数据处理商、软件供应商和个人电脑制造商来汉诺威工业博览会参展。然而，由于展馆面积有限，大量青睐汉诺威工业博览会的展商仍无缘在此展会上一展风采。到 1985 年，相关展商数量达到 1300 家，但仍然有约 870 家企业因没有拿到展位而无法参展。

面对这一形势，德国汉诺威展览公司与一些重要展商及相关行业协会进行了连续数月的商讨，并于 1984 年 11 月宣布从 1986 年起，将消费电子、办公、信息及通信技术与设备题材单列，作为独立的展会分列出来单独成展，于每年 3 月举办，比每年 4 月举办的汉诺威工业博览会提前一个月。新展名称定为"CeBIT"，为德语"办公及信息中心"的首字母缩写。

1986 年 3 月 12 日，首届 CeBIT 开幕，有 2142 家展商在 20 万平方米的展览面积上展示其最新产品、系统和服务，首次纳入 CeBIT 的"通信"展区也迎来了 190 家展商；共有 334400 名观众参观了首届 CeBIT。将 CeBIT 分列出来成展，取得了巨大的成功。

此后，德国汉诺威展览公司不断提升 CeBIT 的办展理念，CeBIT 很快就在全世界展览业中脱颖而出，成为全世界消费电子、办公、信息及通信技术与设备领域发布最新行业发展趋势及网络化成果和展示创新产品及技术的绝佳国际平台，是全球最大的 ICT 国际顶级盛会。

1.2.4　拓展题材

所谓拓展题材,就是将现有展会没有包含的,但与现有展会的展览题材有密切关联的题材,或者是将现有展会展览大题材中暂时还未包含的某一细分题材列入现有展会展览题材的一种方法。

拓展展览题材是扩大展会规模的一种常用的有效办法。一方面,拓展展览题材可以扩大展会的招展展品范围,为扩大展会规模做出贡献;另一方面,拓展展览题材也可以扩大参展企业数量和观众来源,为拓展展会发展空间服务。

拓展展览题材不是随意的,它也要满足一定的条件才可拓展:第一,计划拓展的题材与现有展会的展览题材要有一定的关联性,如果没有一定的关联性,拓展展览题材的必要性就不大;第二,现有展会能容纳计划拓展题材的加入,换句话说,计划拓展题材的加入不会给现有展会造成任何操作上的不便;第三,现有展会的专业性不会因计划拓展的题材的加入而受到影响。总之,一句话,计划拓展的题材加入现有的展会不能是"画蛇添足",而应是"锦上添花"。

通过拓展展览题材来发展展会可以使展会的展品范围更加完整,并使展会更加专业化。拓展展览题材实际上就是要将现有展会原来没有包含的题材再包含进去,将一些与现有展会的展览题材密切相关的题材补充进展会。这会使现有展会的展出题材更完整,展会更专业、更具有行业代表性。

当然,如果拓展展览题材处理不当,也会带来一定的风险:第一,如果拓展的展览题材与现有展会的展览题材的关联性不大,可能会出现"拉郎配"的现象,使现有展会变成"大杂烩"而失去其专业性;第二,新题材的加入可能会影响到现有展会的展区划分,影响到现有展会的现场布置和管理。所以,在执行拓展展览题材策略时,满足上述三个拓展条件是其重要前提。

1.2.5　合并题材

所谓合并题材,就是将两个或两个以上彼此相同或有一定关联的展览题材的现有展会合并为一个展会,或者是将两个或两个以上的展会中彼此相同或有一定关联的展览题材剔除出来,放在另一个展会里统一展出。

通过合并题材的方式来策划举办一个新的展会可以带来以下好处:第一,合并题材是将彼此相同或有一定关联的展览题材合并到一起,有利于集中精力,做大做强该题材的展会;第二,如果合并题材是在两个不同的办展单位之间进行,那么,合并题材就可以消除市场竞争,独占该题材的展览市场;第三,合并题材可以更好地安排展览日期和划分专业展区,更方便企业参展和观众参观;第四,合并题材可以得到产业内知名企业的大力支持,提高他们参展的积极性;第五,合并题材可以使展会更具有产业代表性,有利于提高展会的档次。

通过合并题材的方式来策划举办一个新的展会也有一定的风险:第一,合并题材往往涉及多个展会,如果处理不当,可能会给这些展会带来不利的影响;第二,合并题材可能会涉及多个办展单位之间的业务合作,办展单位之间的业务合作不当和利益分配不均可能会导致题材合并的失败;第三,如果合并题材选择不当,不仅会给现有展会造成伤害,还可能会使新展会成为一个"大杂烩"。

为了避免合并题材失败和合并题材带来的风险,在合并题材时要遵循以下做法:第一,计划合并的题材如果不是同一题材,那么,计划合并的题材之间一定要有很强的关联性;第二,如果计划合并的题材涉及两个或两个以上的展会,在题材合并前要充分估计合并可能给各展会带来的影响,并采取相应的对策将不利影响减到最低;第三,如果在两个或两个以上的办展单位的展会之间进行题材合并,那么,在题材合并前要谈妥办展单位之间的业务合作和利益分配办法,不要仓促进行合并;第四,要选择好合并的时机,使合并能为产业内企业所了解和接受,并使他们有充足的时间对此做出反应。

【经典案例】

三展合并成新的深圳国际汽车展

一直以来,深圳存在三个汽车展:创办于 1991 年的"深圳国际汽车展览会",以专业化为特征,以与"北京车展"(1990 年)同步、开创中国车展之先河为亮点;创办于 2002 年的"深圳汽车嘉年华暨国际汽车交易会",以先锋性为特征,以"先锋的汽车文化"和"交易"并重,在全国车展上独树一帜;创办于 2006 年的"中国(深圳)汽车文化博览会",以本土化为特征,力求汇聚"深圳本土汽车经销商"全部资源,使参展的冠军 4S 店居全国之冠。

2008 年,深圳的三大车展合而为一,定名为"第十二届深圳国际汽车博览会",以"为生活加油、为奥运喝彩"为主题,重点突出深圳汽车消费的优势,以"类似于日内瓦车展的没有本地汽车工业的中立性的展会"为卖点,于 2008 年 6 月 5 日至 9 日在深圳会展中心举行。三个车展合并后,扬长弃短,优势互补,集三展之力打造全新的"深圳车展"品牌。整合以后,新的"深圳车展"展出面积达 8 万平方米,参与媒体 650 多家,观众达 50 多万人次。合并题材以后,新的"深圳车展"无论是规模还是品质上在业内都形成了一定的影响力,俨然要打造中国车展的"第四极"。

1.3　策划展会的基本内容

在收集到上述各种信息并对信息进行初步分析、基本确定了展览题材大范围以后,就可以进行展览项目立项策划了。展览项目立项策划首先要做的是根据掌握的各种信息,对即将举办的展会进行初步规划,策划出展会的基本内容,主要包括:展会名称、举办地点、办展单位、办展时间、展品范围、办展频率、展会规模、展会价格等。

1.3.1　展会名称

选定了在哪个产业里举办展会以后,面临的下一个问题是如何给展会取一个合适的名称。展会的名称一般包括三个方面的内容:基本部分、限定部分和行业标识。

1.基本部分

基本部分用来表明展会的性质和特征,常用词有:展览会、博览会、展销会、交易会和

"节"等。这五个词的基本含义有一些区别,但从目前我国展览业的实际操作看,人们并没有严格区分这些词,都用来表示展会。

2.限定部分

限定部分用来说明展会举办的时间、地点和展会的性质。在展会的名称里,展会举办时间的表示办法有三种:一是用"届"来表示,二是用"年"来表示,三是用"季"来表示。如第三届大连国际服装节、2003年广州博览会、法兰克福春季消费品展览会等。展会举办的地点在展会的名称里也要有所体现,如第三届大连国际服装节中的"大连"。展会名称里体现展会性质的词主要有"国际""世界""全国""地区"等。如第三届大连国际服装节中的"国际"表明本展会是一个国际展。

3.行业标识

行业标识用来表明展览题材和展品范围。行业标识通常是一个产业的名称,或者是一个产业中的某一个产品大类的名称,如第三届大连国际服装节中的"服装"表明本展会是服装产业的展会。有些展会的行业标识也可以是几个产业或一个产业中的几个大类。有些展会的名称里没有行业标识,没有行业标识的展会通常是一些以"博览会"命名的展会,如广州博览会。在给展会命名时,要注意选择合适的表示展会行业标识的词。因为如果该词的含义过宽,会使观众和参展商对展会产生浮夸和虚假的印象;如果该词的含义过窄,会削弱展会的影响和展出效果,两者对展会的长远发展都不利。

可见,确定展会的名称也就确定了展会的基本取向。比如,展会名称的基本部分决定了该该展会是专业贸易展还是综合消费展,行业标识部分基本决定了该展会的展品范围大约是什么。一个好的名称就好比是一张好的通行证,给展会取名要准确,要有创意,要能抓住行业的亮点和市场的特点。

1.3.2　展会举办的地点

所谓"天时、地利、人和",展会的举办地点对展会的长远发展有重要影响。展会在哪儿举办才最合适?展会举办地点的选择,包括两个方面的内容:一是展会在什么地方举办;二是展会在哪个展馆举办。

展会选择在什么地方举办,就是要确定展会在哪个国家、哪个省或者是哪个城市里举办。从展览题材上看,展会最好选择在展览题材所在产业的生产或者是销售比较集中的地方举办,或者是在其邻近交通比较便利的地方举办,这样展会就有充分的产业基础或者是市场基础。从展会的性质上看,国际性的展会一般应在对外交通和海关通关比较便利的地方举办,这样可以方便海外企业参展和观众参观;全国性的展会则应在国内比较重要的经济中心或者是交通中心举办,这样有利于全国的企业参展和观众参观。从展会定位上看,展会举办的地方要能发挥展会的号召力和辐射力,展会的定位在该地区的区域优势中要能得到体现。

展会可以固定在一个地方举办,也可以在几个地方轮流举办,在几个地方轮流举办的展会通常被称为"巡回展"。在现实中,绝大部分的展会是固定在某一个地方举办的,巡回展在展会总数量中所占的比例很小。

【经典案例】

正确选择展会举办的地点

目前,世界上有三种典型的选择展会场地的模式,或者说有三种主要的展会聚集模式:

一是在展会展览题材所在产业的生产集中地举办展会。这类展会主要依托展览题材所在产业的聚集而产生。当一个地区某一产业高度集中和发达时,一旦该地区有符合上述要求的城市存在,该地区就可能有条件举办该题材的展会。例如,在我国广东省东莞市举办的许多展会就是这样产生的。

二是在展会展览题材所在产业的产品消费地举办展会。或者说,在该类产品的消费市场集中地举办展会,这类展会依托市场而存在。一旦该市场集中的地区有符合上述要求的城市存在,展会常常应运而生。例如,在新加坡和在香港举办的许多展会就是这种类型的展会。

三是在著名的休闲度假地举办展会。这类展会往往利用该著名休闲度假地完善的服务设施,将休闲度假和展会结合在一起进行。这类展会最典型的例子是在美国拉斯维加斯和在中国澳门举办的一些展会。

可见,选择举办展会的城市,在考察该城市的条件时,还要注意考虑展会举办所依托的其他条件。

展会选择在哪个展馆举办,就是要选择展会举办的具体地点。目前,大部分的展会都是在展览馆内举办的。举办展会的展览馆有室内场馆和室外场馆之分,室内场馆多用于举办一般展览题材的展会;室外场馆多用于举办那些展品超大、超重和其他特殊题材的展会,如航空展等。现在,在一些大城市,一般有多个展览馆,具体选择在哪个展馆举办展会,要结合展会的展览题材和展会定位而定。有些展览题材对展馆的高度、展馆的地面承重等有特殊的要求,如果展馆选择错误,展会的效果将会大受影响。如果展会的定位是高档次的展会,则展会对展馆各方面的要求都很高,不能选择设施一般的展馆举办。另外,在具体选择展馆时,还要综合考虑使用该展馆的成本大小如何、展期安排是否符合自己的要求以及展馆本身的设施和服务如何等因素。

【经典案例】

我国会展中心城市的主要展览馆

有关资料显示,到 2013 年,我国共有大小展览馆 316 个,可租用展览面积达 910 万平方米。在这些展览馆中,我国的三大会展中心城市上海、广州、北京的展览馆不仅规模大,而且比较知名,如:位于上海虹桥的国家会展中心(上海)、广州的广交会展览馆、上海浦东的上海新国际博览中心、北京的中国国际展览中心等。此外,还有深圳的深圳会展中心等。

国家会展中心(上海):位于上海虹桥,2014 年投入使用,是我国目前最大、世界第二大展览馆,拥有 50 万平方米的展示空间,包括 40 万平方米的室内展厅和 10 万平方米室外展场。室内展厅由 13 个单位面积为 2.88 万平方米的大展厅和 3 个单位面积为 1 万平方米的小展厅组成,可全方位满足大中小型展会对展览面积的需求。整个展览馆由展览场馆、配套商业中心、办公楼和酒店四大部分构成,通过 8 米标高的会展大道连成一体。

广交会展览馆:位于广州琶洲,2008 年投入使用,是我国第二大展览馆,分为 A、B、C 三个区,共 37 个展厅,室内展览面积 33.8 万平方米,室外展览面积 4.36 万平方米。其中,展馆 A 区室内展厅面积 13 万平方米,室外展场面积 3 万平方米;B 区室内展厅面积 12.8 万平方米,室外展场面积 1.36 万平方米;C 区室内展厅面积 8 万平方米。

上海新国际博览中心:位于上海浦东,于 2001 年投入使用,拥有 17 个单层无柱式展厅,总展览面积包括室内约 20 万平方米,室外 10 万平方米。有 3 个附属入口大厅,兼备观众注册、信息咨询、开幕式、商务中心、咖啡厅、餐厅以及衣帽间等多功能;51 个规模不等,风格各异的附属会议室,可用于举办中小型会议、论坛以及鸡尾酒会等;20 个宽敞的卸货区分布于各展厅间,运输车辆可直接通入展厅。

北京的中国国际展览中心:分为位于郊区的新馆和位于市中心的老馆。新馆一期主展区包含 8 个展厅,室内展览面积 10.68 万平方米,8 个展厅分为 4 组,每组两个展厅以 U 形连接,参观者从展区中部的十字中轴路通行并到达各个展馆,各展馆还可实现环形连接,满足跳跃式参观及减少步行距离的要求;展品和车辆主要通过两侧城市道路进入卸货通道,再进入 U 形连接体中央卸货区完成卸货,实现“人、车、货各行其道”。老馆的室内展览面积为 6 万平方米,14 个展厅,室外展览面积 0.7 万平方米。

深圳会展中心:于 2004 年正式投入使用,室内展览面积达 10.5 万平方米,可举办容纳 5000 国际标准展位的大型展览。展览、会议和服务功能分层布局,既相对独立又密切配合。会议中心悬浮在展馆之上,拥有会议室共 35 间,功能卓越,大小不一,同时可用作中高档餐饮场地。二层服务区域主通道长达 480 米,贯穿东西,上通下达,集中提供各种展会配套服务。

上海、广州、北京、深圳是我国最重要的会展中心城市,上述展览馆也是我国举办较多展览会的展览馆。另外,深圳正在建一个 40 万平方米的展览馆,预计将在 2019 年投入使用。

1.3.3　办展单位

办展单位是指负责展会的策划、组织、招展、招商和管理等事宜的有关单位。办展单位可以是企业、行业协会、政府部门和新闻媒体等。根据各单位在举办展会中的不同作用,展会的办展单位一般有以下几种:主办单位、承办单位、协办单位、支持单位。在策划举办展会时,必须事先确定这些办展单位是哪些具体单位。

1. 主办单位

主办单位即拥有展会并对展会承担主要法律责任的办展单位。在实际操作中,主办单位有三种形式:一是拥有展会并对展会承担主要法律责任,并负责展会的实际策划、组织、招展、招商、操作与管理;二是拥有展会并对展会承担主要法律责任,但不参与展会的实际策划、组织、操作与管理;三是名义主办单位,即既不参与展会的实际策划、组织、操作与管理,也不对展会承担法律责任。之所以有上述第二和第三种形式的主办单位,主要是因为展会要利用这些“主办单位”强大的行业号召力为展会服务,而不在乎它们的实际操作能力有多大。究竟展会需要哪种形式的主办单位,或者是三种都需要,在策划举办展会时,要根据实际需要对它们做出安排。

2. 承办单位

承办单位即直接负责展会的策划、组织、招展、招商、招展、招商、操作与管理,并对展会承担主要财务责任的办展单位。承办单位对举办展会的各个方面都会产生重大影响,是办展单位中较为核心的单位。除了上述职能外,大部分承办单位还要负责展会的招展、招商和宣传推广工作。在实际操作中,有的承办单位可能要承担上述所有的职能,有的可能只需要承担上述部分的职能。在策划举办展会时,要根据各单位的优势和劣势,并结合展会的实际需要,对它们做出妥善安排。

3. 协办单位

协办单位即协助主办或承办单位负责展会的策划、组织、招展、招商、操作与管理,或部分地承担展会的招展、招商和宣传推广工作的办展单位。协办单位一般不对展会承担财务责任,只是对主办或承办单位的工作起协助作用。在实际操作中,协办单位承担的工作中最为常见的是部分的招展、招商和宣传推广工作。因此,展会最为常见的协办单位也就是那些有一定的招展、招商和宣传推广能力,但又不愿或不能对展会承担财务责任的单位。协办单位所起的作用往往是主办或承办单位所缺乏的,但又是展会所必需的。因此,在策划举办展会时,对协办单位的选定也要认真对待。

4. 支持单位

支持单位即对展会主办或承办单位的展会策划、组织、操作与管理,或者是招展、招商和宣传推广等工作起支持作用的办展单位。支持单位有时候也承担一些展会的招商和宣传推广工作,但基本不参与展会的招展工作,也不对展会承担任何财务责任。

对于展会而言,主办单位和承办单位是最为核心和最为重要的办展单位,也是举办展会所必不可少的办展单位;协办单位和支持单位对展会来说不是必不可少的,它们往往是结合主办单位和承办单位的实际能力,并视展会的实际需要来决定是否需要。选择好展会的主办单位、承办单位、协办单位和支持单位等办展单位,对于展会的成功举办和长远发展有十分重要的意义。

1.3.4　办展时间

办展时间是指展会计划在什么时候举办。办展时间有三个方面的含义:一是指举办展会的具体开展日期,即展会从何日开幕到何日闭幕。二是指展会的筹展和撤展日期。筹展日期是提供给参展商在展会开幕前布置好展位的时间,撤展日期是在展会结束后供参展商拆除展位和撤除展品的时间。三是指展会对观众开放的日期。有些展会只对专业观众开放;有些展会对专业观众和一般公众都开放,但开放的时间不同;还有些展会同时对专业观众和一般公众开放并且开放的时间也相同。

办展时间三个方面的内容密切相关、互相影响,因此,对办展时间三方面的安排必须统筹兼顾,不能顾此失彼。例如,如果筹展时间过短,参展企业进行展位搭装和布置的时间就很少,可能会使企业投入较少的精力进行展位搭装和布置,进而影响到展会的档次;如果展览时间太长,就会增加企业的参展成本,不利于吸引企业参展。

展会的办展时间与展会展览题材所在的产业特征密切相关。有些产业的生产和销售的季节性很强,在确定展会的办展时间时,要充分考虑展会所在的产业有无季节性特征,如果有,就要尽量让展会的办展时间能符合这种特征;否则,举办展会就会遇到极大的困难。

在确定展会的办展时间时,还要充分考虑相关展会的办展时间。由于相关展会与本展会或多或少地存在一些这样或那样的竞争关系,所以在策划展会的办展时间时,要根据本展会的定位、办展单位的优劣势和展会的竞争策略,充分考虑相关展会对本展会可能产生的影响,合理地安排本展会的办展时间。原则上,要尽量避开国内外有重大影响的同类题材的展会的举办时间,要避免彼此在时间上产生冲突,特别是要尽量避开国内外该类题材的品牌展会的举办时间。

从目前展览业的实际来看,每年的3—6月和9—10月气候适宜,且企业正在执行每年上半年或下半年的采购、销售和生产计划,参展意愿强烈,是举办各种展会的旺季;每年的7—8月和12月至次年的1月气候稍差,且企业的采购、销售和生产计划已经执行或正在编制,参展意愿较弱,是举办各种展会的淡季。另外,展览时间的确定还受企业的财务预算和国家法定节假日的影响。

展会的办展时间可以每年固定在某一个日期,也可以年年视情况做出调整。但该时间一旦确定下来了,如果没有特殊情况就不要随便变动,这样有利于目标参展商和观众提前做参加展会的计划、预算和其他准备。

在确定办展时间时,对各个方面的具体时间,都要尽量精确到"小时"和"分",这样才有利于参展商和观众作参展和参观的计划和准备。尤其是对展会筹展和撤展时间的安排,既要充分考虑参展商的需要,也要考虑到展馆的实际条件是否允许。

【经典案例】

展会办展时间规划

中国三大汽车展之一的上海国际汽车展创办于1985年。近年来,随着中国汽车工业的蓬勃发展,上海国际汽车展迅速崛起成为全球规模和影响力最大的汽车展之一。2013年4月,以"创新·美好生活"为主题的第十五届上海国际汽车展在上海举办,展出规模28万平方米,吸引了81.3万人次的观众到会参观,2718家中外媒体的10493名记者报道了展会情况。以下是该展会的日程安排:

展商报到:4月11日—19日 8:30—17:00　展馆南入口大厅

布展时间:4月14日 8:30—22:00　E1～E7、W1～W5、N1展厅

　　　　　4月15日 8:30—18:00　E1～E7、W1～W5、N1展厅;商用车展区

　　　　　4月16日 8:30—18:00　E1～E7、W1～W5、N1、N4～N5展厅;商用车展区

　　　　　4月17日—19日 8:30—18:00　E1～E7、W1～W5、N1～N5展厅;商用车展区、零部件展区

高峰论坛:4月19日 8:30—17:15　2013上海国际车展高峰论坛

新闻日:4月20日 9:00—18:00　只限媒体、记者

展出时间:4月21日—22日 9:00—18:00　只对专业观众开放

　　　　　4月23日—29日 9:00—18:00　对公众和专业观众均开放

撤展时间:4 月 29 日 19:30—22:00　E1～E7、W1～W5、N1～N5 展厅;商用车展区、零
　　　　　　部件展区

　　　　　4 月 30 日 8:30—18:00　E1～E7、W1～W5、N1～N5 展厅;商用车展区、零
　　　　　　部件展区

　　　　　5 月 1 日 8:30—22:00　E1～E7、W1～W5、N1 展厅

　　　　　5 月 2 日 8:30—15:00　E1～E7、W1～W5、N1 展厅

1.3.5　展品范围

　　展品范围是指计划在展会上展出的展览题材的范围。展品范围直接决定着展会将要
展出什么商品、设备和技术,间接地决定着展会的参展企业和观众范围,也影响着展会的长
远发展。

　　展会的展品范围并不是包含得越多越好。展会的展品范围要根据展会的产业和题材
选择、展会定位、办展单位的优劣势和其他多种因素来确定。

　　根据展会的定位,展品范围可以包括一个或者是几个产业,或者是一个产业中的一个
或几个产品大类。例如,"博览会"和"交易会"的展品范围往往很广,如"广交会"的展品范
围就超过 10 万种;而德国"法兰克福国际汽车展览会"的展品范围涉及的产业就很少,只有
汽车产业一个。

　　办展单位的优劣势也是选择和确定展品范围时需要考虑的一个重要因素。每一个办
展单位都有一些它们熟悉和擅长的产业,在这些产业里,它们游刃有余;但每一个办展单位
也都有一些它们所不熟悉和擅长的产业,在这些产业里,它们经营颇为费力。大家都希望
在自己所擅长的产业里从事经营活动,因为那样成功的可能性更大。选择和确定展品范围
也一样,办展单位的优劣势间接地决定着它能成功举办哪种题材的展会。

　　需要强调的是,选择和确定展品范围是一项非常专业的工作,它往往涉及产业和产品
分类的问题,这对于那些对某一产业缺乏了解的非专业人士来说是一项非常困难的工作,
也是一件很难办得好的工作。因此,在选择和确定展品范围时最好是请对该产业有相当了
解的专业人士帮助,或向他们咨询。

1.3.6　办展频率

　　办展频率是指展会是一年举办几次还是几年举办一次,或者是不定期举行。从目前会
展业的实际情况看,一年举办一次的展会最多,约占全部展会数量的 80%,一年举办两次和
两年举办一次的展会也不少,不定期举办的展会已经是越来越少了。

　　办展频率的确定受展览题材所在产业的特征制约。我们知道,几乎每个产业的产品都
有一个生命周期,产品的生命周期对展会的办展频率有重大影响。所谓产品生命周期,是
指某种产品从投入市场到最终被市场所淘汰的这一段时间。产品生命周期有长有短,如果
某种产品的生命周期较长,那么在该产业里举办展会的频率就不能过密;如果某种产品的
生命周期较短,展会的办展频率就可以密一些。

　　除了周期长短外,产品生命周期的不同阶段也对办展频率产生影响。一般的,一项新
产品从投入市场开始,都要经历投入、成长、成熟和衰退四个阶段。在产品的投入期,新产

品刚投入市场,销量较少,为了让顾客尽快熟悉和接受这种新产品,企业需要做大量的宣传推广工作,此时企业的参展意愿非常强烈;在产品的成长期,顾客已经熟悉和接受了这种新产品,产品的销量大增,但由于有利可图,其他企业也开始仿效而大量生产这种产品,市场竞争激烈,如果企业不努力营销,市场将很快被其他企业所占领,因此,在此阶段,企业的参展意愿也很强烈;在产品的成熟期,生产厂家越来越多,市场已趋于饱和,市场容量趋于稳定,利润率开始下降,企业的营销投入开始减少,企业的参展意愿也开始减弱;在产品的衰退期,新的替代产品也已经进入市场,原产品的销量大幅下降,企业利润下降很快直至无利可图,产品即将被市场所淘汰,此时,企业基本没有参展的意愿。从上可见,产品的投入期和成长期是企业参展的黄金时期,展会的办展频率的设计要牢牢抓住这两个时期。

1.3.7 展会规模

展会规模包括三个方面的含义:一是展会的展览面积是多少;二是参展商的数量是多少;三是参观展会的观众数量有多少。在策划举办展会时,对这三个方面都要做出预测和规划。

1.展会的展览面积

展览面积有净面积和毛面积之分。净面积是展会所有展位实际占用的面积的总和,毛面积是净面积加上展位间的通道、空地等面积的总和。净面积最能真实地反映展会的规模。对于有些展会,展览面积还有室内展览面积和室外展览面积之分。

2.参展商的数量

参展商数量就是占用一定的展位面积的参展单位的数量。参展的单位可能是企业、行业协会、媒体、研究机构和其他单位等,在这些参展单位中,有些单位所占用的展位是不用向展会交租金的。因此,那些向展会交付租金的参展单位的数量才最有价值。

3.参观展会观众数量

参观展会观众数量就是到展会参观的观众的数量。到会参观展会的观众有专业观众和一般公众之分。专业观众是指那些与展会的展览题材有关的来自企事业单位的有一定商业和经营目的的人士,一般公众是指那些基本是为个人和家庭目的而参观展会的普通大众。专业观众往往能为参展商带来大量的订单,一般公众只是零星采购和参观。因此,对于绝大多数展会来说,保证专业观众的数量和质量是其努力追求的目标。

展会规模的上述三方面互相影响、互相制约。例如,展会的展览面积和参展商数量的规模规划必须与可能到会参观的观众的数量和质量相适应,否则,展会就会出现"有人搭台唱戏而无人看戏"的尴尬局面;反之,就会出现"有人看戏而无人唱戏"的局面。

另外,在规划展会规模时,要充分考虑到展会规模的大小受展会展览题材所在产业的产业规模、市场容量和发展程度的制约。对于一个产业规模或市场容量有限的产业来说,在该产业里举办展会,该展会的规模就不会很大;而对于一个发展程度尚十分有限的产业,要想在其中办一个大规模的展会基本是不可能的。所以,一个展会的规模,并不是办展单位想办多大就能将其办多大的。

1.3.8 展会价格

展会价格最主要的是展位价格,即展会向参展商出租的展会展位的价格。展位价格往往有室内展场价格和室外展场价格之分,前者是展会将展览馆室内的场地向参展商出租的价格;后者是展会将展览馆室外的场地向参展商出租的价格。从另一个角度看,展位价格又可以分为空地价格和标准展位价格,前者是指展会向参展商出租的没有经过任何搭建和装饰的空白场地的价格;后者是指展会向参展商出租的每一个标准展位的价格。在制定展会价格时,一般遵循"优地优价"的原则,即那些便于展示和观众流量大的展位的价格往往要高一些。

有时候,如果展会出售门票,制定展会价格还要包括制定展会门票的价格。另外,制定展会的价格往往还包括企业在与展会有关的各种媒介上做广告的价格。

根据市场情况给展会确定一个合适的价格对吸引目标参展商参加展会十分重要。展会价格是展会竞争力的主要载体之一,该价格制定得合理与否,将直接影响到展会的招展工作,也直接影响到展会的收益。

1.4　展会发展战略规划

俗话说:"不谋全局者不足以谋一域,不谋万世者不足以谋一时。"策划举办一个展会,不能只策划其眼前的事情,还要规划其长远发展。展会定位和展会发展战略是对展会总体发展方向和实现这一发展方向的途径的规划。发展方向不对,即使费尽千辛万苦也永远到达不了目的地;战略规划错误,即使有强有力的执行也最终实现不了策划的内容。

1.4.1　给展会定位

即将举办的展会将是一个什么样的展会,或者说办展单位期望办成一个什么样的展会,在策划展会各项具体内容之前,这些都是所有展会策划者首先必须明确的一点。要明确这一点,就必须给即将举办的展会以准确的定位。

所谓展会定位,就是展会通过策划,在参展商和观众的心目中针对竞争确定一个独特而合适的位置。通俗地讲,就是要清晰地告诉参展企业和观众本展会"是什么"和"有什么",具体地说,就是办展单位根据自身的资源条件和市场竞争状况,通过建立和发展展会的差异化竞争优势,使自己举办的展会在参展企业和观众的心目中形成一个鲜明而独特的印象。

给展会定位关键是要在定位前找到最适合本展会发展的细分市场,并立足于这个细分市场,赋予本展会以区别于同题材其他展会的差异化和个性化特征。如何才能做到这一点? 第一,办展单位要客观准确地分析自己的优劣势,使自己在进入某类题材的会展市场时,能充分发挥自己的优势,避开自己的劣势。第二,要使本展会所具有的特征,是同题材的其他展会所不能提供和无法模仿的;或者,即使同题材的其他展会能够提供和模仿,本展会也能以与众不同的方式向广大参展商和观众提供。第三,本展会能提供给足够数量的参展商和观众以高度的价值,并且,这些参展商和观众通过参加本展会获取这些价值,比通过其他方式获得相同的价值要来得优越。第四,在赋予本展会以个性化特征后,举办该展会对主办者来说应是有利可图的,对参展商和观众来说,应是他们能够而且愿意支付参加这种富有个性化特征的展会而引起的各种费用。第五,展会定位要具有沟通性,展会的个性化特征应能通过某种形式准确地传递给参展商和观众,而参展商和观众在展会现场应可以感觉和体验到展会的这种个性化特征。

展会定位具有目标性、前瞻性、可行性和阶段性四大特征。定位的目标性,是指展会定位要能包含展会所要达到的主要目标,不能泛泛而谈;定位的前瞻性,是指展会定位要适度超前,不能只局限于眼前;定位的可行性,是指展会定位是要通过努力能实现的,不能脱离实际;定位的阶段性,是指展会定位要紧跟市场形势的变化而有所调整,不能一成不变。具有以上四大特征的展会定位,不仅能明确本展会在市场上现有的位置,也能明确本展会在未来市场上希望占有的位置和努力的方向,还能创造并使展会形成自己的个性化特征和竞争优势,使展会在激烈的竞争中获胜。

【经典案例】

展会定位促进展会差异化发展

汽车产业是一个生产高度集中的行业,全世界的整车生产企业数量屈指可数,要吸引它们参加展会非常不易。为此,世界五大汽车展就用不同的展会定位来分割市场:德国法兰克福车展打造世界"汽车的奥运会"、法国巴黎车展倾情"新概念、新技术"、瑞士日内瓦车展追求"汽车时尚、汽车潮流"、美国底特律车展注重"娱乐和舒适"、日本东京车展提倡"环保、节能"。这五大汽车展将世界汽车类展览会人为地分割成五大块,各自特色鲜明,相互之间的冲突很小,企业参展意图明确,各个展会也因此长盛不衰。

1.4.2 展会总体发展战略规划

展会总体发展战略是办展单位对展会的发展期望,是为该展会拟定的总的发展目标,展会以后的发展就是要向这个目标努力。根据不同的条件,展会总体发展战略一般有四种:市场主导型发展战略、市场挑战型发展战略、市场跟随型发展战略和市场补缺型发展战略。

1. 市场主导型发展战略

市场主导型发展战略就是办展单位根据各种因素分析,将该展会的发展目标定位为该行业的主导展会。所谓行业主导展会,是指该展会是同类展会中的领袖型展会,它在办展模式、引领行业发展、展出效果、展览规模、观众数量和质量以及展会服务等方面在同行中处于主导地位,这种主导地位为同行所公认。行业主导展会是该题材展览市场的主导者,是其他同类展会所效仿、挑战或回避的主要对象。

2. 市场挑战型发展战略

市场挑战型发展战略是指一些在市场上暂时还处于次要地位的展会,因为该题材的展览市场上已经存在一个市场主导型展会,而自己又不满意目前这种市场结构而意图改变该市场结构的一种发展战略。展会制定市场挑战型发展战略,需要通过仔细的市场竞争分析,并在认真分析了竞争双方优劣势的基础上才能痛下决心。因为,这种发展战略有一定的风险:如果挑战失败,自己可能会一败涂地。

在市场挑战型发展战略中,尽管市场主导展会往往会成为挑战的主要目标,但它不是唯一的挑战目标。除市场主导者外，与挑战者实力相当的一些展会也可能成为被攻击的目标。对象不同，挑战者进攻的目的也不一样。例如，当挑战者选择向小展会进攻时，其目标往往是将它们逐出该题材的展览市场；而当挑战者向与自己实力相当者进攻时，其目标常常是夺取它们的市场份额。

3. 市场跟随型发展战略

市场跟随型发展战略是指一些在市场上处于次要地位的展会，不对该题材展览市场上的主导展会发动进攻，而是主动地跟随在它后面并与它和平共处的一种策略。这种策略是承认市场主导展会的市场地位，而自己的展会很多是对它进行模仿。

市场跟随者一般会避免与市场主导者发生直接的冲突。在与市场主导展会的"和平共存"中，市场跟随者要做的不是向市场主导展会发起挑战，而是要充分利用自己的局部优势，分享市场主导展会的某些资源，保住一定数量的客户，降低成本，提高展会质量，并给自己的客户提供一些特有的利益。市场跟随者有两个可以利用的优势：一是地理环境因素。例如，如果距离市场主导展会所在地较近，就可以利用市场主导展会已经营造起来的会展市场平台；如果距离较远，就可以利用它的办展模式。二是能分享市场主导展会的某些资源。例如，分享其观众资源，分享其已经营造起来的交易平台等。市场跟随者在跟随市场主导展会时不是简单地跟随，它必须找到一种不至于引起市场主导展会报复性竞争的策略，否则，一旦市场主导展会对其采取报复性竞争行动，市场跟随者将很难招架。

市场跟随型发展战略对于那些实力较弱的中小型展会比较实用，不过，如果离市场主导展会的办展时间和地理位置太近，这些中小型展会常常会被认为是在"重复办展"。所以，在对展会制定这种发展战略时，要注意避免出现这样的指责。

4. 市场补缺型发展战略

市场补缺型发展战略是指一些展会只专心服务于某类题材展览市场的某些细分部分，通过专业化经营来营造一种差别化竞争优势的发展策略。这种展会往往是服务于那些市场主导展会所没有精力顾及的或者是被它们所忽视的领域，通过在这些领域里经营来寻求生存和发展。

主导展会一般都是一些规模较大的展会，这些展会在经营中往往很难面面俱到，往往会有这样或那样的"遗漏"。例如，由于展览场地的不足，使一些参展商申请不到展位；由于展览题材的限制，使一些边缘题材不能进入展会等。这些"遗漏"就是市场补缺型发展展会的"补缺基点"，也是它们的生存空间。

制定市场补缺型发展战略，找准"补缺基点"是关键。没有一个好的补缺基点，这种策略就很难执行。一般的，一个好的补缺基点应该具有以下一些特征：第一，是市场主导展会所无力顾及或遗漏的，或者是对它不具有吸引力的；第二，一定的市场潜力；第三，是有利可图的；第四，市场补缺型发展的展会具有占领该"补缺基点"所必需的资源和能力，并能抵抗其他补缺者。

执行市场补缺发展战略时，在发现"补缺基点"并开发了该补缺市场以后，还要善于扩大和保护该补缺市场。扩大该补缺市场，就是要努力拓展该细分市场以满足更多具有该特殊需求的客户需要；保护该补缺市场，就是补缺者不仅要注意市场主导展会的新动向，还要注意是否还有其他补缺者企图进入该市场。有时候，市场主导展会可能会重新"发现"并"拣回"该补缺基点，将它重新纳入展会范围，如果这样，补缺基点就会消失，补缺者就会失去经营的基础。另外,新的补缺者进入该市场可能会使本已狭小的市场更加狭小,激烈的竞争将不可避免地发生。所以,发现补缺基点、扩大并保住该市场,是市场补缺型发展战略成功的关键。

很多时候,市场主导展会所"遗漏"的补缺基点不止一个,如果补缺者能够同时找到和占领几个补缺基点,那么,进行多重补缺往往比单一补缺更有利于展会的发展。

【经典案例】

广交会期间其周围的"馆外馆"展会

在我国,执行市场补缺型发展战略的一个极端例子,是每届中国进出口商品交易会(广交会)期间在广交会展馆周围举办的一些"馆外馆"展会。由于广交会的场地严重不足,每届广交会都会有很多企业申请不到展位;又由于广交会展览题材的不断优化和调整,一些产业和展品的展览场地被缩小或取消;并且,为了保证效果,广交会对参展企业的资格也有一定的要求;加上我国对外贸易事业的飞速发展,经营出口业务的企业越来越多,这使很多企业参加广交会的参展意愿得不到满足。于是,每届广交会期间,在广交会展馆周围就有很多"补缺者",大量的"馆外馆"展会就应运而生。由于地理位置邻近,这些补缺型展会,模仿广交会的展期,分享广交会的买家资源,大量吸收那些无法进入广交会的企业参展,无不办得一片红火。

1.4.3 展会阶段发展战略规划

展会的发展一般会经历培育、成长、成熟和衰退等发展阶段。处于不同的发展阶段,展会的发展战略也应有所不同,如表1-1所示。

1. 培育期展会

展会在培育期,其规模往往还不是很大,市场影响力也很弱,行业知名度还不是很高,客户对其效果还不了解,企业参展的意愿和观众参观的欲望都不强。

当然,如果在培育期,展会的策划、招展、招商和服务等都非常到位,展会也是在一个合适的产业里举办,那么,展会可能一创立就盈利并发展得非常顺利,这样,展会就基本没有培育期而很快进入了成长期。

2. 成长期展会

进入成长期以后,展会的规模迅速扩大,参展商数量增长很快,到会观众的数量不断增加,质量也在不断提高,展会在行业内的影响力和知名度不断上升,展会开始进入快速发展时期。展会能否发展壮大,完全有赖于展会在这个时期的成长表现。如果成长顺利,展会就会健康快速发展;如果成长不顺,展会的成长历程就会磕磕绊绊。

在成长期,很多展会还会遇到一个两难的问题:是以扩大市场占有率为主还是以立即获取高利润为主? 这一问题其实涉及展会长远发展和短期利益的问题。因为,一方面,展会要长期稳定健康发展,逐步扩大并保持一定的市场占有率是必不可少的;另一方面,展会也需要有一定的利润,否则,展会的发展将无以为继。所以,在展会的成长期,办展单位必须在扩大市场占有率和立即获取高利润之间寻找到一个平衡点。

由于产业不同和办展策略有异,不同的展会其成长期的长短也不一样,有的可能很长,有的可能很短。如果成长期很短,那么展会很快就会进入成熟期甚至衰退期。延长展会的成长期,不论是从扩大市场占有率还是从获取利润来看,都是有很大好处的。

3.成熟期展会

进入成熟期以后,展会的发展速度就会慢下来,展会的规模、参展商和观众也基本稳定下来,展会进入了一个相对平稳的发展时期。成熟期的展会在行业内的地位已经基本稳定,展会的特点已经被行业所认同,展会的规模增减变化较小,展会有一批比较稳定的参展商和观众。

展会的成熟期一般分为两个部分:在成熟期的前半期,展会比较稳定,规模变化小,利润稳定;在成熟期的后半期,展会的规模开始缩小,利润开始下降。在这一阶段,重点是要帮助展会尽量延长成熟期的前半期,延迟成熟期后半期的到来。在成熟期的后半期,随着展会规模的继续萎缩,展会利润不断下降,当展会规模下降到一定程度时,展会就会处于一种微利甚至无利的状态,这时,展会就已经进入衰退期了。

4.衰退期展会

展览业是一个很特殊的行业,一个展会从创立到培育、成长、壮大可能需要很长的时间,但一个展会如果陷入衰退,它可能在一夜之间就突然垮掉。所以,一旦展会真正进入衰退期,很少有办展单位还愿意继续举办它。一般的,在展会进入成熟期的后半期时就应该采取行动,如果等到展会进入衰退期,采取行动往往已经为时已晚。

表 1-1　不同发展阶段的展会常用发展策略规划

发展阶段	常 用 发 展 策 略 规 划
培育期展会	1.不以营利为目的,努力把展会办强。 2.努力扩大展会规模。 3.明确展会的发展定位。 4.使用多种营销手段提高展会的知名度。 5.提供优质的服务并让客户感知到这种服务。
成长期展会	1.像重视招展一样重视招商。 2.重视客户关系管理。 3.改进展会的服务。 4.加强对市场和竞争对手的研究并制定相应对策。 5.完善展会的功能。
成熟期展会	1.加强展会的形象建设。 2.扩大展会的市场。 3.稳定展会的客户群。 4.增加客户的价值。
衰退期展会	1.转型。通过展会转型来为展会找到新的发展空间,迎来展会来新一轮的成长。 2.坚守。就是坚持展会的原来定位和展览题材等,但减少展会的宣传推广等成本投入,使展会能够继续办下去,直到展会无利可图为止。 3.放弃。就是在展会进入成熟期后半期或者衰退期时,在展会还没有到无利可图之前就主动地停办该展会。

【经典案例】

举办了 33 年的世界大展被停办

德国汉诺威消费电子、信息及通信博览会（CeBIT）是世界知名的大型展览会，在世界消费电子、信息及通信领域享有盛名。从 1986 年举办首届开始，迄今已经举办了 33 年。33 年来，CeBIT 已经发展成为世界最大的 ICT 国际顶级盛会。

但是，近年来，随着移动数字技术和 AI 技术的发展，全球的 PC 行业开始衰落，PC 曾经承担着游戏、娱乐、社交、购物等多种功能，但如今，这些需求很大一部分被智能手机所取代。全球 PC 行业的衰落减少了相关企业对 CeBIT 的参展需求。

在 PC 行业衰落的同时，一些仅针对消费电子、信息及通信领域的单一题材的更专业的展览会却蓬勃兴起，如美国拉斯维加斯的电子消费展（CES）、西班牙巴塞罗那的移动通信展（MWC）、德国柏林的 IFA 等，这些展会抢走了 CeBIT 的很多参展企业和观众。

这使得 CeBIT 出现危机。在 CeBIT 增长乏力甚至停滞的那些年里，展会主办方进行了许多尝试，如设立主要面向国内客户的 CeBIT Home 展，甚至还将展览扩展到国外，但都没有成功。2018 年，CeBIT 做了一次更大的调整：将展览时间从原来的 3 月调整到 6 月；为展会设计新的发展愿景；调整原来的展出板块，增加体验式的展出内容等。这些调整，尽管为 2018 年的 CeBIT 带来了 2800 多家企业参展、21 万观众到展会参观，但还是不能阻止展会预订展位数量下降和到会观众数量持续下降的困境。

于是，2018 年 11 月，CeBIT 的主办方宣布：取消 2019 年 CeBIT 办展；CeBIT 下属的与制造、能源和物流相关的题材和主题被整合到汉诺威工业博览会中；一个聚焦于数字化业务的新展览会正在策划之中。

1.5　展会立项策划书

策划好展会立项的上述内容以后，就可以着手来完成一份策划依据充分、规划科学合理、兼顾展会短期发展和长远发展的《展会立项策划书》。前面所讲的各种事宜，都是为完成这样一份策划书做准备。一份完整的《展会立项策划书》，除了要包括前面所讲的有关事项外，还要包括展会的各种组织实施方案。

1.5.1　展会各种组织实施方案

策划确定了展会的基本内容以后，为使上述基本内容能够得以实现，还要继续策划一些展会的组织实施方案，这些方案所涉及的内容包括展会组织、实施和管理的方方面面。没有这些方案，展会立项策划要么是可操作性非常低，要么就是根本没有什么可操作性。

从展会策划的角度看，展会的组织实施方案主要包括：展会品牌形象规划方案、展会招展方案、展会招商方案、展会宣传推广方案、展会服务方案、展会后勤服务方案、展会开幕和现场管理方案、展会相关活动方案、展会预算和结算方案、展会时间管理方案、展会危机管理方案等。这些方案内容复杂,我们将在以后有关章节里一一讲述。

1.5.2 编写展会立项策划书

在策划完成了上述各项内容以后,就可以形成《展会立项策划书》了。《展会立项策划书》是为策划举办一个展会而提出的一套办展规划、策略和方法的汇编,是对以上各项内容的归纳和总结。

一般的,《展会立项策划书》主要包括以下内容:

(1)办展环境分析。包括对展会展览题材所在产业和市场的情况分析,对国家有关法律、政策的分析,对相关展会的情况的分析,对展会举办地市场的分析等,重点在于分析展会举办所依托的产业基础、市场基础、政策法律基础、地域空间基础和展会举办地的一些配套设施基础等是否具备。

(2)提出展会的基本框架。包括展会的定位、展会名称、展会举办地点、办展单位的组成、展品范围、办展时间、办展频率、展会规模和展会价格等。

(3)展会发展战略规划。

(4)展会品牌形象规划方案。

(5)展会招展方案。包括展会的展区安排、展位划分和招揽企业参展的计划等。

(6)展会招商方案。即展会如何邀请观众到会参观的计划。

(7)展会宣传推广方案。

(8)展会后勤服务方案。

(9)展会开幕和现场管理方案。

(10)展会期间举办的相关活动方案。

(11)展会工作人员分工方案。

(12)展会预算方案。

(13)展会时间管理方案。有时又叫展会筹备进度管理方案,即如何从时间上管理展会各项筹备工作的进度的计划。

(14)展会财务结算方案。

(15)展会危机管理方案。

完成了《展会立项策划书》,并不意味着该立项的展会就可以举办了。展会立项只是对举办什么样的展会和如何举办该展会提出了一个初步的意见,制订了一套初步的方案,至于该展会是否真的可以举办和该方案是否真的可行,还需要对该展会立项进行可行性分析。可行性分析的结论及其他必须考虑的因素,才是决定最后是否可以举办该展会的最终依据。

【复习思考题】

1.进行展会策划需要收集和了解哪些信息? 这些信息对展会策划分别有何作用?

2.选定展会题材的办法有哪些?

3.需要进行策划的展会基本内容主要有哪些?

4.如何进行展会发展战略规划?

第2章

展会项目可行性分析 $\gg\gg\gg\quad\gg$

⌐▷【本章要点】

　　本章主要论述如何对展会立项方案进行可行性分析。主要为：如何从宏观、微观市场环境和市场环境的评价三方面出发，从市场环境分析的角度分析展会方案的可行性；如何从展会定位和发展战略、展会发展空间、展会竞争力和办展单位优劣势四个方面出发，从展会项目生命力的角度分析展会方案的可行性；如何从展会各种办展方案以及财务情况来分析展会方案的可行性；如何进行展会办展的风险评估和社会效益评估。最后指出如何编写展会项目可行性研究报告。

　　展会立项可行性分析是展会项目立项策划的继续。展会项目可行性分析主要是分析举办展会立项策划提出的"那样的展会"是"可行的"还是"不可行的"。展会立项策划只有通过了可行性分析，证明计划举办的展会的市场条件具备，项目具有生命力，各种执行方案策划合理，项目在经济上可行，风险较小且有一定的社会效益，才可以决定举办该展会。否则，就需要修改原来立项或重新立项。

2.1　市场环境分析

　　任何经营活动都是生存在一定的市场环境之中，并遵循着"适者生存"的法则。市场环境分析是展会立项可行性分析的第一步，它是根据展会立项策划提出的展会举办方案，在已经掌握的各种信息的基础上，进一步分析和论证举办展会的各种市场条件是否具备，是否有举办该展会所需要的各种基础。

2.1.1　宏观市场环境

　　宏观市场环境是指能对展会举办产生影响的各种社会宏观因素，这些因素可能会给展会带来市场机会，也可能会给其造成市场威胁。在策划举办一个展会时，必须对它加以密切关注，并及时对其做出适当的反应，以便有效地识别和抓住市场机会，减少和避开市场威胁。

宏观市场环境所包括的因素都是除办展单位本身以外的市场因素，并且基本上都是其自身所不能控制的因素，它们包括：人口环境、经济环境、技术环境、政治法律环境、社会文化环境等。

　　1. 人口环境

从量的角度看，人口数量是市场规模的重要标志，从人口的分布、结构及变动的趋势可以分析判断出市场需求的特点和发展趋势，从展会展览题材所在产业及其相关产业的从业人员数量和结构构成，可以预测展会的专业观众的大约数量，而拥有一定数量和质量的专业观众正是展会的生存之本。

　　2. 经济环境

经济环境是指那些能对企业参展和观众到会参观产生影响的各种经济因素，如社会经济发展水平，产业利润率的高低，市场规模的大小，产业进出口状况，产业结构状况，展会所在地的住宿、餐饮、旅游、交通等配套设施的完备程度等。这些因素从侧面影响着企业参展和观众到会参观的意愿。

　　3. 技术环境

科学技术的发展会给企业的经营活动和经营方式产生重大影响：一方面，它可以给一些企业提供新的有利的发展机会；另一方面，它也可以给一些企业的生存与发展带来威胁。另外，在塑造展会服务的外部环境方面，科学技术的发展也能发挥巨大作用。如互联网的出现就极大地改变了会展业的办展思路和竞争模式，计算机的广泛使用使展会的观众登记模式发生了翻天覆地的变化。

　　4. 政治法律环境

政治法律环境由那些具有强制性的和对举办展会产生影响的法律、政府部门和其他压力集团所构成。由于举办一个展会涉及的行业和社会面非常广，因此，会展业会受到比其他行业更加严厉的法律管制，如政府对举办展会在消防、安保、工商管理和产品进出口方面的严格要求，举办展会对《广告法》和《专利法》等法律的严格遵守等。此外，与展会展览题材所在产业有关的法律对举办展会也会产生较大的影响。

　　5. 社会文化环境

社会文化环境有三大类：一是物质文化，一是关系文化，一是观念文化，它们分别代表人们对物质生活、社会关系和意识形态等方面的要求、认识和看法。社会文化环境对企业参展和观众到会参观会产生较大影响；人们的餐饮习惯，国与国之间的关系的好坏，世界各国的各种节假日和喜庆日的安排，对举办展会的影响就非常大。例如，在中国，春节期间就很难成功举办专业贸易类的展会。

2.1.2　微观市场环境

微观市场环境是指对办展单位举办展会构成直接影响的各种因素。这些因素包括：办展单位内部环境、目标客户、竞争者、营销中介、服务商和社会公众等。和宏观市场环境一样，微观市场环境所包括的各因素既可以给展会带来市场机会，也可以给其造成市场威胁。

　　1. 办展单位内部环境

办展单位内部环境就是办展单位内部所具备的各种条件，包括资金、人力、物力（办公设备和通信工具）以及所掌握的信息资源和能联系的社会资源等。通过对办展单位内部环境的客观分析,准确地找出它们在本展会所在产业以及它们本身所具有的办展优势和劣势,并对这些优势和劣势进行客观的评估,分析办展单位是否具有举办该展会的能力。

2.目标客户

目标客户就是展会的潜在参展商和观众。从类别上看,展会的目标客户包括消费者市场客户、生产者市场客户、中间商市场客户、政府部门和国际市场客户五大类。这些客户可能是参展商,也可能是观众。参展商和观众都是展会的服务对象,两者都不可偏废。展会的最终目的是要满足目标客户的需求,因此,在分析展会的目标客户时,不仅要分析他们的数量和分布,还要注意分析和把握它们的需求及其变化趋势,并以此作为展会努力的起点和服务的核心。

3.竞争者

竞争者就是与本展会有竞争关系的其他同类展会。在现实中,一个题材的展会往往不止一个,展会要想在市场上取得成功,就必须能比其他同类展会更有效地满足参展商和观众的需求。在对竞争者进行分析时,不仅要分析具有竞争关系的展会,还要分析这些展会的办展单位;不仅要分析具有竞争关系的展会和其办展单位的现状,还要分析它们的变化趋势,并及时提出应对的对策。

4.营销中介

营销中介是受办展单位委托的,或者是协助展会进行宣传推广和招展招商的那些中介组织和单位,包括展会的招展代理、招商代理、广告代理和其他营销服务机构等。好的营销中介能很好地分担和完成办展单位的宣传推广和招展招商等营销工作,能更好地协助办展单位成功地举办展会。分析营销中介,目的是要甄别那些候选的中介组织的资质、信誉和实际营销能力,以保证它们能为展会提供最好的营销服务。

5.服务商

服务商是受办展单位的委托,为展会提供各种服务的机构,包括展会指定的展品运输代理、负责展位搭装的展位承建商、提供旅游服务的旅行社、提供住宿服务的宾馆酒店,以及提供展会资料印刷和观众登记的专门服务商等,这些服务商是办好一个展会必不可少的组成部分。在举办展会时,参展商和观众往往将这些服务商提供的服务看成是展会本身的一个有机组成部分。因此,这些服务商提供服务的好坏直接影响到展会本身。在进行可行性分析时,要对它们的资质、信誉和实际服务能力等进行深入的了解,以保证展会的服务质量不因它们的服务不周到而受损。

6.社会公众

社会公众是指对展会实现其目标具有实际或潜在影响的群体。一个展会所要面临的公众有六种:一是媒体公众,二是政府公众,三是当地民众,四是市民行动公众,五是办展单位内部公众,六是金融公众。这六类公众既具有增强展会实现其目标的能力,也有阻碍其实现其目标的能力;有时候它们的态度还能直接影响到一个展会的市场前途。因此,成功地处理好展会与这些公众的关系格外重要。

2.1.3　市场环境评价

为确保对市场环境的分析准确,除要对构成市场环境的上述各因素进行单因素分析外,还要对市场环境进行整体分析和综合评估,以从总体上了解在举办该展会时可能受到的威胁,抓住可以利用的机会。

　　对市场环境的整体分析和综合评估是建立在已经掌握了大量的有关信息的基础上的,因此,第一章里所提到的需要收集的各种信息收集得是否详细和准确就十分重要。另外,对市场环境的整体分析和综合评估还需要根据已经掌握的各种信息,对未来的环境变化趋势做出预测,这样,对市场环境做出的整体分析和综合评估才更科学。

　　在已经掌握了大量的有关信息和对未来的环境变化趋势做出一定的预测后,就可以对市场环境进行整体分析和综合评估。对市场环境进行整体分析和综合评估最常用的是SWOT 分析法。

　　所谓 SWOT 分析法,就是把办展单位所面临的宏观和微观市场环境各要素综合起来进行分析,得出市场环境对办展单位举办该展会所形成的优势(strengths)、劣势(weaknesses)、机会(opportunities)和威胁(threats);并将这四个方面结合起来研究,以寻找到适合本展会的可行战略和有效对策。SWOT 分析法一般分三步进行:

　　第一步,整理和分析收集到的各种信息,并根据这些信息对环境的变化趋势做出预测;

　　第二步,详细地分析办展单位内部和外部的各种环境要素,列出市场环境对办展单位举办该展会所形成的优势、劣势、机会和威胁;

　　第三步,从市场环境对办展单位举办该展会所形成的优势、劣势、机会和威胁进行综合分析,确定可以选择的战略和对策。

　　通过以上步骤,SWOT 分析法为办展单位举办该展会提供四种可以选择的对策,如表 2-1 所示。

表 2-1　SWOT 分析法四种战略对策

外部环境	内部环境	
	内部优势(S)	内部劣势(W)
外部机会 (O)	SO 战略 依靠内部优势 利用外部机会	WO 战略 利用外部机会 改进内部劣势
外部威胁 (T)	ST 战略 依靠内部优势 回避外部威胁	WT 战略 克服内部劣势 回避外部威胁

　　SO 战略,即利用办展单位的内部优势去抓住外部市场机会。例如,如果某办展单位办展经验丰富并且资金雄厚(即内部优势),而某产业尽管有展会存在但该展会市场覆盖面不广(即外部机会),那么,如果其他条件具备,该办展单位就可以利用本战略进入该产业举办展会。

　　ST 战略,即利用办展单位的内部优势去回避或减少外部威胁。例如,如果某办展单位的品牌优势十分明显(即内部优势),但与之有合作关系的展会服务商却不尽如人意(即外部威胁),那么,该办展单位就可以利用本战略,通过寻找更好的展会服务商进入该产业举办展会。

　　WO 战略,即利用外部机会来改进办展单位的内部弱点。例如,如果从市场分析得出结论,某产业举办展会的市场机会巨大(即外部机会),而某办展单位内部展会策划和招展招商等人才缺乏(即内部劣势),那么,如果其他条件具备,该办展单位就可以利用本战略,利用社会和其他单位的策划和招展招商等人才,为本办展单位进入该产业举办展会服务。

WT 战略,即克服办展单位的内部弱点,避免外部威胁。例如,如果某办展单位计划举办的展会与另一已经存在的展会有冲突(即内部劣势),而大部分参展商和观众又认同该已经存在的展会(即外部威胁),那么,如果其他条件具备,该办展单位就可以利用本战略,重新对计划举办的展会进行定位,用新定位吸引参展商和观众。

除了以上四种战略,一般来说,面对市场环境带来的威胁,办展单位还可以采取以下三种对策:

一是抗争。就是办展单位试图利用各种措施限制或扭转不利因素的发展,为顺利进入某一产业举办展会创造条件。

二是减轻。就是办展单位利用各种措施来改善环境,降低市场环境带来的威胁的严重性,为顺利进入某一产业举办展会创造条件。

三是放弃。如果办展单位利用各种措施都无法改善环境,降低市场环境带来的严重威胁,或者无法限制或扭转不利因素的发展,那么,办展单位就要果断地放弃进入某一产业举办展会的念头。

2.2　展会项目生命力分析

市场环境分析是从计划举办的展会项目的外部因素出发来分析举办该展会的条件是否具备;展会项目生命力分析则是从计划举办的展会项目的本身出发,分析该展会是否有发展前途。条件具备但不一定有发展前途,只有两者同时具备的展会才具有投资举办的价值。分析展会的生命力,不仅要分析展会的短期生命力,还要分析展会的长期生命力。

2.2.1　展会定位和发展战略是否合理

好的展会定位和发展战略犹如给展会发展插上了腾飞的翅膀,差的展会定位和发展战略就像是给展会发展套上了囚禁的枷锁。如果展会定位和发展战略科学合理,展会的竞争优势将十分明显;反之,展会的发展将是举步维艰。考察展会定位,要看是否出现以下五个方面的问题:

1. 定位不够

展会定位对展会所具有的特征、优势以及展会能带给参展商与观众的利益表达不充分和不全面,导致参展商和观众对展会只有一个非常狭隘的印象。展会定位不够会自动将一部分参展商或观众排斥在展会的目标客户之外,不利于展会的招展和招商。

2. 定位过分

展会定位夸大了展会所具有的特征、优势以及展会能带给参展商与观众的利益,或者展会定位所宣扬的展会特征、优势以及展会能带给参展商与观众的利益是不可行的。展会定位过分会使参展商或观众对展会产生不切实际的过高期望,不利于展会的可持续发展。

3. 定位模糊

展会定位不能清楚准确地表达展会所具有的特征、优势以及展会能带给参展商与观众的利益,或者是对展会的特征、优势以及展会能带给参展商与观众的利益的表述较为混乱,使参展商和观众对展会只有一个模糊和混乱的概念,不知道其特别之处。展会定位模糊会使展会丧失品牌号召力,不利于对展会竞争优势的培育。

4.定位疑惑

虽然展会定位准确且表述清晰,但由于展会展出现场操作等方面的问题,参展商和观众从展会的现场和实际操作中难以理解和体会到展会的定位宣传,从而对展会的定位产生疑惑,对展会整体产生不信任感。展会定位疑惑是展会筹办过程中的致命硬伤之一,它不利于展会获取目标客户及大众的认同。

5.定位僵化

展会定位不能紧跟市场形势的变化而变化,市场形势变了,展会的定位却还是老样子,落后于市场形势,不能反映市场对展会提出的最新要求。展会定位僵化会使展会逐渐老化并丧失竞争力,不利于展会随市场的发展而发展。

分析展会的发展战略是否合理,不仅要看展会的总体发展战略是否有战略资源支撑,发展策略规划是否符合实际,还要看展会的阶段发展战略是否与展会现在及未来的发展所处的阶段相适应。对展会总体发展战略类型的考察常从表 2-2 着手进行。

表 2-2　展会总体发展战略类型

战略类型	总 体 发 展 策 略 规 划
市场主导型 发展战略	扩大展会规模,保护和提高市场占有率并提高服务水平
市场挑战型 发展战略	1.全面包围。挑战者以自己优于对方的优势资源对对方进行全面的围堵,以求在这种全方位大规模的进攻中取得胜利。 2.正面挑战。挑战者集中全部精力向对手的主要市场发动进攻,进攻的重点是对方的强项而不是弱项。 3.侧翼进攻。挑战者集中自己的优势力量去攻击对手的弱项,从对手的弱点上寻求突破。 4.迂回包抄。一种间接的挑战策略,它完全避开对方现有市场而进行迂回包抄。 5.游击战争。这是通过以一种小规模的间断性的进攻来攻击对方的薄弱环节以达到挑战目的的策略。
市场跟随型 发展战略	1.选择性跟随。在某些方面跟随市场主导展会,但同时在另一些方面又自行发展和创新,是一种有选择的择优跟随策略。 2.距离性跟随。跟随市场主导展会的某些主要方面,如办展时间、展览范围、观众定位和办展策略等,但在其他方面仍与市场主导展会保持距离。 3.全面跟随。在办展策略、展览时间、观众定位、展览范围等各个方面尽量跟随市场主导展会,尽可能分享市场主导展会的某些资源和办展经验。
市场补缺型 发展战略	1.展会定位。进行有别于市场主导展会的展会定位,例如,在市场主导展会面向国内市场的时候,可以将自己的展会定位为"出口导向",主要招揽那些面向出口的企业来参展。 2.观众结构。将自己展会的目标观众同市场主导展会的观众分开,让自己的展会只专门服务于某一类或几类的观众,让自己的展会更专业化。 3.展商类别。只服务于某一类或几类的参展商,这些参展商可能是市场主导展会主动放弃的,或者是它无意忽略的。 4.市场导向。只服务于某一个或几个细分市场,如只经营市场主导展会所"遗漏"的题材,或它暂时还做得不太成熟的题材。

2.2.2 展会发展空间

展会项目发展空间分析,是立足于已经掌握的各种信息,根据展会项目立项策划提出的办展方案,从展会的长远发展出发,分析展会项目是否具备可持续发展所需要的各种条件。它是立足于现在来分析未来,是对展会未来发展趋势的一种判断和预测。一般的,分析展会项目是否有发展空间,就是要分析举办该展会所依托的产业空间、市场空间、地域空间和政策空间等是否具备。

1.产业空间

产业空间就是计划举办的展会展览题材所在的产业的发展现状和发展前景。产业的发展现状和发展前景是举办展会所依托的产业基础。如果某一产业的规模过小或者发展前景有限,那么,在该产业里举办展会就比较困难。对展会来说,具有较大产业空间的产业是:本地区的优势产业和主导产业、政府鼓励重点发展的产业、政府扶持的产业以及发展中的朝阳产业。

2.市场空间

市场空间主要是指市场结构状况、市场规模的大小和市场辐射力的强弱,是举办展会的市场基础。市场结构状况揭示了展会展览题材的选择是否适合市场的需求。市场规模的大小能从一个侧面表明展会对企业参展的吸引力有多大,市场辐射力的强弱能反映展会能影响和辐射的地域有多广。市场空间的大小是决定是否举办展会的一个重要依据。我们总是希望在那些市场规模较大的产业里举办展会,希望举办的展会展出的展品符合目标市场的市场结构状况,希望举办的展会有较强的市场辐射力。

3.地域空间

地域空间主要是指展会举办地的地域优势和辐射力如何。展会的举办地对展会本身的发展有较大影响,很难想象在一个较偏僻的地方举办一个大型展会。一般的,展会应选择在那些展会展览题材所在产业比较发达的地方举办,或者选择在该产业产品的主要销售地举办。另外,那些交通比较便利、基础设施较完善、信息较灵通、服务业较发达的城市往往也是举办展会的首选之地。

4.政策空间

政策空间包括展会举办地对会展业发展的政策、对展览题材所在产业的政策以及对与会展业有关的行业的政策。如果在一个政府鼓励发展会展业的地方举办展会,办展单位肯定能得到比在其他地方举办展会更多的便利;如果计划举办展会的展览题材正是当地政府鼓励和支持发展的产业,那么,该展会的举办定能获取更多的利益;如果当地政府积极扶持与会展业有关的行业的发展,那么,在那里举办展会肯定更加顺利。

2.2.3 项目竞争力

展会项目竞争力分析是从展会本身出发,分析本展会与同题材的其他展会相比是否具有竞争优势。展会的竞争优势来源于很多方面,但对于一个展览题材已定的展会来说,展会定位的号召力、办展单位的品牌影响力、参展商和观众的构成、展会价格和展会服务等因素,对展会的竞争优势具有决定性的影响。

1. 展会定位的号召力

展会定位是向目标客户表明展会"身份"的神来一笔。没有定位的展会就好像是没有眼睛的龙,始终都缺乏一种令人心动的灵气。展会定位要能尽量反映展览题材所在产业的发展趋势,抓住该产业的热门话题,体现该产业的亮点和市场的特点,即所谓的要"抓住产业跳动的脉搏";或者,展会定位要能切实满足该产业某一细分市场的需求。如果展会定位做不到这一点,那么,该展会定位的行业号召力就不大,展会对参展商和观众的吸引力就不强。

2. 办展单位的品牌影响力

从某种意义上说,展会就好比是一件商品,办展单位就是这件商品的生产商,办展单位的品牌既是这件商品的说明书,也是这件商品的质量保证书。办展单位的品牌对参展商和观众具有很大的影响,他们会基于对办展单位品牌的认同而认同他们举办的展会。办展单位品牌的影响力会延伸到其举办的展会上,形成品牌效应,提高展会的档次、规格和权威性,扩大展会的影响。于是,在分析计划举办的展会是否可行时,应认真地分析其办展单位的组成是否合理。

3. 参展商和观众的构成

由于展会还没有举行,所以这里要分析的参展商和观众只是展会的目标参展商和目标观众。展会要有强大的竞争力,就离不开该展会展览题材所在产业里有代表性的企业对展会的大力支持,离不开该产业产品的大用户到会参观,所以,一方面,展会的参展商和观众的数量固然重要,因为没有一定数量的参展商和观众,就没有上规模的展会;另一方面,展会的参展商和观众的质量更加重要,因为展会档次的提高需要有他们的参与。可见,参展商和观众的构成是展会竞争力的重要组成部分,在分析展会的参展商和观众时,不能只讲数量不讲质量。

4. 展会价格

展会价格的高低直接影响着参展商参展成本的大小,参展商总是希望以最低的价格获取最大的收益,因此在其他条件一定的情况下,参展商会选择那些价格较低的展会参展。展会价格是展会竞争力的重要组成部分,展会定价合理能在很大程度上提高展会的竞争力。

5. 展会服务

展会服务包括展会筹备和展会举办过程中办展单位为该展会的参展商和观众提供的各种服务,也包括展会的服务商和营销中介单位为参展商和观众提供的服务。展会服务分为展前服务、展中服务和展后服务三个部分。展会要尽量为参展商和观众提供专业、及时、优质和周到的服务。

在其他条件一定的情况下,展会的竞争力越大,展会的生命力就越强。因此,提高展会的竞争力是提高展会生命力的一条有效途径。

2.2.4　办展单位优劣势分析

俗话说:"术业有专攻",每一个办展单位都有自己擅长的领域,也都有自己不熟悉的领域。在自己不熟悉的领域里从事经营活动,就好像是在黑夜里摸索前进,失败和挫折往往在所难免。

办展单位的优势,决定着他们在哪些产业里举办展会成功的可能性较大,也决定着他们举办怎样性质的展会将会有较大的优势。例如,某一个办展单位对汽车产业非常熟悉,在汽车产业里颇有合作网络,而该办展单位对家具产业基本是一无所知,这样,该办展单位举办汽车类的展会的成功率就比举办家具类展会要大。

办展单位的劣势,决定着他们在哪些产业里举办展会成功的可能性较小,也决定着他们不能举办怎样性质的展会。还是上面的例子,如果让不熟悉家具产业的办展单位去举办家具展,让不擅长举办专业贸易类展会的办展单位去举办专业贸易类的展会,展会的效果将难有保证。

所以,办展单位在计划举办展会时,不要只考虑该展会本身是否有发展空间,是否有竞争力,还要考虑办展单位自己的优劣势,要考虑自己是否有举办这样展会的能力,或者自己是否适合举办这样展会;如果条件不具备,就不要轻易举办。

通过对自己的优劣势的分析,办展单位如果发现自己举办某展会的条件还不具备,但该展会又确有发展前途,那么,办展单位就可以通过改善自身条件或重新组合办展单位的方法,使其具备举办该展会所需要的各种能力,这样,也可以举办该展会。

办展单位对自己的优劣势的分析和基于这种分析所采取的对策,可以参考上一节提到的 SWOT 分析法及其相应对策。

2.3 展会办展方案分析

展会办展方案分析是从计划举办的展会项目的本身出发,分析该展会项目立项计划准备实施的各种执行方案是否完备,是否能保证该展会计划目标的实现。展会执行方案分析的对象是该展会的各种执行方案,分析的重点是各种执行方案是否合理、完备和可行。

2.3.1 展会基本内容评估

分析展会执行方案的可行性,首先就要对计划举办的展会的基本内容进行评估。对展会的基本内容进行评估,就是结合展会定位和发展战略规划,对构成展会基本内容的八项内容从总体上进行评估,看它们彼此是否协调,从总体上分析展会的基本框架是否可行。

对展会基本内容进行的评估包括:

(1)展会名称和展会的展品范围、展会定位之间是否有冲突。

(2)办展时间、办展频率是否符合展品范围所在产业的特征。

(3)展会的举办地点是否适合举办该展品范围所在产业的展会。

(4)在展会展品范围所在产业里能否举办如此规模和定位的展会。

(5)展会的办展单位在计划的办展时间内能否举办如此规模和定位的展会。

(6)办展单位对展会展品范围所在的产业是否熟悉。

(7)展会定位与展会规模之间是否有冲突。

(8)展会定位与展会发展战略规划是否协调。

需要强调的是,对展会基本内容进行评估,不仅要分析构成展会基本内容的某一个因素的策划安排是否合理和可行,而且要从总体上分析展会基本框架是否合理和可行。因为,尽管对构成展会基本内容的每一个因素的策划安排可能是合理和可行的,但由这些因素所构成的展会基本框架从总体上看却可能是不合理和不可行的。所以,要避免这种"个体合理、群体冲突"现象的出现,对展会基本框架进行评估就十分重要。

2.3.2　招展、招商和宣传推广方案评估

招展方案、招商方案和宣传推广方案是展会的三个重要执行方案,它们互相影响、互相依赖、互相制约。这三个执行方案执行的结果直接关系到展会将会有多少参展商参展、有多少观众到会参观,关系到展会在参展商、观众以及公众心目中的形象如何。

从可行性分析上看,招展方案、招商方案和宣传推广方案三个方案要做到具体、可行。所谓具体,就是这三个方案要尽量详细、不空泛、不泛泛而谈;所谓可行,就是这三个方案要尽量符合展会展览题材所在产业的实际,要能抓住该产业的特征,又不脱离展会定位,能发挥实际作用,达到实施的目标。

从可行性分析上看,这三个方案还要相互配套、彼此配合。招展计划、招商计划和宣传推广计划三个执行方案在实际实施时会互相影响,很难截然分开。例如,招揽企业参加展会的过程,实际上也部分地起到了邀请观众到展会参观的作用,客观上也是为展会在本行业内做宣传;邀请观众到展会参观的过程,实际上也部分地起到了招揽企业参加展会的作用,客观上也是在为展会在本行业以及相关行业内做宣传;至于宣传推广方案,在实际实施时,不仅仅是在为展会做宣传,它同时也起到招揽企业参加展会和邀请观众到展会参观的作用。

从可行性分析上看,这三个方案还要重点突出、目的明确。尽管招展方案、招商方案和宣传推广方案三个执行方案在具体实施时不能截然分开,但它们并不是浑然一体的,而是各有侧重点、各有具体目标。对于招展方案来说,如何有效地招揽企业参加展会是其重点,也是其首要目标,邀请观众到展会参观和宣传展会只是其"副产品"。对于招商方案而言,如何有效地邀请观众到展会参观才是其根本目标和重点,招揽企业参展和宣传展会只是其"副产品"。对于宣传推广方案来说,尽管其根本目的是招揽企业参展和邀请观众到展会参观,但在不同的时期,其实施的重点和目标是不一样的。在展会筹备的早期,宣传推广的目的是要让市场知道本展会,宣传推广的重点是展会本身;在展会筹备的中期,宣传推广的目的和重点是如何有效地招揽企业参展;在展会筹备的后期,宣传推广的目的和重点是如何有效地邀请观众到展会参观。理解了这一点,可以使我们在制订这三个方案时做到重点突出、目的明确,不会出现彼此功能不清、喧宾夺主的现象。

2.3.3　展会筹备进度方案评估

展会筹备进度方案是对展会筹备以及展览期间的各项工作进行统筹安排的计划,它明确规划了各办展单位在什么时候应该干什么事情,到什么时候应该完成什么任务、达到什么目标。展会筹备进度方案的主要目的,是要让各办展单位以及工作人员明确展会各时期的工作和任务,让展会筹备以及展览期间的各项工作能有条不紊地进行,并能保质保量地完成。

对展会筹备进度方案进行评估,主要从以下几个方面着手:

1. 各项工作进程安排的合理性

各项工作进程安排的合理性就是从展会自身的办展规律出发,看展会进度计划所安排

的各项工作是否符合展会筹备和展览期间的实际需要,是否符合展会的一般办展规律。

2.各阶段工作目标的准确性

在展会的筹备期间,到一定的时期就必须要完成某些工作,否则,整个办展计划就会受到影响;在执行某些工作时,到一定的时期,该工作就应推进到什么程度,这些安排和规划必须准确,不然,展会的筹备工作就会出现混乱。

3.各项工作安排的配套性

举办展会是一项涉及方方面面的系统工程,它需要各方面的配合;如果展会的各项筹备工作安排不配套,展会的筹备工作就可能顾此失彼、自乱阵脚。

4.各项工作安排的可行性

展会进度计划所规划的各项工作必须是切实可行的,不能脱离实际;展会进度计划所规划的在某一时期应达到的目标,必须是经过努力可以达到的,而不能是天马行空、遥不可及的。

5.各阶段工作安排的统一性

尽管展会筹备工作可以分成若干阶段,每一个阶段的工作及其重点各不相同,但展会筹备各阶段的工作必须互相衔接、前后照应,整个工作保持前后统一基调和进程。

2.3.4　现场管理和相关活动方案评估

现场管理方案是对展会开幕现场和展会展览现场进行管理的计划安排。展会相关活动方案是对在展会同期举办的各种会议、表演和比赛等进行的计划安排。这两项方案的具体执行时间都是在展会的展览期间,地点常常也是在展会现场内,执行时会彼此影响。

对这两项方案进行评估,主要是要考察以下几方面:

1.现场管理计划的周密性

现场管理计划的制订必须详尽,每一项现场管理工作都必须指定由专人负责、专人跟进;现场管理计划必须要照顾到展会现场的方方面面,不能有所遗漏。

2.现场管理计划的可控性

展会现场人多事杂,场面复杂,现场不能出现混乱局势和其他严重影响展会召开的现象;展会现场的一切局面都必须在办展单位可以控制的范围之内,不能出现办展单位经过努力还不能将其控制的事情和现象。

3.相关活动的必要性

与展会同期举办的一些相关活动,不论是会议,还是表演和比赛,都必须是对展会的整体形象和对展会功能的实现有所帮助的,是必要的,各种相关活动必须与展会本身融为一体;不能将举办相关活动和举办展会两者割裂开来,为举办活动而举办活动。

4.相关活动的可行性

与展会同期举办的一些相关活动,尤其是各种表演和比赛活动,必须是安全的、可行的。

5.现场管理和相关活动的协调性

由于相关活动和现场管理计划在具体执行时会彼此影响,因此两者必须相互协调。与展会同期举办的任何活动,不能对展会本身产生不良的影响,不能因为相关活动而影响到展会本身;同样,也不能因为现场管理的混乱而影响到相关活动的举行。

2.4　展会项目财务分析

展会项目财务分析是从办展单位财务的角度出发,按照国家现行的财政、税收、经济、金融等规定,在筹备举办展会时确定的价格的基础上,分析测算举办该展会的费用支出和收益,并以适当的形式组织和规划好举办展会所需要的资金。展会项目财务分析的主要目的,是分析计划举办的展会是否经济可行,并为即将举办的展会制订资金使用规划。

2.4.1　评估展会的盈利模式

展会立项策划所策划的展会盈利模式是否合理? 展会的盈利模式与展会的现金流量、资金筹措和使用以及展会盈利能力密切相关。盈利模式不同,展会现金流入和流出的时间和数额都不一样,展会需要筹措的资金的数量和使用资金的时间也不相同。如果盈利模式策划不合理,不但展会的筹备将深受影响,展会的举办效果也将难有保证。

一般的,展会主要有以下五种盈利模式:

1. 展位费盈利模式

以销售展会的展位所取得的收益为展会主要的利润来源。在这种模式中,展位费收入及其所产生的利润是展会最重要的收入和利润来源,展会门票和展会服务等其他收入只是补充。

2. 门票盈利模式

以销售展会门票所取得的收益为展会主要的利润来源。在这种模式中,门票的收入及其所产生的利润最重要,展位费等其他收入所产生的利润所占比例很小或根本没有利润。

3. 赞助盈利模式

展会的利润来源主要是有关赞助,展会门票和展位费等其他收入都退居次要位置。

4. 剩余盈利模式

展会的收入和利润来源主要来自有关单位的拨款,利润产生于拨款金额大于展会成本费用支出的余额。

5. 综合盈利模式

展会的收入和利润来源由上述四种模式中的两种或两种以上的方式所共同构成。

上述赢利模式中,前两种和最后一种模式多见于商业性的展会,第三和第四种多见于非商业性的展会。其中,展位费盈利模式多适用于专业贸易展会,门票盈利模式多适用于公众性的展会。

2.4.2　展会价格定位

给展会定一个适当的价格,不仅可以提高展会的竞争力,也是进行展会项目财务分析的一个重要基础,因为对展会进行成本收益预测和盈亏分析等都要依赖于展会价格的确定。

给展会定怎样一个价格,是与办展单位的定价目标密切相关的,有什么样的定位目标就会有什么样的价格定位。分析展会的价格是否可行,首先就要分析其定价目标是否符合实际。

1.展会定价目标

一般的,展会的定价目标有以下五种:

(1)利润目标。利润目标也就是以盈利为主要目标来给展会定价。以盈利为目标来给展会定价有两种办法:一是以当前利润最大化为目标来给展会定价,二是以办展单位满意的利润为目标来定价。前者是追求利润最大化,后者则是只要利润达到某一个能令人满意的水平即可,而两种定价的目标都在于马上获取利润,只不过希望获取的利润的高低有所不同而已。

(2)市场份额目标。有些展会的定价目标是最大限度地增加展位销售量、扩大展会规模、提高展会的市场占有率,为此,他们制定比较低的价格,不惜放弃目前的利润,甚至不顾目前的成本支出。这种现象在展会的举办初期和培育期十分常见。

(3)市场撇取目标。为展会定出尽可能高的价格,争取在展会举办的前几届就获取尽可能多的利润;一旦竞争变得激烈了,办展单位就有充分的主动权逐步降低价格。

(4)展会质量领先目标。展会质量领先目标就是以保证和向客户塑造一个高质量的展会为主要目标的价格定位。这种价格定位,是利用大众的一种"价格高质量就优良"的常识做文章。

(5)生存目标。当市场竞争已经非常激烈,展会为了在市场上先站稳脚跟,就会采取以先求得生存空间为目标的价格定位,价格往往定得较低。

展会最终会选择哪种定价目标,主要受三个因素的影响:客户、成本和竞争。比如,以占领市场份额为主要目标的定价,要获得成功就必须要满足以下条件:第一,价格弹性系数较大,降低价格能有效地扩大展位销售;第二,展会的规模效应明显,展会规模扩大所产生的利润能弥补价格降低所造成的损失,展会将会随规模扩大而利润增加;第三,展会有足够的经济实力能承受一定时期内的低价所造成的利润损失和成本增加;第四,低价能有效地阻挡潜在竞争者加入举办同题材展会的竞争,不因低价而引发恶性竞争。如果上述条件不能满足,该定价目标就有可能脱离实际,是不可行的。

2.展会定价方法

如果展会的定价目标是可行的,那么,展会就有三种定价办法可以选择:

(1)成本导向定价法。就是以办展成本作为展会定价的基础。办展成本包括固定成本和变动成本两个部分,单位展位的成本需要根据项目财务分析预测的展位销售量来推算。成本导向定价法最为常见的有三种:

①成本加成定价法。就是在单位展位成本的基础上附加一定的加成金额作为办展单位盈利的一种定价方法。成本加成定价法有两种计算方式:一种是在成本上附加一个对成本而言的百分数作为单位展位的出售价格;另一种是在展位售价中包含一定的加成率作为办展单位的收益。

②边际成本定价法。边际成本是指展会增加一个展位时所增加的成本。边际成本定价法是在展会增加展位所引起的追加支出成本的基础上来制定价格的。

③目标利润率定价法。即在制定展会价格时,使展位的售价能保证办展单位达到预期的目标利润率。目标利润率定价法着眼于举办展会的总成本来定价,而前面提到的成本加成定价法则是着眼于单位展位的成本来定价的。

(2)需求导向定价法。主要是从参展商的角度出发,着重考虑参展商对展会价格的期

望和接受程度,并根据参展商对展会的反应和接受能力来制定展会价格。最为常见的也有三种方法:

①市场认可价值定价法。就是以参展商对展会的认可程度和认可价值而不是以举办展会的成本为定价基础的一种定价方法。办展单位首先通过市场调查来研究该展会在参展商心目中所形成的价值,然后结合展会的规模,来确定单位展位的价值,以此价值为基础来制定价格。

②需求差别定价法。就是根据市场需求强度的不同而定出不同的价格,定出来的价格的差别与展会展位成本之间没有直接的关系。这种定价法在具体执行时有多种形式:其一,以顾客为基础的差别定价,如对大的参展商,由于他们要的展位面积大,其价格就可以比小的参展商的展位价格低一些;其二,以展位区域为基础的差别定价,如会展业普遍实行的"优地优价"就是一例;其三,以时间为基础的差别定价,如展位订得越早价格优惠就越大就是一种典型的办法。

③需求心理定价法。就是根据消费者的消费心理特点来确定展会价格的一种办法。在长期的消费实践中,由于价格与质量、价格与支付能力之间存在着密切的关系,消费者形成了多种与价格有关的消费心理,这些消费心理可以成为定价的基础。例如,根据消费者的"从众"心理,展会价格可以随大流,与其他同类展会的价格相同;根据消费者的"按质论价"心理,办展单位可以根据自己的良好声誉提高展会的价格。

(3)竞争导向定价法。是根据竞争的需要,以与本展会有竞争关系的展会的价格作为本展会定价基础的一种定价办法。值得一提的是,办展单位在采取竞争导向定价法来给展会定价时,必须根据自己在竞争中的地位,以确保该价格是在加强而不是在削弱自己在市场竞争中的地位。常见的有三种方法:

①随行就市定价法。就是办展单位依照本题材展会或者是本地区展会的一般价格水准来制定本展会价格的一种方法。需要指出的是,采用随行就市定价法来制定展会的价格时,流行价格水平只是一个参照系数,并不是用此方法定价,价格就要定得和流行价格水平一样。如果办展单位坚信顾客会信赖本展会的质量,那么,展会的价格也可以定得比流行价格要高;反之,就可以定得稍低一些。

②渗透定价法。这是一种以打进新市场或者是扩大市场占有率、加强市场地位为目标的定价方法。这种定价方法的特点,是在制定价格时完全根据市场竞争形势的需要,不考虑办展的成本利润等问题。采用这种定价方法,办展成本往往需要较长的时间才能收回。

③投标定价法。就是办展单位根据竞争者可能的报价为基础,兼顾自己应有的利润所采用的一种定价办法。投标定价法在有些展会的主办权需要通过投标的方式来取得的情况下被广泛使用。

2.4.3　成本收入预测

在分析了展会的价格是否合理以后,就要对举办展会的成本和收入进行进一步的考察,以便分析举办该展会是否经济可行。

1.成本费用

举办一个展会的成本费用一般包括以下方面:

（1）展览场地及相关费用。即租用展览场馆以及由此而产生的各种费用。这些费用包括：展览场地租金、展馆空调费、展位特装费、标准展位搭建费、展馆地毯及铺设地毯的费用、展位搭装加班费、安保费、垃圾清理费等。

（2）展会宣传推广费。包括广告宣传费、展会资料设计和印刷费、资料邮寄费、新闻发布会的费用、推广费、观众登录费等。

（3）招展和招商的费用。

（4）相关活动的费用。包括技术交流会、研讨会、其他活动、展会开幕式、嘉宾接待、酒会、展会现场布置、礼品、纪念品和外请展会临时工作人员的费用等。

（5）办公费用和人员费用。

（6）税收。

（7）其他不可预测的费用。

2.收入

举办一个展会的收入一般包括以下方面：

（1）展位费收入。就是向参展商出售展会展位的收入。

（2）门票收入。包括展会、技术交流会、研讨会、表演等的门票收入。

（3）广告和赞助收入。

（4）其他相关收入。

举办一个展会的成本费用和收入大致由以上各种因素所构成，我们在对上述各项进行逐个测定并加以汇总后，就可以为即将举办的展会做出一个初步的成本收入预算，如表 2-3 所示。

表 2-3　展会成本收入预算样张

类别	项　　目	金　额/万元	占总收入的比例/%
收入	展位费收入		
	门票收入		
	广告和赞助		
	其他相关收入		
	总收入		
成本费用	展览场地及相关费用		
	展会宣传推广费		
	招展和招商的费用		
	相关活动的费用		
	办公费用和人员费用		
	税收		
	其他不可预测的费用		
	总成本费用		
利　　润			

在完成以上"展会成本收入预算表"后,就可以初步了解举办该展会的成本费用、收入和利润大约是多少,可以初步判断举办该展会是否可行。通过上表,我们可以计算两个指标,并通过这两个指标来进一步判断该展会是否经济可行:

一是投资利润率。指正常年度办展所获利润占投资总额的比例。投资利润率越高越好,且不能低于无风险投资利润率。

二是静态投资回收期。指收回办展总投资所需要的时间。投资回收期越短越好,但不能短于基准投资回收期。

通过上表,我们还可以初步了解计划支出的各项成本费用大约占展会总收入的百分比是多少。如果发现某项费用所占比例过大,可以通过调整相关的执行方案来调整相关的费用支出。比如,如果发现展会计划的宣传推广费用所占比例过大,就可以通过调整展会宣传推广方案,来调整这一费用支出。通过对收入和成本费用的各具体项目进行分析和调整,可以使展会成本收入预算更加合理。

2.4.4　展会盈亏平衡分析

在策划举办展会时,我们往往最想知道的一个重要问题是:展会的展览规模要有多大才能保证不出现亏损? 或者,如果展会的展览规模已经确定,那么,展会价格应该处于怎样的水平展会才不会出现亏损?

要解决这样的问题,就必须对展会进行盈亏平衡分析。所谓盈亏平衡,就是展会的所有收入恰好能弥补展会的所有支出和成本费用,也就是总收入正好等于总成本。能够使展会达到盈亏平衡的展会规模就是展会盈亏平衡规模,能够使展会达到盈亏平衡的展会价格就是展会盈亏平衡价格。除一些特殊情况,举办展会最起码的要求,应该是能够达到盈亏平衡的状态,换句话说,如果举办一个展会不能达到盈亏平衡,那么,举办这个展会就要亏钱。

进行盈亏平衡分析,最重要的是要找到能够使展会达到盈亏平衡的"盈亏平衡点"。所谓盈亏平衡点,就是能够使展会达到盈亏平衡的展会规模或展会价格。找到了盈亏平衡点,就可以为展会规划更为合理的展览规模,或为展会制定更加合理的价格。

1. 展会盈亏平衡价格

如果展会是以单位标准展位来定价的,那么,展会的盈亏平衡价格可以按以下公式求得:

$$\frac{\text{盈亏平衡价格}}{\text{（单位标准展位）}} = \frac{\text{展会总成本}}{\text{展会总展位数}}$$

如果展会是以单位展览面积来定价的,那么,展会的盈亏平衡价格就应该是单位展览面积的价格,这时,展会的盈亏平衡价格可以按以下公式求得:

$$\frac{\text{盈亏平衡价格}}{\text{（单位展览面积）}} = \frac{\text{展会总成本}}{\text{展会展览总面积}}$$

按上述公式求得的盈亏平衡价格,就是能够确保展会不出现亏损的单位展位价格。如果单位展位的价格低于这个价格,展会就会出现亏损。

【经典案例】

如何确定展会的盈亏平衡价格

经过市场研究和调查,A展览公司计划在B产业策划举办一个面积为2.2万平方米的展览会。A展览公司计划在D展馆举办该展会。结合B产业里已有展览会的场地使用率情况,规划D展馆的场地使用率为60%,展馆的场地租金和场地水、电、空调、地毯等固定成本总计约300万元。A展览公司不包括宣传推广费在内的其他变动成本总计后约为200万元。现在,为扩大展会影响,A展览公司有分别投入250万元和350万元做展会的宣传推广两种方案。那么,在这两种方案下,展会的价格分别为多少A展览公司才不会亏本?

投入250万元做宣传推广的方案:展会最低价格应为每平方米568.18元=(300+200+250)/(2.2×60%),低于这个价格展会就会亏损。

投入350万元做宣传推广的方案:展会最低价格应为每平方米643.94元=(300+200+350)/(2.2×60%),低于这个价格展会就会亏损。

2.展会盈亏平衡规模

展会的规模,通常是通过该展会拥有的标准展位数量或者是该展会的展览面积(平方米)来衡量的,相应的,展会的盈亏平衡规模就有两种表示办法:一是用通过计算能够使展会达到盈亏平衡的标准展位数量来表示;另一种是用通过计算能够使展会达到盈亏平衡的展览面积来表示。

能够使展会达到盈亏平衡的标准展位数量可以用以下公式求得:

$$\text{盈亏平衡规模（标准展位数量）} = \frac{\text{展会总成本}}{\text{单位标准展位价格}}$$

能够使展会达到盈亏平衡的展览面积可以用以下公式求得:

$$\text{盈亏平衡规模（展览面积）} = \frac{\text{展会总成本}}{\text{单位展览面积价格}}$$

展会盈亏平衡点对展会预算管理有重大价值:它不仅对评估展会项目是否可行具有极大的参考价值,还对改进展会的各种执行方案具有积极的意义。反过来,展会的各种执行方案的费用直接构成展会的总成本,改变展会总成本,也可以影响到展会各执行方案的费用分配情况。有了展会盈亏平衡点,对展会的资金安排和盈亏状况就可以做到心里有数。

【经典案例】

如何确定展会的盈亏平衡规模

经过市场研究和调查,A展览公司计划在B产业策划举办一个展览会。A展览公司计划在D展馆举办该展会。结合B产业里已有展览会的场地使用率情况,规划D展馆的场地使用率为60%,展馆的场地租金和场地水、电、空调、地毯等固定成本总计约300万元。A展览公司包括宣传推广费在内的其他变动成本总计约为450万元。经过市场调查,了解到潜在参展商对展会的价格期望的中位数为每平方米600元。这样,展会要办到多大规模A

展览公司才不会亏本?

计算:展会规模最小应该有毛面积 20834 平方米才不会亏损[20833＝(300 万＋450 万)/600/60%],低于这个规模就会亏损。

展会最重要的预算有:招展预算、招商和宣传推广预算、场地使用预算、后勤服务预算、管理费用预算、展会总预算等,有了展会盈亏平衡点,就可以以它为参考值来制定上述各种预算了。

2.4.5　现金流量分析

并不是每一个展会在其举办的第一、二届就能获利。有些展会尽管发展前景很好,但在展会举办的开始几届却往往不能获利。展会需要有好几届作为培育期,过了培育期,举办该展会才会有利可图,对于这样的展会,我们就要通过现金流量分析来进一步分析其是否值得举办。

所谓现金流量,是指在未来一定期间内所发生的现金收支。其中,现金收入称为现金流入量,现金支出称为现金流出量;现金流入量与现金流出量相抵后的余额称为现金净流量。如果不考虑展会的其他效应,仅仅从办展单位的盈利角度考虑,对于需要有好几届作为培育期的展会来说,只有现金流入量大于现金流出量,该展会才是值得投资举办的。

对于需要有培育期的展会来说,现金流入量与前面提到的展会收入的来源项目大致相同,现金流出量与展会成本费用的项目大致一样,不过,在测算现金流量的具体数据时,要剔除沉淀资本,要考虑现金当量和资金的时间价值,不能忽视机会成本。

我们可以通过一些专门的方法测算出展会举办各阶段的现金流量值,测算出现金流量值后,就可以用以下几个指标来对展会是否值得举办作出初步的判断:

(1)净现值。指展会项目计算期内,按行业基准收益率或其他设定的折现率来计算的各届展会的净现金流量现值的代数和。如果净现值大于零,该展会就值得举办。

(2)净现值率。指展会项目的净现值占原始投资现值总和的百分比。如果净现值率大于或等于 1,该展会就值得举办。

(3)获利指数。指展会项目举办后按行业基准收益率或其他设定的折现率折算的各届展会的净现金流量现值总额与原始投资现值总额之比。如果获利指数大于或等于 1,该展会就值得举办。

(4)内部收益率。指能使展会项目的净现值等于零时的折现率。如果内部收益率大于资金成本,该展会就值得举办。

现金流量是办展单位计划举办一个展会时所必须要考虑的问题,如果现金流入量小于现金流出量,而办展单位的流动资金又有限,那么,办展单位就可能会陷入投入资金不足的困境。如果这样的话,展会的继续举办就可能成为问题和负担。

2.4.6　资金筹措

经过展会执行方案分析、成本收入分析和现金流量分析以后,我们对展会筹备各阶段需要多少资金投入就有了一个大致的了解。为了保证展会顺利举办,展会筹备各阶段所需要的资金投入必须要有所保证,不能出现因资金短缺而导致展会筹备工作无法推进的现象。

办展单位可以根据其自身的经营以及展会筹备工作对资金投入的需要,通过一定的渠道,采取适当的方式获取一定的资金。

如果自有资金不足以满足展会筹备对资金投入的需要,办展单位可以利用的筹资渠道有很多,如争取政府支持、银行贷款、其他企业的资金投入、办展单位自有资金等都可以使用。办展单位在筹措资金时,可以结合上面有关章节的分析,通过比率预测法、定性预测法和根据资金习性等,对展会筹备各阶段需要的资金投入量进行预测,以便及时规划和合理安排展会筹备所需要的资金投入。

在筹措资金时,应遵循以下基本原则:

1. 规模要适当

在展会筹备的不同时期,其对资金投入的需求量是不同的。办展单位要预测各阶段的资金需求量,确定合理筹资规模。这样,既可以避免因资金筹集不足而影响展会筹备的正常进行,又可以防止资金筹集过多而造成资金闲置和浪费。

2. 筹措要及时

办展单位在筹措资金时,必须要注意资金的时间价值,并要根据资金时间价值的原理和计算方法,结合展会筹备各阶段对资金的实际需求,合理安排资金的筹集时间,适时获取所需要的资金。要避免过早筹集资金所形成的资金闲置,又要防止资金筹措时间滞后。

3. 方式要经济

不同的筹资方式获取的资金,其成本会有所不同,比如,通过负债所筹集的资金财务风险较大,但资金成本相对较低;通过所有者权益筹集的资金财务风险较小,但资金成本较高。办展单位应采取经济、可行的筹资方式,注意资金的结构,降低成本,减少风险。

4. 来源要合理

不同的筹资渠道,其难易程度不同,对办展单位的收益和成本的影响也不一样,办展单位要认真研究资金的来源渠道,合理选择资金的来源,不可因资金缺乏而"病急乱投医"。

2.5 展会项目立项可行性研究报告

以上各项分析和评估都是站在展会本身的立场来进行的,是一种站在展会角度的"微观分析"。在对展会项目进行了以上各种微观分析以后,在最后下结论展会是否可以举办之前,往往还要站在社会的角度,对举办该展会项目的社会效益进行宏观评估,综合两者,才能最后得出《展会项目立项可行性研究报告》。

2.5.1 办展风险评估

从展会立项可行性分析的角度看,风险就是在举办展会的过程中,由于一些难以预料和无法控制的因素的作用,使举办展会的计划和举办展会的实际收益与预期发生背离,从而使举办展会的计划落空;或者是即使展会如期举办,但办展单位有蒙受一定的经济损失的可能性。举办展会前,要对举办展会可能遇到的各种风险进行预测和评估,并采取相应对策,尽量回避和降低可能遇到的各种风险。举办展会面临的风险一般有四种:市场风险、经营风险、财务风险和合作风险。

1. 市场风险

市场风险是指那些对所有展会都产生影响的风险,如战争、自然灾害、瘟疫、经济衰退、通货膨胀、恐怖袭击、出现新的竞争者等。这类风险涉及所有展会,又称为"不可分散风险"或"系统风险"。对于这类风险,展会仅靠自身的力量很难克服,也很难抵挡它们给展会带来的不利影响。展会只能采取一些措施对它们进行预防和规避,或者将它们对展会的不利影响降低到最低限度。为了回避和降低市场风险,在举办展会前,办展单位要对相关的政治、经济环境等进行研究,对有关风险进行预测和评估,慎重选择办展地点和办展时间,尽量减少上述"不可抗力"对展会造成的不利影响。

2. 经营风险

经营风险是指因办展单位经营方面的原因给举办展会带来的不确定性,如展会定位不当、招展不力、招商不顺、宣传推广效果不佳、人力资源及人员结构不适合、管理不善、展会现场的饮食卫生出现问题、与会人员的健康保障问题、参展商因对展会不满而出现"闹展"和"罢展"等现象等。所谓参展商"闹展"和"罢展",是指由于展会效果和展会当初对外宣称的效果严重不符,参展商因严重不满而在展会现场"闹事"或干脆中途停止展览。参展商"闹展"和"罢展"是展会严重的经营危机。经营风险不像市场风险那样不可抗拒,如果提前预防,很多经营风险是可以克服的,也是可以控制和消除的。但经营风险一旦出现,就很容易给相关展会和办展单位的市场声誉造成伤害,并严重影响它们的形象。

【经典案例】

用"展会经营安全系数"评估展会经营风险

对筹备举办一个展会而言,经营风险很多时候集中表现为招展不理想,展会无法达到预期招展规模。我们在前面曾经介绍过的展会"盈亏平衡规模"是举办展会的最低规模要求,如果达不到这个规模,展会就会出现亏损。在这里,我们也可以通过展会"盈亏平衡规模",计算出举办展会的"经营安全系数",用这个系数从展会面积的角度来对展会的经营风险进行预测和评估判断。

展会经营安全系数可以通过以下公式计算出来:

$$展会经营安全系数 = 1 - \frac{展会盈亏平衡规模}{展会预期(实际)规模}$$

如果展会经营安全系数大于或等于 40%,则举办该展会将非常安全;如果该系数在21%～39%,举办该展会将是安全的;该系数在 16%～20%,举办该展会将是较安全的;该系数在 10%～15%,举办该展会有一定风险,需要注意安全;该系数在 9% 以下,举办该展会的风险将较大,要加倍小心。

3. 财务风险

并不是所有的展会都能带来利润的。财务风险包括举债筹措资金给展会财务成果带来的不确定性和展会资金投入所带来的不确定性。如果办展单位举债筹措办展资金,由于种种原因,办展单位息税前资金利润率和借入资金利息率之间具有很大的不确定性,这种不确定性会使办展单位自有资金的利润率变化无常。如果办展单位息税前利润还不够支付利息,展会就有发生亏损的风险。另外,办展单位投入筹办展会的各种资金能否按期如数收回,也有一定的风险。对于财务风险,展会可以通过维持一个合理的资金结构,或者慎重选择展会投资项目等措施来进行规避和降低该风险。

4.合作风险

合作风险是指办展单位的各单位之间、办展单位与展馆之间、办展单位与展会各服务商和各营销中介之间,在合作条件、合作目标和合作事务各环节上可能出现的不协调、不一致和其他不确定性。合作风险的出现,不仅会影响到办展各有关单位、各展会服务商和各展会营销中介之间的合作,还会给展会本身、展会服务以及展会的展出效果等多方面造成不良的影响。展会可以通过细化合作条件、明确各办展单位和合作单位的权责利、与各单位进行积极的沟通和协调等多种方式来消除和降低合作风险。

对于以上各种风险,展会首先要评估它们存在的可能性有多大,并评估一旦它们发生,对即将举办的展会可能会造成哪些影响,展会是否可以规避或者克服这些风险以及它们所造成的影响。

另外,对于上述各种风险,有些风险展会无法控制,只能规避;有些可以通过有效措施来进行积极预防和消除。至于如何预防、规避和消除上述各种风险,请参见本书《展会危机管理方案策划》一章的相关论述。

2.5.2　展会社会效益评估

所谓展会项目的社会效益,就是举办该展会对当地社会各方面可能产生的影响。评估展会项目的社会效益,可以从展会具有的经济功能和社会功能两方面来进行。

展会的经济功能,是指通过举办展会而使整个社会直接取得的经济效益以及因此而带动一个地区相关产业发展的功能。会展经济是以会议和展览为基础的一种跨行业的经济行为,举办大型会议和展览,不仅需要酒店业、餐饮业、交通业、通信业、商业、旅游业、展馆业、城市建设等行业的积极参与,而且还能通过乘数效应,带动这些行业加快发展。国外某个城市的市长曾经这样形象地评价展会的经济功能:"如果在我市举办大型展会,就好比有一架飞机在本市的上空撒美元。"按通行说法,会展经济对相关产业的带动效益为1∶9,会展经济因此也博得了"城市的面包"的美名。评估展会的社会效益,首先要评估它的社会经济功能如何。

展会的社会功能,是指通过举办展会而达到一定的社会、政治和文化目标。除经济目标外,举办大型会议和展览往往会给举办地的社会、政治和文化带来影响:首先,不仅可以增强一个地区或城市的综合服务功能和服务意识,提高当地居民的综合素质,还可以重塑和提升该地区或城市的整体形象,从而达到一定的社会目标;其次,还能促进国内和国际交往,增强国际合作和交流,解决某些争端,从而达到一定的政治目的;最后,可以促进科技文化的交流与合作,进而促进科技文化的发展。由于会展经济的社会功能强大,有人因此而将它比喻为"城市的名片"。评估展会的社会效益,还要评估它的社会功能如何。

为确保举办展会各项目标的实现,在对举办展会的可行性进行宏观评估时,除要对展会的经济功能和社会功能进行分别单项评估以外,还要将二者进行综合评估。

从综合的角度看,展会的上述双重功能是不能截然分开的,它们是相互促进、相辅相成的。一方面,通过成功举办展会取得良好的经济效益,不仅能使相关展会发展壮大,而且带动相关产业的发展,从而为实现一定的社会功能提供经济基础;另一方面,通过成功举办展会实现了良好的社会功能,又能很好地支持相关展会的可持续发展。

认识和评估展会双重功能及其相互关系,有助于清除在策划展会时可能出现的"近视"行为:片面追求举办展会的经济功能而不考虑其社会功能,从而人为地割断了展会与其他相关产业的内在联系,削弱了展会可持续发展的基础;或片面追求举办展会的社会功能而不考虑其经济功能,从而人为地封堵了进行会展产业市场化的一个有效途径,削弱了展会对相关产业的带动作用。

可见,举办一个展会,不仅要满足其自身的一些微观要求,还必须考虑社会的一些宏观要求。无论哪一方面有缺陷,该展会的举行方案都可能要重新策划。

2.5.3　展会项目立项可行性研究报告的内容

完成上述分析以后,就可以综合以上内容,形成《展会项目立项可行性研究报告》,对展会立项是可行还是不可行做出系统的评估和说明,并为最后完善该展会项目立项策划的各具体执行方案提供改进依据和建议。

从内容上看,《展会项目立项可行性研究报告》除了要包括本章以上各节的内容外,还要包括以下三项内容:

(1)存在的问题。包括通过以上可行性分析发现的展会立项策划存在的各种问题、研究人员在可行性分析以外发现的可能对展会产生影响的其他问题等。

(2)改进建议。针对上述问题,提出对展会立项策划的改进建议。

(3)努力的方向。根据展会的办展宗旨和办展目标,在上述分析的基础上,针对存在的问题,提出要办好该展会所需要具备的其他条件和需要努力的方向。

《展会项目立项可行性研究报告》是办展单位决策是否要举办该展会的重要依据。只有该报告认为是可行的展会立项策划才可最终付诸实施。因此,在编写该报告时,一定要使报告使用的材料真实充分,分析客观科学,判断准确有理。

▷【复习思考题】

1.如何从市场环境分析的角度来分析展会方案的可行性?

2.如何从展会项目生命力的角度来分析展会方案的可行性?

3.如何进行展会盈亏平衡分析?

4.对展会进行可行性分析时为什么还要对其进行社会效益评估?

5.如何撰写《展会项目立项可行性研究报告》?

第 3 章

展会品牌形象策划 ≫ ≫ ≫　≫

☞【本章要点】

　　本章主要讲述如何进行展会品牌形象策划。包括：对展会品牌形象进行定位的原理、步骤和策略；展会品牌形象的含义以及创立展会品牌形象的目标、基本原理和策略，如何精心设计展会的品牌形象；在规划展会的品牌识别时要注意准确地策划 MI、BI、VI 和 AI；在传播展会品牌时要忠于展会品牌个性，注意传播原则和媒体策略；进行展会品牌经营规划的办法和要注意的问题。

　　在展会立项通过了可行性分析进入实际筹备阶段后，接着要进行的一项工作就是实施展会的品牌形象策划。品牌既是展会的一面旗帜，也是展会竞争优势的重要来源。展会如果能成为具有一定规模、能代表行业的发展动态，能反映行业的发展趋势，能对行业发展具有指导意义并有较强影响力的品牌展览会，展会将长期立于不败之地。

3.1　给展会品牌形象定位

　　展会品牌形象定位是和展会定位紧密相连的，并且是以展会定位为基础来展开的。展会定位是在确定了展会的目标参展商和观众的基础上，解决展会"是什么"和"有什么"的问题；展会品牌形象定位则是在展会定位的基础上，解决如何在目标市场上建立一个符合展会定位的展会品牌形象的问题。展会品牌形象定位的主要目标，是通过各种传播手段将一个符合展会定位的展会品牌形象深植于参展商和观众的心目中。

3.1.1　展会品牌形象定位的原理

　　展会品牌是能使一个展会与其他展会相区别的某种特定的标志，它通常是由某种名称、图案、记号、其他识别符号或设计及其组合所构成。展会品牌是给展会贴上的一个竞争标签。

　　展会品牌的内涵可以从以下六个方面来理解：第一，属性，即品牌所代表的展会的品质;第二,利益,即展会能带给参展商和观众怎样的利益;第三,价值,即展会在参展商和观众的心目中居于怎样的等级层次;第四,文化,即展会品牌所体现出的展会本身的文化内涵;第五,个性,即品牌所体现的展会的独特个性和特征;第六,角色,即品牌是某些特定客户群体的特定角色和地位的象征。

在第一章里,我们曾经提到,展会定位的关键是要为目标市场提供一种差异化的利益,创造一种差异化的竞争优势。然而,这种差异化的利益,只有在目标参展商和观众的心目中占有一定的位置时,才能转化为差异化的竞争优势。可是,如何才能更好地将展会定位提供的差异化利益传播到目标参展商和观众的心目中去呢? 展会品牌形象能很好地解决这一问题:展会品牌形象的"传播工具"作用能将这种差异化利益很好地传播给目标参展商和观众;展会品牌形象的"沟通工具"作用能使目标参展商和观众很好地感受到这种差异化利益。

所以,给展会品牌形象定位,要更多地从"传播"和"沟通"的角度来考虑问题,如图 3-1 所示:

1. 理解和升华展会定位

品牌不同于产品,品牌是在产品的基础上对产品的一种升华,它在产品的基础上为产品附加了更多的价值、意义和想象空间。展会与展会品牌之间的关系也是这样。对展会品牌形象的定位不能脱离展会定位而存在,展会品牌形象定位是在理解展会定位的基础上对展会定位的进一步升华。

2. 确定目标受众

品牌形象定位必须确定一个特定的目标受众,也就是品牌的目标传播对象。和展会定位不同,展会品牌形象定位的目标受众不仅仅是展会的目标参展商和观众,它还包括其他与展会相关的社团和群体。展会品牌定位是站在展会目标受众的角度上来策划的,因此,展会品牌形象定位要积极考虑其目标受众的需求和期望。

3. 确定展会品牌的个性

展会品牌形象定位不是对展会定位的简单重复,它是在展会定位的基础上赋予展会品牌自己的个性,这种个性就是品牌为展会附加的价值主张、意义和想象空间。品牌个性常比展会特征具有更好的系统脉络,它常常被整合成一套系统的陈述,作为对展会名称、LOGO 和标识语的解释和补充。

4. 确定品牌传播的内容

品牌形象定位只有传播到其目标受众那里才能发挥作用,所以,确定品牌传播的内容和积极传播品牌形象是进行品牌形象定位时所必须要考虑的问题。无形的品牌定位必须要通过一系列的有形展示才能更好地被其目标受众所接受。因此,展会名称、LOGO 和标识语以及色彩作为对展会品牌形象进行有形展示的主要载体,必须紧紧围绕展会品牌形象定位来设计,不能游离于展会品牌形象之外。

5. 传播差异化竞争优势

与有竞争关系的展会品牌展开竞争,是进行展会品牌形象定位的主要动机之一。如果不充分考虑市场竞争的需要,展会品牌形象定位就会失去执行的基础和价值。

3.1.2　展会品牌形象定位的步骤

给展会品牌形象进行定位,必须紧紧围绕发现、甄别和明确其竞争优势的思路来进行。

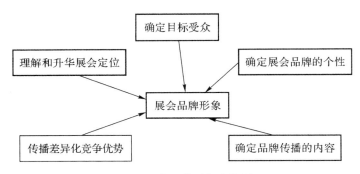

图 3-1   展会品牌形象定位原理

1.发现潜在的竞争优势

竞争优势使本展会能比其他同类展会带给参展商和观众更多的价值,它可能是成本优势或展会功能优势。成本优势可以转化为价格优势和其他优势。展会功能优势是本展会能提供更符合目标参展商和观众需要的展会功能。一般来说,展会具有成交、信息、发布和展示四大功能。本展会可以集中精力打造上述四大功能中的某一个功能,使它成为本展会参与市场竞争的"王牌",也可以全面塑造上述四大功能,使本展会成为他人难以动摇的"巨无霸"。至于本展会品牌究竟具有哪方面的潜在竞争优势,可以结合本展会的定位,采用前面提到的 SWOT 分析方法来具体分析。

2.甄别潜在竞争优势

并不是所有潜在的竞争优势都能转化为现实的竞争优势,因为,将不同的潜在竞争优势转化为现实的竞争优势是需要条件和成本的。有些潜在竞争优势可能不具备转化成现实竞争优势的条件,有些可能因为转化的成本太高而不值得转化,还有一些可能不适合展会的定位而必须放弃,所以,必须对潜在优势有所选择。能够被选择作为品牌形象定位基础的潜在竞争优势要满足以下四个要求:

(1)差异性。它是其他同题材展会所不具备的,或者即使其他同题材展会具备了,本展会也能以比其更优越的方式提供,如果本展会具备了该优势,其他同题材展会将很难模仿。

(2)沟通性。该优势对于参展商和观众来说是可以理解和可以感觉到的,并且对他们来说是有价值的,是他们期望展会所能提供的。

(3)经济性。参展商和观众通过参加本展会来获取该优势带来的利益比通过其他方式要来得优越,他们也愿意为获取该利益而支付参加本展会的有关费用,并且也能支付起这种费用。

(4)营利性。该潜在优势具有转化为现实优势的可行性,展会将该潜在优势转化为现实优势是有利可图的,是值得的。

3.明确潜在竞争优势

经过上述甄别后,有利用价值的潜在优势就不多了,但并不是说所有满足上述条件的潜在优势都要包含在展会品牌形象定位之中。展会品牌形象定位到底要传播哪些优势,还要结合展会的定位和参展商与观众对展会的期望来做最后的选择。以展会的功能优势为例,到底是选择成交、信息、发布和展示四大功能中的哪一个或哪几个,除了要符合上述四个条件外,还要考虑展会的定位,更要考虑参展商与观众参加本展会的主要目的是什么,是成交？是获取信息？还是发布产品？或者是展示产品和企业形象？或者四者都要具备？在很多时候,参展商与观众参加展会的目的不是单一的,而是多重的。比如,既希望多成交,又希望能收集更多的行业信息等。所以,最后确定的优势不一定就是某一个单一的优势,而是多重的优势的综合体。

经过上述步骤以后,展会品牌形象定位的理念和方向就基本成型了。

3.1.3 展会品牌形象定位的策略

展会品牌形象定位和展会定位在策略上最大的差异,就是展会品牌定位更多的是从传播的角度考虑问题,是考虑传播该品牌形象后参展商和观众会对展会及其品牌产生什么样的认知;而展会定位则是从展会本身的角度出发,期望展会能办成什么样子。展会品牌定位的策略主要有以下几种:

1. 特色定位

特色定位就是根据展会所具有的某一项或几项鲜明的特色来定位。用来定位的展会的特色应是参展商和观众所重视的,并且是他们能感觉得到的,而且是能给他们带来某些利益的。

2. 利益定位

利益定位就是直接将展会能带给参展商和观众的主要利益作为展会定位的主要内容。用来定位的"利益"可以是一项或者多项。

3. 功能定位

功能定位就是根据展会的主要功能来定位。展会具有成交、信息、发布和展示四大功能,如果本展会在这四大功能中的一项或几项特别突出,又符合展览题材所在产业的需要,就可以用它们来定位。

4. 竞争定位

竞争定位就是参考本题材展会中某一与本展会具有竞争关系的展会的品牌形象来定位本展会的品牌形象。

5. 品质价格定位

很多时候,价格高低是品质好坏的反映,我们可以根据展会的"性价比"来定位。比如,将展会品牌形象定位为"高品质高价格",或者定位为"高品质普通价格"等等。

6. 类别定位

类别定位就是将本展会与某类特定类别的展会联系起来。可以将展会市场细分成若干细分市场,如出口型展会、国内成交型展会、地区型展会等,然后将本展会归入其中的某一类。

和给展会定位一样,不管是运用上述哪种策略来给展会品牌形象进行定位,都要尽量避免在定位过程中出现定位不够、定位过分、定位模糊、定位疑惑和定位僵化等错误。

3.2 创立展会品牌形象

对展会品牌形象进行定位以后,就可以根据该定位为展会创立一个符合该品牌形象定位的展会品牌。为展会创立一个品牌,就是在展会进入实际筹备工作之际,为展会理顺和统一经营理念,为展会树立一面旗帜,使展会与其他同类展会有所区别,以便将展会能带给参展商和观众的价值更好地向他们传播,为展会树立起一个良好的形象,并以此获取竞争优势。

3.2.1 展会品牌形象的含义

展会品牌形象是参展商和观众所得到和理解的有关展会品牌的全部信息的总和,它存在于参展商和观众的心目中。展会品牌所包含的各种信息经过参展商和观众的感知、体验和选择,形成了展会在他们心目中的品牌形象。可见,展会品牌是展会品牌形象的基础,展会品牌形象是对展会品牌的诠释,是对展会品牌意义的体验,是对展会品牌符号的理解。

展会品牌形象定位决定了展会品牌形象设计的基本方向。创立展会的品牌形象,首先是要策划出能代表展会品牌的符号、设计、名称和图案以及它们的组合。这些代表展会品牌的符号、设计、名称和图案以及它们的组合,要能承担起四种功能:

一是成为一种可以将本展会与其他同类展会区别开来的标志。一方面,品牌要有自己独特的命名、设计、符号等富有个性的表现形式;另一方面,品牌要有自己的核心价值,这些都使得本展会与其他同类展会区别开来。

二是成为展会与参展商和观众进行有效沟通的代码。品牌将有关本展会的各种信息浓缩在一起,作为与其他同类展会相区别的标识,参展商和观众则将品牌作为一种对展会的速记符号储存在大脑中,作为他们理解和选择特定展会的对象。

三是成为展会对参展商和观众的一种承诺。参展商和观众知道,通过选择特定的品牌,他们的需求和欲望就基本能得到满足,他们的利益就基本能得到保证。

四是成为展会价值的集中代表。展会的价值浓缩在展会品牌之中并通过品牌号召力体现出来,品牌浓缩了展会的无形资产。

展会品牌形象是一个以参展商和观众为中心的概念,品牌的价值体现在品牌与参展商和观众的关系之中,在设计展会的品牌形象时,不能只站在展会的角度看问题。品牌要能传达展会的价值和发展方向,能表明展会的核心价值和灵魂,表明展会代表着参展商和观众的什么利益,使展会品牌在展会与参展商和观众之间架起一座沟通的桥梁。只有被参展商和观众认知了的品牌才是有用的品牌。如果一个展会的品牌设计得很好,但参展商和观众却不认知这个品牌,不知道这个展会品牌所富有的内涵,那么这个展会的品牌形象是不成功的。

3.2.2 创立展会品牌形象的目标

创立展会品牌形象最主要的目标是为展会提供差异化和个性化特征并通过它们来获

取竞争优势。创立展会品牌形象的目标有短期目标和长期目标、办展单位对外目标和内部目标之分。

1.创立展会品牌形象的短期目标

短期目标是创立展会品牌形象的基本目标,也就是展会通过细分会展市场来发现符合自己的目标市场。细分会展市场是展会根据一种或几种要素,把某个题材的会展市场分割成为若干个有相似需求和特征的子市场的市场分类过程。通过细分市场,使每一个细分市场内部的市场需求和特征比较相似,不同的细分市场之间的需求和特征的差别比较明显。办展单位要想在某一特定的细分市场里办展成功,就必须在该展会上刻下符合这一细分市场的标记。也就是说,办展单位在创立展会的品牌形象时要明白应该赋予它怎样的属性,要让它有什么样的吸引力,能提供何种利益,能表现展会怎样的优势。

2.创立展会品牌形象的长期目标

长期目标是获取长久的差异化竞争优势。创立展会品牌形象应有为展会长期发展服务的准备和规划,且应能适应展会长期发展的需要。为此,创立展会品牌形象就不仅仅是为某个展会设计 LOGO 或某些装饰性的符号,也不仅仅是为某个展会设计宣传口号,它是要在参展商和观众的心目中开立一个特殊的"账户",然后经过长期努力,不断地在这个账户中存入有关本展会的优势和特征,在参展商和观众的心目中形成一种"心理专有权",最终形成一种让参展商和观众普遍认同的品牌资产,由此获取参展商和观众对本展会的认可和忠诚,获取竞争优势,使本展会长盛不衰。

品牌的竞争优势是通过提高品牌的竞争力来实现的,一般的,品牌的竞争力表现为五个层次,如表 3-1 所示。

表 3-1　展会品牌竞争力的层次

层次	参展商或观众与品牌的关系	品牌竞争力
品牌无知	大多数不知道该展会或该展会品牌	较差
品牌认知	有一定程度的了解,但不一定选择参加该展会	一般
品牌接受	大多数不拒绝该品牌而选择参加该展会	较强
品牌偏好	大多数认准该品牌而选择参加该展会	更强
品牌忠诚	大多数只认该品牌而只参加该展会,对其他同类展会基本上不考虑	强大

当展会品牌竞争力上升到上述第四层次时,展会的竞争优势开始形成;当展会品牌竞争力上升到第五层次时,展会的竞争优势已经确立并不可动摇。

3.创立展会品牌形象的外部目标

外部目标是对参展商和观众参加本展会做出某种承诺。这种承诺可以是有形的,也可以是无形的,可以是明示的,也可以是暗示的。品牌通过创造参展商和观众的"满意"来换取他们对展会的"忠诚",展会通过品牌与参展商和观众建立起一种带有承诺的沟通,使参展商和观众通过这个品牌,知道他们将能获取怎样的利益,将能得到怎样的服务。品牌对参展商和观众的这种承诺是心理上的,不是法律上的契约关系。参展商和观众之所以信赖这个承诺,是因为他们认知了这个品牌;展会之所以保证实现这样的承诺,是因为办展单位对展会品牌的珍惜。展会品牌就是展会与参展商和观众之间的这种承诺与信赖关系的有效标签或证书。

4.创立展会品牌形象的内部目标

内部目标是对展会本身形成一种约束,让展会时刻注意按照展会品牌形象的要求去办事,去服务参展商和观众,去为参展商和观众提供价值。品牌在对外部顾客提供一种承诺的同时也给办展单位内部形成一种强有力的约束,它要求办展单位必须努力创造条件去实现展会品牌对参展商和观众的一贯承诺,去满足参展商和观众基于对展会品牌的信赖而对展会产生的各种期望。如果做不到这一点,就会毁坏展会的品牌形象和品牌声誉。所以,从某种意义上说,为展会创立了什么样的品牌形象,就是为展会设立了什么样的质量标准。

展会品牌形象通过自己拥有的含义以及参展商与观众对展会的记忆的累积来达到上述目标。展会品牌不能是空洞的符号、名称或口号,也不能是脱离产业热点和时代方向的空洞的说教,它必须拥有具体的含义,它必须能告诉参展商与观众关于本展会的价值、内容和发展方向,或者是能引起他们关于上述内容的某些联想。品牌给参展商和观众以想象的翅膀,给展会让人称道的生命。参展商和观众通过参加展会,来获得对展会品牌所包含的含义的体验和感受,从而增加对品牌意义的完整理解和记忆,所以,从某种意义上讲,品牌是参展商和观众对展会的记忆的集中表现。正是有了对品牌的记忆的不断累积,展会才会深入人心,才会获得参展商和观众的认同和忠诚。

3.2.3　创立展会品牌形象的基本原理

品牌要拥有丰富的含义、独特的识别标识、明确的品牌个性和一套紧贴顾客需求的价值体系。这些特点增强了它们在市场上的竞争优势。因此,创立展会品牌形象要遵循下述基本原理:

首先,要赋予展会品牌实质性的、紧贴顾客需求的价值体系,也就是说,要使展会的品牌不仅仅是用来做广告的展会名称或口号,而且能体现出展会的核心内涵和价值。创立展会品牌,就是要让品牌为展会说话,让品牌成为展会形象的代表。展会品牌为此必须要有特定而丰富的含义,不能空洞和流于形式。没有特定而丰富的含义,展会品牌就退化成为一个普通的标签,它就不能向参展商和观众传达任何意义。

其次,要明确界定展会品牌的识别标识。创立展会品牌绝不仅仅是为展会设计一个LOGO,提出一个宣传口号,而且要为展会界定一些基本问题。为此,展会必须要在弄清楚展会的目标市场,结合展会的定位,了解目标参展商和观众的期望的基础上,明确这个展会为什么要存在、展会的核心价值是什么、展会要带给参展商和观众怎样的利益、被品牌折射的客户有哪些关切等。

最后,要基本确定展会品牌传播的策略。展会品牌形象是展会品牌在参展商和观众心目中的反映,是展会品牌在参展商和观众头脑中的折射,展会品牌必须通过各种传播手段才能到达参展商和观众,使参展商和观众对展会产生认知。所以,创立展会品牌形象,要对适合展会品牌传播的广告策略有所规划,要明确品牌的标志语言和沟通的范畴。

3.2.4　创立展会品牌形象的策略

品牌的性质是创立展会品牌形象策略的出发点。一般的,展会品牌具有依附性、异化性和延伸性。品牌的依附性,就是品牌要依附于特定的展会而存在,品牌的声誉和价值是依靠其所依附的展会来形成的,参展商和观众对某个展会品牌的认知是要通过对该品牌所代表的展会的体验来检验的;品牌的异化性,是指品牌一旦被参展商和观众所接受,品牌所代表的展会的声誉就转化为品牌的声誉,品牌成为展会的品质、价值或文化的象征;品牌的延伸性,就是当某一品牌用于某一新展会时,品牌所代表的某种品质、价值或文化就会延伸到新的展会上,参展商和观众有时会像对待原展会一样对待新展会,形成所谓的品牌效应。

从品牌性质出发,创立展会品牌形象的策略主要有六种:

1. 个别名称品牌策略

个别名称品牌策略就是给每一个展会创立一个独有的品牌名称,并给予它们各自不同的市场定位,期望它们去占领各自不同的特定细分市场。个别名称品牌策略使办展单位能在新的市场上进行冒险,由于各展会彼此互不关联,即使新展会举办失败也不会影响到其他展会。另外,个别名称品牌策略也有利于办展单位开拓那些成长性很好的市场。

2. 产品线品牌策略

产品线品牌策略就是给同一类题材中密切相关的一些展会以相同或相似的市场定位,采用相同或相似的营销策略,服务于一些彼此有密切联系的目标市场。产品线品牌策略有利于扩大展会规模和维持展会品牌的持久形象,有利于降低新展会的举办风险和减少推广费用。

3. 分类品牌策略

分类品牌策略就是给一些处于相同水平和层次的展会以同一个品牌,使所有的展会都使用不同类别的家族品牌,是一种不同类别的家族品牌策略。分类品牌策略能使所有的展会都享受到该品牌的声誉,减低举办新展会的成本和风险,有利于统一和规范展会的营销模式。

4. 伞状品牌策略

伞状品牌策略就是在不同题材的展会上冠以同一个品牌,是一种统一类别的家族品牌策略。伞状品牌策略适用于那些与原展会有较高关联度的新展会,有利于集中办展单位的资源来培育展会品牌,消除参展商和观众对新展会的不信任感。

5. 双重品牌策略

双重品牌策略就是将所有展会置于同一个母品牌下,再给每一个展会一个子品牌,形成每一个展会都同时拥有两个品牌的双重品牌结构。双重品牌策略利用子品牌去占领细分市场,可以通过各子品牌的贡献来强化母品牌的价值,子品牌和母品牌共同作用,相互促进,共同占领和稳定某一个细分市场。

6. 担保品牌策略

担保品牌策略与双重品牌策略原理相似,只不过在担保品牌策略下,在市场上起主要作用的是子品牌,母品牌只是对所有子品牌起担保作用。担保品牌策略既给各子品牌以自有调度的权利,也使各子品牌可以共享母品牌的价值。

3.2.5　精心设计展会品牌形象

展会的品牌形象设计不能脱离展会品牌形象定位而独立进行,也不能偏离展会品牌形象定位的主旨而存在,它要遵循展会品牌形象定位的基本方向来进行。

一般来说,有形的事物总是能比无形的东西带给人们更深刻的印象,人们总是容易记住有形的事物而比较容易忘记无形的东西。在创立展会品牌形象时,展会品牌的含义、价值和个性都是通过一些无形的理念或者概念存在于办展单位、参展商和观众的心目中。要想使这些无形的东西更容易被参展商和观众所理解和接受,展会就要想方设法使它们有形化,将它们"化无形为有形",通过对展会品牌的有形展示来使参展商和观众增加对展会品牌的理解和记忆,促进他们接受展会品牌。

在创立展会形象时,对展会品牌的有形展示最主要还是集中在四个方面:品牌名称、展会 LOGO、标识语和主题色。

1. 品牌名称

孔子说:"名不正则言不顺。"在创立展会品牌形象时,给展会品牌取一个好名字非常重要。给展会品牌取一个好的名字,就好比给展会品牌形象插上了腾飞的翅膀,使展会信息和品牌形象能更好地飞进参展商和观众的心扉。展会都希望自己的品牌名字不仅能准确传达展会的信息,还能使人过目不忘。如何才能做到这一点呢?要做到这一点,就必须遵循品牌命名在语言、法律和营销三个方面的基本要求:

(1)在语言方面,要使品牌名称符合语音、语义和语形等各方面的要求。在语音上,品牌名称要容易发音,并且读起来或者是听起来要让人感到愉快。当品牌跨出国门时,在其他主要语言中最好是以单一的方式来发音,在不同的语言中不会引起发音的困难。在语义上,品牌名称要有时代感,容易理解和记忆,不因时间的推移而产生歧义,不会由品牌名称引起某些不悦、消极甚至淫秽的感觉和联想。在语形上,品牌名称要简洁、简单,并且易于传播。

(2)在法律方面,要使品牌的名称在使用时具有法律的有效性,并且相对于竞争者来说是独一无二的。品牌名称具有法律的有效性,就可以保证展会使用该品牌不侵犯他人的知识产权,他人也不能侵权而使用本品牌,展会品牌就成为本展会专有的;品牌名称相对于竞争者来说是独一无二的,就可以使展会品牌富有个性,更容易被人们所接受。

(3)在营销方面,要使品牌的名称具有促销、广告和说服的作用,能对展会价值有所明示或暗示,能与办展单位的形象和展会本身的形象相匹配,并且要能支持展会的 LOGO 及其标识物。

2. 展会 LOGO

展会 LOGO 是经过艺术设计的品牌标志。LOGO 往往是由一些艺术化的图案、符号和文字等所构成,并以艺术化的符号形式向参展商和观众传递展会的形象、特征和信息。LOGO 是展会品牌形象有形化的重要手段,和展会品牌的名称一样,好的展会 LOGO 本身也有助于获取参展商和观众对展会品牌的认知,引起他们对展会品牌的联想。所以,展会 LOGO 的设计创意除了要遵循平面设计的基本原则外,还要注意考虑展会营销的需要和参展商与观众的心理需求。因此,不管是用古典主义手法,还是用现代主义或者是后现代主义的思路来设计展会 LOGO,都要遵循以下五个基本要求:

(1)创意要求。要对品牌的理念和价值有很好的明确表达或暗示作用,不仅设计要新颖独特,对视觉有较强的冲击力,而且要直观醒目,适合于各种媒体,并且在法律上不会引起纠纷,有国际化的潜力和准备。没有创意的 LOGO 是很难吸引参展商和观众的目光的。

（2）设计要求。设计要清晰简洁、布局合理、整体平衡，色彩搭配要协调，图案线条要和谐，注意整体形式的美感。如果在设计的图案中包含有期望传达给参展商和观众的隐喻或象征意义，则隐喻或象征要恰当，不能产生歧义。

（3）营销要求。要能体现展会的品牌价值和经营理念，能准确地传达展会的信息，体现展会的特征和品质，展现办展单位的实力，用容易理解的图案将展会的优势明确化，使 LOGO 成为展会的象征。

（4）认知要求。要遵循参展商和观众的心理认知规律，符合他们的文化背景，通俗易懂，容易记忆，能很容易地吸引公众的注意，让人对其产生深刻的印象，不脱离时代。

（5）情感要求。要有较强的感染力，容易被大家接受，令人愉悦，有美的享受，并能使人产生丰富的积极的联想。

【经典案例】

2006 杭州世界休闲博览会的 LOGO

2006 杭州世界休闲博览会是一届休闲题材的盛会，主要内容包括：杭州世界休闲博览园和世界休闲风情园展示，世界休闲用品博览会、世界休闲大会、世界休闲峰会、世界休闲奖评选、世界休闲研究和培训及中国杭州西湖国际狂欢节、烟花大会等，是融休闲、旅游、娱乐、会议、展览、大型活动为一体的国际盛会。该展会的 LOGO 设计极具特色，如图 3-1 所示。

图 3-1　2006 杭州世界休闲博览会 LOGO

这个 LOGO，用轻松随意的线条勾勒出的紫砂壶与杭州西湖三潭印月幻化后的叠影，具有浓郁的杭州休闲文化韵味，这是休闲生活中动和静的和谐，是中国休闲文化的高度浓缩。

3. 标识语

品牌名称和 LOGO 构成了展会品牌资产表象的核心，然而，仅仅一个名称和一个图案还是难以很好地表达展会的价值、特征和优势等要素，要想参展商和观众对展会的品牌形象有更快、更好、更准确的理解，我们往往还是要借助于品牌标识语的帮助。品牌标识语能更直观地提供品牌名称和 LOGO 所不能提供的信息，能引起参展商和观众对展会更多的联想,它与品牌名称和 LOGO 一起,能更好更全面地传播展会的品牌形象。

标识语一般都很简洁,通常是以"口号式"的语句来表达的。标识语在使用时主要承担了两项职能:品牌识别和沟通,其中,沟通是标识语最主要的使命。由于品牌名称的主要使命是品牌识别,它往往在沟通性上有所欠缺,LOGO 尽管有一定的沟通作用,但它依赖于参展商和观众对它的理解程度。只有标识语,才能最直接、最准确地将展会的有关信息传达给参展商和观众。这样,标识语就超越了广告传播本身的作用,成了展会品牌形象的重要组成部分。

由于标识语的作用超越了广告传播本身,所以标识语的创意十分重要。由于标识语具有"口号式"的外形,简洁明了的特性,它不可能很长,往往是寥寥数语甚至是仅仅几个字,所以它不可能包含展会的全部信息,它只能反映展会最本质的特征,或是反映办展单位最希望参展商和观众了解的展会的特质。那种"包含一切"的标识语往往流于形式、内容笼统而空洞,起不到很好的沟通和识别作用。所以,标识语的创意要紧密联系展会的定位和主题,抓住展会的本质特征,既要独特显著,有较强的差别化效果,又要生动有趣,容易理解和记忆,还要注意语言修辞上的技巧,具有一定的心理导向和大众流行语的特质。

【经典案例】

创立准确的展会标识语

标识语一般都很简洁,通常以"口号式"的语句来表达。例如,中国出口商品交易会(广交会)是目前我国历史最长、效果最好、规模和成交量都最大、到会外商最多的展会,其标识语是"中国第一展",既简洁明了,又充分体现出广交会在我国会展业中的强势地位,十分准确。

尽管标识语通常以"口号"的形式出现,但它的含义要比"口号"丰富得多。在会展行业,展会的标识语常常是与展会的定位和展会的主题紧密相连,并努力通过展会的标识语来传达展会的优势和特征,以增强展会和参展商与观众之间的沟通,上面广交会的例子很好地说明了这一点。

展会的品牌名称、LOGO 和标识语通常是一起使用的,它们是一个有机整体,比如,在平面媒体上使用时,通常是展会的品牌名称和 LOGO 在上,标识语在 LOGO 之下。所以,在设计展会的品牌名称、LOGO 和标识语时,也要考虑三者在布局上的可搭配性。

4.主题色

展会品牌形象一般有一种主要使用或承载的颜色,这就是主题色。除了品牌名称、LOGO 和标识语,在创立展会品牌形象时,还要特别注意展会品牌形象主题色的选择、与主题色搭配的辅助颜色的选择和运用。有些色彩能使人精神愉悦,给人丰富的联想,给人美的享受;有些却使人伤感,让人沉闷;有些颜色人们乐于使用,有些颜色人们却忌讳使用。色彩的选择和运用会直接影响到展会品牌形象的设计效果。

3.3　规划展会的品牌识别

除了亲自参加展会,展会的目标参展商和观众主要是通过展会的品牌识别系统来感知展会品牌定位和展会品牌形象的,换句话说,展会的品牌识别系统是让展会品牌定位和展会品牌形象进入参展商和观众心灵的播种机。规划好展会的品牌识别系统,对展会品牌形象的传播有巨大的促进作用。

3.3.1　展会品牌识别的来源

展会品牌识别(CI)是那些能使展会的目标参展商和观众认知展会的理念、行动和符号,它标示着展会希望其目标参展商和观众如何来认知展会和对展会产生怎样的联想。展会的 CI 是在结合展会的市场定位、营销策略、品牌定位和品牌形象的基础上,经过系统化后提出的一套促进展会形象传播的整体策略。展会的 CI 主要来源于展会本身以及与展会有密切关系的其他几个方面:

1. 展会

展会本身是展会品牌识别的主要来源,展会的定位、展会的规模、展会的参展商和观众来源与构成、展会的类别、展会的特征、展会的品质以及展会的核心价值等,都可以作为展会品牌识别的重要因素。在设计展会的品牌识别系统时,可以根据实际情况,对上述各因素进行取舍,并对上述各因素在展会品牌识别系统中的地位和重要性做出合理的安排。

2. 象征

与展会紧密相关的一些能给参展商和观众带来丰富联想的象征也是展会品牌识别系统的重要来源,如展会的品牌名称、LOGO、标识语和它们的色彩,以及设计者期望它们能给参展商和观众带来的某些暗示和联想等。这些富有象征意义的东西,对于参展商和观众认知展会来说更直观、更有趣、更富有感染力和亲和力。

3. 办展单位

展会的主办单位、承办单位、协办单位和支持单位等办展单位,以及它们的声誉、对客户的态度、创新能力、价值观念和文化理念等,都可以成为展会品牌识别的组成要素。与此相关,展会的地理特性以及历史渊源也能成为展会品牌识别的要素。

4. 营销

展会的营销,如营销手段、营销策略、营销地域范围等也是展会品牌识别的重要来源。在实际操作中,很多展会喜欢将其各种推广办法等对参展商和观众公布,并置于展会现场的显眼位置,使之成为本展会品牌识别的重要组成部分。

展会 CI 的来源为我们按展会品牌形象定位的要求来规划展会品牌识别系统提供了信息来源,也提供了分析的方向。展会品牌识别系统具体包括四个方面的内容,即:展会理念识别(MI)、展会行为识别(BI)、展会视觉识别(VI)和展会听觉识别(AI)。有时候,展会品牌识别系统还包括展会的顾客满意战略(CS)。

3.3.2   展会理念识别

展会理念识别(MI)是展会办展理念的对外展示,它是进行展会 CI 策划的核心内容。所谓展会办展理念,是指包括展会定位、展会品牌形象定位、办展方式、展会价值、顾客利益、展会规范、展会发展战略等在内的有关展会办展的指导思想。展会理念识别对展会 CI 策划具有全局性的指导意义。

展会定位能告诉目标参展商和观众展会"是什么"和"有什么";展会品牌形象定位除了强化展会定位外,还使目标参展商和观众认知到展会附加的价值、意义和想象空间;办展方式揭示了展会的办展原则;展会价值表明了展会的价值取向和价值大小;顾客利益告诉展会的目标参展商和观众展会能给他们带来哪些好处;展会规范则规定了办展单位、参展商和观众需要共同遵守的规章制度;展会发展战略则揭示了展会的发展办法和发展前景。可见,MI 的各个组成要素为展会的目标参展商和观众从不同的方面认知展会提供了极大的便利和帮助。

展会的 MI 策划主要是确定展会办展理念的基本原则,它不同于展会定位、展会规范等具体执行方案,它是原则性的东西。因此,展会的 MI 常常用一段或几句精辟的总结性文字来表示。

3.3.3   展会行为识别

展会行为识别(BI)是展会办展行为的对外展示,主要包括展会服务活动、展会营销、展会礼仪、展会工作人员行为、展会现场相关活动等。

展会为参展商和观众提供各种专业的展会信息、商务等服务,让参展商和观众真真切切地感受到展会的价值和顾客利益;展会的营销活动将展会的品牌形象传播到展会的目标参展商和观众;展会礼仪、展会工作人员的行为和展会现场相关活动等都有助于参展商和观众更好地认识展会。

展会的 BI 策划是一些对展会行为富有指导意义的规则、目标和策略,并不是展会营销、展会相关活动等的具体执行方案。

展会的 BI 策划是将展会 MI 策划的部分内容有形化而使展会的目标参展商和观众对该内容看得见、摸得着。展会 BI 策划作为 MI 的部分外化,必须秉承 MI 的统一性和个性化特征,与 MI 口径统一、步调一致。

3.3.4   展会视觉识别

展会视觉识别(VI)是通过一种视觉化的符号、图案、色彩和文字等来展示展会特征的一种方式。它主要包括展会的现场布置、展会 LOGO、展会标准色、展会标准字、展会标准信封和信笺、展会吉祥物、展会广告设计等,它们能给参展商和观众最直接的视觉刺激,使展会在他们脑海里留下深刻的印象。

展会的现场布置能让参展商和观众身临其境体验展会的好坏;展会 LOGO 则能给人以丰富的联想;展会的标准色、标准字、标准信封和信笺体现了展会的档次和办展的规范性;展会吉祥物给人以很强的亲和力;展会广告设计则直接关系到展会形象的本身。

展会的 VI 策划重视以视觉传播的方式将展会的品牌形象传递到展会的目标参展商和

观众那里,因此,它在设计上特别强调目标性、视辨性、美观性和合法性。目标性是指展会的 VI 不能脱离展会的定位和展会的品牌形象定位,要以准确地传播展会品牌形象为目标;视辨性是指展会的 VI 要能被大众所理解,要符合办展当地的风俗习惯,不犯禁忌;美观性是指展会的 VI 不仅在工程上要具有可行性和经济性,还要美观、简洁、大方;合法性是指展会 VI 的有关符号、图案等要符合办展当地的法律,不能违反有关法律规定。

3.3.5 展会听觉识别

展会听觉识别(AI)是通过声音及以声音为主要传播手段的媒介来展示展会的一种方式。它主要包括展会的品牌名称、标识语、广告用语、展会标识音乐等,它们从听觉方面感染展会的目标参展商和观众,传播展会的品牌形象。

在展会的 CI 策划中加入 AI 策划的内容,对于展会的目标参展商和观众更好地认知展会有很大的作用。有关资料显示,人们对于通过视觉得到的信息的记忆,在 3 小时后只能记住 72%,3 天后只能记住 20%,但是,对于同样的信息,如果人们是通过视觉和听觉的结合来得到的,那么,在 3 小时后能记住 85%,3 天后还能记住 65%。不难看出,展会的 AI 对于强化人们对展会的印象有着怎样的作用。

展会的 MI、BI、VI 和 AI 与展会 CI 是一个有机整体,它们互相联系、互相影响,是在展会定位和展会品牌形象定位的基础上来设计和策划的,它们在内容上要统一,在形式上要协调,在色彩上要和谐。

3.3.6 展会的客户满意战略

展会的客户满意战略(CS)的主要指导思想是展会的整个经营活动要以展会的客户满意为目标,包括三方面含义:第一,客户最了解自己的需求并能为展会提供最准确真实的信息;第二,失去客户就意味着失去了展会;第三,客户是办展单位办好展会的特殊合作者。在展会的 CS 中,"客户"和"满意"两词有特殊的含义,"客户"不仅包括展会的参展商和观众,还包括办展单位的内部员工;"满意"包括顾客对展会的理念满意、行为满意、视觉满意、品质满意和服务满意等。

展会的 CS 是从客户需求的角度出发,以提高客户的满意度为主要目标,它要通过多种服务和功能设计来满足顾客的个别需求,是以设计的多样性来满足顾客需求的多样性。在很多展会中,一些大客户往往需要一些与众不同的个性化的服务,因此,展会的 CS 策划对于展会在处理与那些大客户的关系时尤其有用。表 3-2 是展会品牌 CI 与 CS 策划的异同比较。

表 3-2 展会品牌 CI 与 CS 策划的异同比较

对比项目	CI 策划	CS 策划
导向	展会导向:由内而外	客户导向:由外而内
目标	展会个性塑造	客户满意
策划基点	识别	满意
特点	形象	情感

续表

对比项目	CI 策划	CS 策划
操作方式	单向传播	双向沟通
关注点	请客户注意	请注意客户
系统	静态、封闭	动态、开放

在进行展会的 CS 策划时,尤其要做好以下几点:

首先,由于展会全体工作人员的服务水平直接影响到参展商和观众的满意度,所以在进行展会的 CS 策划时,要使办展单位的全体员工树立起顾客满意观念,从各方面完善展会的服务。

其次,充实展会的功能,提升展会的品质。要重视目标参展商和观众的意见和建议,把它们作为充实展会功能的重要创意来源,作为满足顾客需求的努力方向。

再次,既重视新顾客,更要设法留住老顾客。要对参展商和观众做好展会的展前、展中和展后服务。

最后,建立详细的客户数据库。详细的客户数据库方便查询,数据库包含的信息越多,越便于满足顾客的需求。

3.4　展会品牌传播

展会品牌只有传播到目标参展商和观众那里才可能最终被他们所接受。展会品牌传播是通过一定的方式和渠道,将展会品牌形象向特定的目标受众传递的过程,它是在把握展会品牌形象定位、忠于展会品牌个性的基础上建立起展会品牌与展会目标参展商和观众之间的互动关系。展会品牌传播有利于提高展会品牌的影响力和号召力,有利于强化展会品牌价值和意义的对外展示。

3.4.1　传播要忠于展会品牌个性

展会品牌个性是在展会品牌定位的基础上对展会品牌形象定位的深化,是展会品牌所具有的稳定的特征,是最能体现展会品牌形象差异性的内容。越是具有个性的东西越能让人印象深刻。展会品牌个性对展会品牌的传播具有重要作用,有人认为:"最终决定品牌市场地位的不是产品间微不足道的差异,而是品牌总体上的个性。"

所以,展会品牌传播要"说利益""说形象",更要"说个性",把握展会品牌个性,是驾驭展会品牌传播的核心要求,没有个性的品牌是脆弱的品牌。展会品牌形象是展会显露在外的东西。外表的形象是容易被其他竞争对手所模仿和攻击的,只有内在的个性是别人所无法模仿的。两个同题材的展会可能具有相同或相似的展会定位和品牌定位,但它们可以具有完全不同的品牌个性。不同的品牌个性成为展会品牌传播的有力武器。

展会品牌个性的形成是一个高难度的创意和传播过程。我们必须运用各种与展会品牌个性相关的因素来促进展会品牌个性的形成。能够促成展会品牌个性形成的因素有两类:一是与展会直接相关的因素;二是与展会间接相关的因素。

与展会直接相关的因素,主要有展会类别、展会服务、展会价格、展会品质和展会功能等。展会类别是展会品牌个性的一大促成要素,正如米开朗琪罗所说的:"雕刻品早已存在大理石中,我只是将它展示出来。"专业、细致、周到、及时的展会服务很容易凸现展会品牌的个性;展会价格能使人对展会品牌个性以习惯性地联想,如高价意味着高档次等;展会品质和展会功能直接关系到参展商和观众的利益以及展会的价值,它们是展会品牌个性形成的重要促成要素。

与展会间接相关的因素,主要有展会 LOGO 及标识语、办展单位形象、参展商和观众来源与构成、展会相关活动和展会的营销风格等。展会 LOGO 及标识语从符号和语言两方面结合起来对外宣示展会品牌形象,对展会品牌个性的形成有很大的影响力;办展单位的形象从某方面来看其实就是对展会品牌的"背书"和担保,展会品牌个性无不打上办展单位的风格与形象的烙印;参展商和观众来源与构成是使展会品牌个性趋于完善的重要促成要素;富有特色和充满创意的展会相关活动会更好地体现展会的品牌个性;营销风格则直接关系到展会品牌个性的形成。

展会品牌传播要积极利用上述各种促成要素,促进展会品牌个性的形成,让展会品牌成为有个性的品牌,成为别人无法模仿和攻击的品牌。并且,展会品牌个性一旦形成,展会品牌传播就要忠于展会的品牌个性,要让展会的品牌个性贯穿传播的各个环节。

3.4.2　展会品牌传播的原则

进行展会品牌传播,是要在展会的目标参展商和观众的心目中创造和形成展会的良好形象,建立受目标参展商和观众重视的展会个性,促进展会的目标参展商和观众对展会的认同,协助展会的业务代理顺利展开工作,并指导办展单位的展会工作人员学会如何对待顾客。因此,展会品牌传播有两类目标受众:一类是目标参展商和观众,另一类是办展单位的内部员工。

办展单位的内部员工是展会品牌传播不能忽视的一个重要目标受众。展览业的服务业特性决定,展会工作人员的服务态度直接影响到参展商和观众对展会的主观评价,展会工作人员在服务中的任何不周、疏忽、不到位和脱节,都会对展会的声誉产生负面的影响。因此,展会品牌传播必须要让办展单位的内部员工了解展会的品牌追求,只有这样,才能使他们自觉地支持和配合办展单位建立展会品牌形象的努力。

展会品牌传播面对双重目标受众以及展览业的服务业特征,使展会品牌传播必须遵循以下原则:

1. 尽量提供有形的线索

展会品牌定位和品牌个性等都是无形的东西,参展商和观众看不见、摸不着,印象自然也不会深刻。我们要努力将这些无形的东西化为有形的线索,如各种标志、符号、图案、标识语、数据和形象的比喻等,让参展商和观众能更直接地认知展会。

2. 只承诺展会能提供的或者是参展商和观众能看到的东西

传播所做的承诺会使参展商和观众对展会抱有期待实现的期望,如果这些承诺不能变为现实,展会的形象将大受打击。举办展会是一项需要多部门、多工作人员共同协力完成的系统工程,其服务水平不是规章制度能够完全保证的,它往往会因为服务的具体执行者的不同而不同。对某些没有把握的服务标准作出承诺,会对展会本身造成极大的压力。

3.重视口碑传播

口碑传播对展会形象有巨大的影响,众人口碑是办展单位无法控制的传播渠道,但办展单位可以通过努力,尽量建立展会良好的口碑,如:尽量让已经对展会感到满意的顾客告诉其他人他们对展会是多么的满意;制作一些资料让展会现在的顾客传递给潜在的顾客;重视对那些"意见领袖"的宣传推广工作等等。

4.让内部员工也熟悉传播的内容

展会本质上是对一种服务的提供,它不是一件有形的产品,它的品质需要展会服务提供者的配合。不要把内部员工排除在展会品牌传播的受众之外,要让内部员工自觉地提供高质量的服务,对工作有责任感和荣誉感,使员工与参展商和观众互动,为参展商和观众提供满意的服务。

5.传播要具有连续性和一贯性

展会品牌传播要始终如一地对外宣示展会的品牌个性,展示展会的品牌形象,体现展会定位,这样,才能克服展览的非实体性和服务业服务提供的差异性。

3.4.3　展会品牌传播的媒体策略

展会品牌要借助于一定的媒体才能传播出去。可供展会品牌传播选择的媒体主要有四种:印刷媒体、广播电视、人员沟通和网络。

(1)印刷媒体,主要有报纸、杂志、户外广告和办展单位用于直接邮寄的印刷宣传品等。这些传播媒介的共同特点是以平面设计为主要表现形式,它们各有各的优势,也各有各的缺点。

(2)广播电视,主要以视觉和听觉刺激为传播手段的媒介。

(3)人员沟通,主要有人员直接拜访、电话联系、营业推广、公关活动等。它具有极强的针对性和灵活性,但费用昂贵。

(4)网络,是一种新兴的传播媒介,主要通过互联网的形式,以专门网站展示和电子邮件传播的方式进行,或者以微博、微信的方式传播,还会以二维码和手机终端APP的方式传播。

表3-3是不同传播媒体的优缺点对比。

表3-3　不同传播媒体的优缺点对比

媒体	优点	缺点
报纸	时效性强,读者面广,灵活、及时,有一定的新闻性,可针对某一区域市场。	寿命短,表现手法单调,费用较高,表现力较弱,重复出现率低。
杂志	针对性强,寿命长,可以很好地复制,保存期长。	不够灵活,时效性较差,受众面较窄,版面位置选择性差。
广播	受众面广,传播速度快,时效性强,费用较低。	表达手法单调,不易保存,只有听众才能得到信息。
电视	表现力很强,覆盖面广,富有感染力。	展示的时间短,对目标受众的选择性小,比较昂贵。
人员沟通	有极强的针对性和灵活性。	费用昂贵。

媒　体	优　点	缺　点
网络	有极强的表现力,可综合印刷媒体、广播电视的优势,综合利用平面设计技巧、文字功能、听觉和视觉效果来达到传播的目标。	受互联网普及程度的制约,只有上网的人才可能看到它。

进行展会品牌传播不是仅利用上述某一个媒体,也不是对上述媒体的简单叠加利用,而是要充分考虑各种媒体的优缺点,取长补短,选择几种媒体,将它们组成一个合理的传播媒体组合来具体执行。在组成合理的传播媒体组合时,要综合考虑的主要因素有:单位接触成本、信息接触量、接触频率和目标受众。

1. 单位接触成本

单位接触成本是信息接触到目标市场每个目标受众的费用。我们可以通过对各种媒体的单位接触成本进行比较,选择成本较低的媒体作为传播工具,使投入的资金发挥最大的作用。

2. 信息接触量

信息接触量是指在特定的时间内(通常是一个月)至少接触到一次传播信息的目标受众的数量。信息接触量直接揭示了传播的有效覆盖面的大小,它对制定传播重复的次数有较大参考价值。

3. 接触频率

接触频率是指在特定的时间内一个目标受众接触到特定信息的次数。通常用平均接触频率来评估某一特定媒体的覆盖强度。

4. 目标受众

要考虑两个方面的目标受众,一个是展会信息传播的目标受众是哪些,另一个是特定媒体本身的目标受众是哪些,然后将两方面综合考虑,看是否符合传播的需要。

综合考虑以上各因素加上展会的传播预算,就可以选定特定媒体组成一个合理的展会品牌传播媒体组合,来积极对外传播展会的品牌个性和品牌形象,扩展目标参展商和观众对展会的认知度。

3.5　展会品牌经营规划

进行展会品牌形象策划的最终目标,就是要通过品牌经营来逐步地积累展会的品牌资产,最终在市场上形成一种品牌产权。一般认为,品牌产权有四大核心资产:品牌知名、品质认知、品牌联想、品牌忠诚,这四大资产就是品牌经营要积累的资产。通过积累这些资产,展会可获得其目标参展商和观众的认同,从而促进展会不断向前发展。

3.5.1　展会品牌经营

展会品牌经营,是通过展会品牌来加强展会与目标参展商和观众关系的一种展会经营策略。展会品牌经营的主要目的是努力在市场上形成一种"品牌产权"。

所谓品牌产权,是指某一展会品牌在某一类题材的展会中的独占权或相对垄断权。会展经济是规模经济,品牌产权是会展经济发展到一定阶段的必然产物。展会品牌经营最常见的途径是:根据市场竞争态势选择某一个题材的展览市场,然后努力经营这个市场,最后使本展会在这个题材的展览市场上占据主导地位,并对该市场形成独占或相对垄断。

【经典案例】

会展业的相对垄断现象

世界会展市场上的相对垄断现象十分普遍。以世界会展经济最发达的德国为例,这种现象更是屡见不鲜:德国慕尼黑体育用品展在该国体育用品题材展览市场上形成相对垄断,法兰克福汽车展在汽车题材上形成相对垄断,科隆家具展在家具题材上形成相对垄断等等。

在我国,随着会展经济的深入发展,会展市场上的相对垄断也开始出现。不过,由于我国国土面积很大、市场差异很明显、会展业还不很成熟,会展市场的相对垄断一般呈现寡头竞争的态势。例如,在汽车题材展览市场,北京汽车展、上海汽车展和广州汽车展基本形成三足鼎立之势。

品牌产权是比知识产权更为高级的现代市场经济的产物,其市场竞争力比知识产权更为强大。品牌代表着一种市场认可的品质,它不仅可以用来宣传展会,更是展会用来吸引参展商和观众并拥有该题材展览市场的法宝。一旦某个展会在市场上形成了一种品牌产权,该展会就能在激烈的市场竞争中占据有利地位。

随着品牌在现代经济中发挥着越来越重要的作用,品牌产权在展会无形资产的构成中占据着越来越重要的地位。一般来说,一个展会一旦在市场上形成了一种品牌产权,该展会就会拥有品牌知名、品质认知、品牌忠诚、品牌联想四大核心资产,这些资产是展会展开市场竞争最有力的武器。通过展会品牌传播和品牌营销可以促进品牌产权的形成。表 3-4 是评价品牌强度的因素。

表 3-4　品牌产权:评价品牌强度的因素

评价因素	评价因素的释义	权重/%
领导力	品牌的市场地位	25
稳定力	品牌维护消费者特权的能力	15
市场力	品牌所处市场的成长和稳定情况	10
国际力	品牌穿越地理文化边界的能力	25
趋势力	品牌对行业发展方向的影响力	10
支持力	品牌所获的持续投资和重点支持程度	10
保护力	品牌的合法性和受保护的程度	5

在进行展会品牌经营时,我们要注意把握好以下原则:

1. 市场导向原则

展会品牌经营是从展会目标参展商和观众的需求出发,通过经营展会品牌来促成展会品牌与展会目标参展商和观众之间建立一种特殊的关系,最终促成展会目标参展商和观众对展会的认同。

2.目标性原则

展会品牌经营的目的性很强,它是要通过经营展会品牌来形成一种品牌产权,取得展会目标参展商和观众对展会的品质认知,使展会品牌知名,促使他们对展会品牌忠诚,引起品牌联想。

3.系统性原则

从前面品牌形象策划和品牌识别等有关内容,我们可以看到,展会品牌建设本身就是一个富有层次性的系统工程,进行品牌经营自然也会具有类似的特征。这样,展会品牌经营就必须要具有全局的视野、多层次多角度的长远规划。

4.针对性原则

展会品牌经营主要对象是展会目标参展商和观众以及办展单位的内部员工,极富有针对性。

5.诚信原则

品牌最终走向没落的一个很重要的原因是这些品牌没有实现自己对市场所做出的"承诺",不管这种承诺是出自品牌对市场的明示,还是来自品牌对市场的暗示。一旦市场发现自己被品牌所欺骗,市场就会毫不犹豫地抛弃该品牌,该品牌在市场上就没有了立足之地。

品牌产权的形成是一个对品牌资产的逐步积累的过程,因此,在进行展会品牌形象策划时,注意同时也要制定一些策略,以保证在进行展会品牌经营时,能对展会的品牌资产进行逐步积累。

3.5.2　展会品牌资产积累

展会品牌资产的积累,主要是要积累构成品牌产权的四大核心资产:品牌知名、品质认知、品牌联想和品牌忠诚。

1.积累展会品牌资产,就要逐步提升展会品牌知名度

所谓品牌知名度,是指展会的目标参展商和观众知道或者想起某一品牌并进而知道或者想起某一个展会的能力。品牌知名度分为四个层次:

(1)无知名度。就是展会的目标参展商和观众根本就不知道该展会及其品牌。

(2)提示知名度。就是经过提示后,被访问者会记起某个展会及其品牌。

(3)未提示知名度。就是不必经过提示,被访问者就能够记起某个展会及其品牌。

(4)第一提及知名度。就是即使没有任何提示,一提到某一种题材的展会,被访问者就立即会记起某个展会及其品牌。

要逐步提升展会品牌知名度,就是要使展会品牌逐步从无知名度走向第一提及知名度。这样,展会才会被其目标参展商和观众作为首选的对象,他们才会对展会产生好感。

2.积累展会品牌资产,就要扩大展会的品质认知度

所谓品质认知度,是指展会的目标参展商和观众对展会的整体品质或优越性的感知。品质认知度使参展商和观众对展会做出是"好"还是"坏"的判断,对展会的档次做出评价。扩大品质认知度,对于展会发展具有重要意义:首先,它可以为目标参展商和观众提供一个参加展会的充足理由,使本展会能优先进入他们考虑的目标;其次,使展会定位和展会品牌

定位能获得其目标参展商和观众的认同,提高他们参加展会的积极性;再次,可以增加通路筹码,有助于展会的销售代理展开招展和招商工作;最后,可以扩大展会的"性价比"竞争优势,促进展会进一步发展。

3.积累展会品牌资产,就要努力创造积极的品牌联想

所谓品牌联想,是指展会的目标参展商和观众的记忆中与该品牌相关的事情,包括由该品牌引起的展会类别、展会品质、展会服务、展会价值和顾客利益等等。品牌联想有积极和消极之分。我们要努力创造积极的品牌联想。积极的品牌联想,有利于强化展会的差异化竞争优势,帮助展会的目标参展商和观众进行参展选择,使他们对展会的认知更趋于全面,促使他们积极参加展会。

4.积累展会品牌资产,就要不断提升客户的品牌忠诚度

品牌忠诚度是目标参展商和观众对展会品牌的感情度量,它揭示了目标参展商和观众从一个品牌转向另一个品牌的可能程度。目标参展商和观众对一个展会品牌的忠诚度越高,就越倾向于参加该展会;否则,他们就很可能抛弃该展会而去参加其他展会。品牌忠诚度可以分为五个层次:

(1)无忠诚度。参展商和观众对展会品牌没有什么感情,他们可能随时抛弃本展会而去参加其他展会。

(2)习惯参加本展会。参展商和观众基于惯性而参加本展会,他们处于一种可以参加本展会也可以参加其他展会的摇摆状态,容易受竞争者的影响。

(3)对本展会满意。参展商和观众对本展会基本感到满意,他们较不易于转向参加其他展会,因为对他们而言,不参加本展会而去参加其他展会存在一种时间、财务和适应性等方面的转换成本。

(4)情感购买者。参展商和观众真正喜欢本品牌,对本展会有一种由衷的赞赏,对本展会产生深厚的感情。

(5)忠诚购买者。参展商和观众不仅积极参加本展会,还以能参加本展会为骄傲,并积极向其他人推荐本展会。

提升展会的目标参展商和观众的品牌忠诚度,就是要不断增加展会的情感购买者和忠诚购买者队伍人数,使本展会成为行业的旗帜和方向标。

品牌忠诚度是展会品牌最为核心的资产,也是我们进行展会品牌形象策划所努力追求的核心目标之一。拥有最多对本展会具有品牌忠诚度的参展商和观众的展会,必将成为该行业中最为著名和最具影响力的展会。

▷【复习思考题】

1.进行展会品牌形象定位的原理和步骤是什么?

2.简述创立展会品牌形象的目标和策略。

3.如何精心设计展会的品牌形象?

4.应从哪些方面来规划展会的品牌识别?

5.简述展会品牌传播的原则和媒体策略。

6.如何进行展会品牌经营规划?

第4章

展会后勤方案策划

≫ ≫ ≫　≫

⬚▷【本章要点】

　　本章主要讲述如何进行展会后勤方案的策划,包括:展会后勤工作所包含的内容;如何将展会后勤工作外包;如何推荐和指定展会的承建商、运输代理、清洁服务商、安保服务商、旅游代理、接待酒店和餐饮服务商等各种服务商;怎样建立展会的专门网站;展会参展商手册包含的主要内容和编制的基本原则;规划展会客户关系管理计划的含义和目标。

策划好了展会的品牌形象,下一步要做的就是要规划展会的各种后勤工作。按照目前业界的一般界定,招展、招商、宣传推广以及展会现场服务等是展会的"一线工作",展会展位承建、展样品运输、餐饮、旅游与酒店等是展会的"后勤工作",也叫"展务工作"。"兵马未动,粮草先行",后勤工作是展会筹备过程中需要事先安排好的工作。没有稳定有效的后勤,前线战斗往往难以取得胜利。

4.1　展会后勤工作的内容与外包

后勤工作是举办展会的一个不可或缺的重要组成部分。和战役的组织一样,后勤工作虽然不会到第一线去冲锋陷阵,但它却为冲锋陷阵的前线人员提供强有力的支持。没有后勤工作,冲锋陷阵的前线人员往往会因为缺乏坚强的后盾而举步维艰。

4.1.1　展会后勤工作的内容

展会后勤工作所包含的内容很多,也很琐碎。但从"以人为本"的角度出发,展会的后勤工作基本可以分为两大类:一类是以商务活动为主要服务目标的展会商务后勤,另一类是以为客户提供生活便利的展会生活后勤,如表 4-1 所示。

表 4-1　展会后勤工作分类

后勤工作	详细分类	描　　述
商务后勤	选择展览场地	选择合适的举办地点和展览馆
	办理报批手续	办理消防、安保、工商管理等各种手续
	各种文件的编印	编印展会各种对内和对外使用的文件
	展样品运输	将展样品及展材运到展会，提供报关服务
	官方网站建设	建立网站，维护网站，更新网页内容
	展区与展位划分及搭建	按专业题材划分展区，按预订情况划分展位，按设计搭建展位
	信息与咨询	提供商务或生活信息及咨询服务
	展会清洁	使展会及各有关公共区域保持清洁
	展会安保	为展会及与会人员提供一般安全保障
	邮寄与快递	提供信件、物品的邮寄和快递服务
生活后勤	交通	为有需要者提供赴展会有关交通服务或信息
	餐饮	为有需要者提供餐饮服务或有关信息
	旅游	为有需要者提供商务或休闲旅游服务选择
	酒店	为有需要的与会人员预订酒店或提供相关信息
	医疗保障	一旦与会人员身体不适可立即提供医疗帮助
	保险	为与会人员投保有关险别以防发生意外事故
	银行业务	提供货币兑换、汇款和收款等银行业务

　　当然，上述将展会后勤工作划分为"商务后勤"和"生活后勤"，其内容并不是决然分开的。例如，"信息与咨询"一项，客户除了要大量获取行业和市场等商业信息以外，还可能会咨询一些与生活有关的信息；"邮寄与快递"一项，既为展会涉及的个人生活方面提供服务，也为展会商务活动提供服务。我们之所以有上述划分，主要依据是展会的这些后勤工作最初设立的出发点是为什么而服务的。

　　没有成功的后勤就没有成功的展会。展会后勤工作在为筹备展会的"一线"工作人员提供强有力的支持、在提高展会的服务水平、使展会能够成功和顺利地举行、使组展工作更富有专业性等方面起着重要作用。

4.1.2　展会后勤工作外包

　　在上述各种展会后勤工作中，有些是办展单位自己提供的，如展区和展位划分等；有些是将整个业务外包给有关的专业服务机构，如展样品及展材运输等。随着现代会展业的内部分工越来越细，办展单位越来越倾向于将主要精力放在策划和组织展会的工作上，他们越来越多地将展会的一些非核心的后勤和服务工作外包给其他专业机构来完成，如将展品运输工作外包给专业的运输公司，将展会的保安工作外包给专业的安保公司等。

　　展会后勤和服务工作外包能给展会管理和组织工作带来很多好处。例如，可以让展会组织者更集中精力策划和组织好展览会，邀请到更好的参展商和观众；可以让展会后勤和服务等工作由更加专业的公司来承担,使相关工作质量得到更好的保障,使客户得到更加专业和细致的服务;可以使展会管理工作更加有条不紊等等。

　　展会外包的后勤和服务,常常是展会非核心的后勤和服务工作。展会很少将核心的后勤和服务工作外包,即使有些展会将核心的后勤和服务工作外包,但往往会配以更加严格的监管,或者只将其中的某些环节外包,这样才不至于使展会核心的后勤和服务工作有失控的危险。

　　对于承接展会外包的后勤和服务工作的专门服务机构,我们统称为展会服务商。由于越来越多的展会将后勤工作外包,因此,展会服务商提供的服务已构成展会后勤工作的重要内容。

4.2　指定展会的各种服务商

　　展会服务商的工作效果和服务水平极大地影响到参展商和观众对展会的看法和认知。参展商和观众很多时候都把展会服务商的工作看成是展会组展工作的有机组成部分,将展会服务商所提供的服务看成是展会本身提供的服务,将展会服务商的工作失误当成是展会的失误,将展会服务商工作的成功归功于展会的成功。因此,一定要为展会选择好的服务提供商。

4.2.1　指定展会承建商

　　展会承建商主要负责展会的公共环境布置和展会展位的搭建工作。它不仅对展会负责,还要对有展位搭建要求的参展商负责。展会公共环境和展位外观设计效果的好坏,在很大程度上会影响到展会的整体形象和参展商的展出效果。展会承建商的任务,不仅是要能切实满足有展位搭建要求的参展商的展位设计和承建需求,能将参展商的展出理念艺术地体现在展位设计和搭建中,它还要能全面领会展会的办展目标和定位,能在展会的公共环境整体设计和布置中把握展会的整体形象。

　　1.对展会承建商的总体要求

　　对展会承建商的总体要求主要集中在五个方面:技术是否全面、经验是否丰富、价格是否合理、是否熟悉展览场地及其设施、是否能提供展位维护和保养服务。

　　(1)技术是否全面。有人认为,展会的展位设计,三分之一是科学,三分之一是艺术,三分之一是买卖,换句话说,展会的展位设计不仅要设计科学,有艺术上的美感,还要实用,有利于参展商展出目标的实现和做成买卖。要达到这样的效果,展会承建商必须要有全面的技术能力,如表 4-2 所示。

表 4-2　展会对展会承建商的技术要求

技术类别	描　　述
室内设计与装潢技术	要能正确处理设计、装潢、展品展示和工作人员之间的关系,在进行展位设计与装潢时,还要有消防防火方面的知识。

续表

技术类别	描　述
工程结构知识	能妥善运用展位设计和搭装涉及的工程结构方面的知识,如地面承重问题、立面处理、顶棚架构等。
绘图绘画和模型方面的知识	能看懂设计图和绘制图纸,按参展商展出目标设计展位。对常见模型和模具有所了解,能胜任安装和布置它们的工作。
照明知识	能按要求用变幻的灯光照明技术来装扮展位。
文图和图表知识	能理解它们不同的布置和布局对展示效果的不同作用和影响。
工具和材料知识	要熟悉展架展具以及施工材料和施工方面的知识,并能在施工中熟练使用它们。
供排水知识	能按要求用水来装饰或做道具以提高展示效果。
电子和机械知识	要懂得它们的安装和使用技术。

(2)经验是否丰富。经验丰富的承建商在展位承建工作中能起到事半功倍的效果。展位的承建工作特别需要经验的积累,如对展具展架的使用、对展会施工要求的理解、对观众人流空间的事先预留、对展出要求和设计原理的处理等。对承建商承建经验的考察很重要,如表 4-3 所示。

表 4-3　展会对展会承建商的经验考察

经验类别	描　述
展位设计的目的性	要能理解参展商的需求,了解办展机构的期望,知道观众的参观习惯。
展位设计的艺术性	要能用艺术的手法反映参展商的形象,传达展出者的意图,吸引观众的目光,有吸引力和震撼力。并能很好地处理展示和贸易、艺术与展示的关系。
展位设计的功能性	展位能为参展商提供良好的展示、工作和谈判的环境,好看又好用。
展位设计的主题性	展位能突出展出的主题和形象,突出展示的焦点,能准确地向观众传达展示的主旨。

(3)价格是否合理。参展商经常将展会承建商承建展位的价格看作展会本身价格的一部分,展会承建商承建展位的价格是展会选择承建商时需要考虑的一个重要因素。由于展会承建商既向办展机构提供服务,也向参展商提供服务,所以,展位承建价格的高低既关系到办展机构办展成本的高低,也关系到参展商参展成本的大小。因此,对展会承建商提供的价格的关注,既要关注它们向展会提供服务的价格,也要关注它们向参展商提供服务的价格。另外,大部分展会承建商都会提供展具租用服务,这些增加租用的展具价格也是一个值得关注的目标。展会承建商的价格并不是越低越好。一般说来,展会承建商的价格与它们的实力是有一定关系的。实力强大的公司,由于其工作质量有保证并值得信赖,其价格自然要高些。在选择展会承建商时,价格是一个值得考虑的重要因素,但不是绝对因素。

(4)是否熟悉展览场地及其设施。熟悉展览场地及其设施,展会承建商才能更好地考虑展位的空间设计和布局,才能更好地预先安排参观人流的流向。不同展览场地的布局、结构及其设施各不相同,展会的布展和撤展时间有限,展会承建商要对展览场地及其设施有所了解,才能更顺利地展开工作,如表 4-4 所示。

表 4-4　展会承建商需要对展览场地熟悉的项目

项目类别	描　　述
场地的布局	更好地考虑展位的空间设计和布局
结构及其配套设施	更好地预先安排参观人流的流向
对展位搭装的限制性要求	在展位设计和搭建时不会违反
对展具展架使用的规定	在设计和使用时不会违反
有关通道和公共用地的规定	在展位设计和搭建时不会违反
消防和安保方面的规定	在展位设计和搭建以及展出时不会违反

(5)是否能提供展位维护和保养服务。展会承建商搭装好展位以后,并不是他们所有的工作都完成了,他们还要按参展商和展会的需要,对展位承担维护和保养的义务。展会开幕以后,如果有需要,参展商和展会要很方便地就能找到承建商,承建商要能及时地提供服务,能很好地完成参展商对展位进行改进和调整的要求,只要这些要求是合理的和可行的。

2.展会承建商的种类

根据展会承建商所承担的工作的不同,展会也可以选择不同类别的承建商。主要有三类:一是负责展会整体形象和公共环境设计和布置的承建商,一般称为展会主场承建商;二是空地展位承建商,又称特装展位承建商;三是标准展位承建商。

主场承建商在展会的承建商中作用比较特殊:对于中小型展会,主场承建商除负责展会整体形象和公共环境设计和布置之外,还承担展会布展和撤展的管理工作,可能还会承担部分特装展位或者标准展会的搭建工作。但对于大型展会,由于展会规模巨大,主办单位常常会将展会的整体形象和公共环境设计与布置工作剥离出来,交由另外的服务商去负责,而让主场承建商主要负责展会的布展和撤展的管理工作。为此,主场承建商在大型展会中实际承担的展位搭建工作往往较少或者没有。

空地展位是在展览场地里划出一定面积的场地,展会不负责提供任何展具和展架,租用该场地的参展商需要自己设计和搭建展台。空地展位一般被一些大的参展商或者是集体展出者所租用,这些参展商中,自己有设计和搭建展台能力的就自己搭建展台,也有一些将搭建展台的工作交给展会指定承建商来完成。空地展位的搭建工作对承建商的设计和承建能力要求较高,如果没有相当的经验和技术力量,展会承建商就难以胜任这项工作。

标准展位是一种由展会统一设计、使用统一的标准、用标准的展架、配备基本展具的展位,它的面积一般是 9 平方米,有些特殊题材的展览也有 12 平方米或者 15 平方米的。标准展位的最低配置是三面围板、展位楣板和常规照明,一般配置是除了上述配置外,还有谈判桌、椅子、普通电源,有的还有地毯。标准展位的搭建工作对技术方面的要求相对较低,一般的承建商也可以承担这项工作。

3.展会承建商的数量

根据展会规模的大小、展会展览题材多寡和承建商承担工作的不同,一个展会可以选定一个或者几个展会承建商。

同时指定几个承建商的展会通常都是那些规模较大,或者展览题材较多,或者是展区划分较细致的展会。如果展会的规模很大,一个承建商很难在有限的时间里完成如此大量的展位承建工作,展位承建工作就必须由几个承建商来分担完成;如果展会包含的展览题材较多,不同的展览题材的展位对承建工作要求的差别很大,这时,由几家擅长不同专业题材展位搭建的承建商来承建不同题材的展位,能更好地为参展商提供服务;当一个展会的展区划分很细致时,由几家承建商来承担展位的搭建工作也是一个不错的选择。如果一个展会由几家承建商来共同负责展位的承建工作,办展单位就要加强对各家承建商工作的协调,统一安排进度,统一对各家承建商的工作进行监督和指导。

对于一些规模较小、展览题材较单一的展会,最好是指定一家资质较好的承建商来负责展会的展位承建工作,这样不仅有利于管理,也有利于保持展会的统一形象和服务质量。

根据承建商的能力和承建工作的难易程度,展会的特装展位承建商、标准展位承建商和展会主场承建商可以由一家承建商来担任,也可以分别由几家承建商来担任。

4.2.2　指定展会运输代理

展览运输不仅仅只是运输展品,它还可能要运输展架、展具、布展用品和道具、维修工具、宣传资料和招待用品等。如果运输不当,就可能会出现展会已经开幕了但物品却还未运到,或者物品在运输中途损坏和丢失。不管是哪种情况,都会严重影响参展商的展出计划,损坏展会的声誉。展览运输也是一项专业性很强的工作,办展单位往往指定一些专业的运输公司来负责展会的展品运输工作。展会运输代理的基本任务,是将参展商的展品、展具和宣传资料等物品安全及时地运到展会现场,如果是国际运输,还涉及相关物品的报关和清关工作。

1. 对展会运输代理的总体要求

国际展览运输协会(IELA)认为,展会运输代理的工作很大程度上依赖于对三个方面的有效管理:联络、海关手续和搬运操作,如表4-5所示。

IELA对报关代理的海关报关工作要求主要有六个方面:联络、展前客户联系、单证办理及通知、最佳运输、现场支持、展后处理,如表4-6所示。

表 4-5　IELA 对展会运输代理的规定与要求

项目	规 定 与 要 求
联络	1. 包括与办展单位和参展商之间的联络; 2. 配备懂英、法、德或其客户大部分人员所熟悉的语言的工作人员; 3. 在展会现场或在离展会合理的距离内设立办公设施,以便展出者能在会场内就能联络到运输代理; 4. 配备国际电话、电传和传真; 5. 提供详细、有效的邮政联系地址。
海关手续	1. 与办展单位共同为展会设立临时免税进口手续,如有必要,还要担保和交纳保证金; 2. 与海关人员商妥现场工作的期限和时间。
搬运操作	1. 要熟悉展览现场,能随时使用合适的搬运设备和有经验的搬运工; 2. 在展览现场或尽可能近的地方安排仓储地; 3. 空箱应存放在离展会尽可能近的地方,按时回运空箱; 4. 卸车和装车必须按事先商定的时间进行; 5. 协调好所有参展商的搬运要求,提前将相应安排通知办展机构和参展商。

表 4-6　IELA 对报关代理的规定与要求

项目	规 定 与 要 求
联络	有会英语的员工,有国际直拨电话和传真,有明确的邮政地址。
展前客户联系	要努力将报关要求全面清楚地传递给参展商。
单证办理及通知	货物起程时,必须将货物情况、搬运细节和有关单证及运输工具编号通知现场运输代理。
最佳运输	应结合货物的性质、预算和时间要求,给参展商建议最好的运输方式和运输线路。
现场支持	确保参展商获得 IELA 的专业标准服务,帮助现场运输代理完成现场搬运工作。
展后处理	将货物展后处理或回运的要求明确告诉现场运输代理,并监督其现场搬运工作,如果货物是进口货物,则要协助办理当地的税务事宜。

举办展会时,参展商可能来自国内,也可能来自国外。有些展会只指定一家运输公司作为展会的运输代理,统一负责海内外的运输事宜。但是,由于国内运输和跨国运输之间有很大的差别,因此,也有一些展会在指定运输代理时,会分别指定国内运输代理和海外运输代理。

2. 国内运输代理

国内运输代理主要负责展品及相关物资在国内段的运输工作。在指定展会的国内运输代理时,要将它的业务与所指定的海外运输代理的业务结合起来考虑,这样才更有利于整个展会的展品及相关物资的运输工作。运输工作主要有来程运输和回程运输两类。其中,来程运输是指将参展商的展品及相关物资自参展商所在地运至展会现场之间的运输;回程运输是指在展会结束后,将展品及相关物资自展位运至参展商指定的其他地点的运输工作。回程运输的目的地可能是参展商的所在地,也可能是参展商指定的其他地点,如其经销商和代理的所在地或另一个展会的所在地等。展会来程运输工作如表 4-7 所示。

表 4-7　展会来程运输工作

详细分类	描　述
展品集中与装车	将展品及相关物资,按要求的日期集中到统一指定的集中地点装上运输工具
长途运输	根据展品及相关物资的特点,结合最佳运输路线和运输方式来运输
接运和交接	对于水运、空运和火车运输,一般都存在一个中途接运的环节
掏　箱	将展品箱从集装箱或其他运输箱中掏出或卸下,并运到指定的展位的过程
开　箱	指打开展品及相关物资箱,取出货物

回程运输的基本环节与来程运输很相似,只不过方向正好相反;并且,除了撤离展馆时要抓紧时间以外,其他各运输环节对时间的要求一般都不高。对于办展单位和运输代理来说,回程运输的筹备和计划工作在展会筹备时就要着手策划,不能等到展会结束时才开始,否则,将引起撤展现场的严重混乱和无序。

3. 海外运输代理

如果举办的展会是有海外参展商参展的国际性展会,那么,只有国内运输代理还是不够的,还应当指定海外运输代理来负责展品及相关物品的海外段的运输工作。这项运输工作是跨国之间的货物运输,其与国内运输最大的不同集中表现在三个方面:运输方式、有关文件和海关报关。

(1)运输方式。跨国运输基本上都是一种国际联运,整个运输过程基本都要经过陆运—海运—陆运,或者陆运—空运—陆运等几个环节,参展的货物要从一个国家运到另一个国家才能完成。因此,展会指定的海外运输代理,清楚了解有关海关规定、海关手续和进口税率、当地对展品进口的处理办法和规定、当地是否有免费进口宣传品和自用品的规定等十分重要。

(2)有关文件。跨国运输的货物要从一个国家运到另一个国家才能完成,因此,运输过程中涉及的有关文件要比国内运输多得多,也复杂得多。有关文件主要有以下四种:第一,展览文件。是有关展品及相关物品的证明和文件,主要有展品及相关物品清单、展品安排指示书、须送海关审查的特殊物品样本和清单、发票等。有些国家可能还要产地证书、商品检验证书等文件。第二,运输单证。是办理货物运输所需要的证明文件,主要有装运委托书、装箱单、集装箱配装明细表、提单、运费结算单等。如果货物需要回程运输,那么还需要有委托回运通知书。第三,海关单证。是办理货物海关报关时需要的证明文件,主要有报关函、报关单、清册、进口许可证、发票等。第四,保险单证。为展品安全运输所投保的保险险别的有关证明文件。运输代理有必要了解展会是否有指定的保险公司,如果有,就尽量按规定办理。对于以上各种文件,运输代理要明确告诉参展商提供各文件的具体时间和最后期限,以便及时办理有关手续。

(3)海关报关。如果有回程运输,跨国展览货物运输的海关报关手续就有两次:一次是来程运输时的货物进口报关,另一次是回程运输时的货物出口报关。比较而言,来程运输时的货物进口报关对参展商来说更加重要。因为如果货物不能及时清关,就将严重影响参展商的展出计划。对于来程运输时的货物进口报关一般有 ATA(货物通关护照)、保税、再出口和进口四种办理形式。

4.指定展会运输代理时应注意的问题

除了要妥善安排好来程运输和回程运输以外,在指定展会的国内运输代理时,还要考虑以下几个因素:

(1)有关时间安排。展品及相关物品的运输时间要尽早安排好,并向展会所有的参展商公布。需要安排好的运输时间主要有:交箱日期、办理手续日期、发运日期、抵达目的地日期、到达展馆日期以及回运日期等。

(2)包装要求。在同一个大型展馆可能会同时举办多个展会,为方便在展览现场的搬运和装卸,要安排好本展会展品等物资的运输包装要求,如包装标志要注明展会名称、展位号、收货人名称和地址等,如图 4-1 所示。

(3)运输线路和运输方式。尽管运输代理和参展商对运输线路和运输方式有自主选择权,但为了给参展商提供最好的运输服务,展会有必要督促运输代理为参展商安排最佳运输线路和运输方式,如"门到门"的服务、尽量一次发运而不多次转运、尽量使用集装箱或其他安全运输方式等。此外,还要明确水运、空运以及陆路运输的到达目的地。

```
展览会名称：×××××展览会
展馆号：                展台号：
总件数：          件      第     件
  体  积：          长×宽×高（单位：厘米）
  重  量：          （单位：公斤）
发货人名址：
收货人名址：××××运输公司（国际运输展览部）
          广州市××路×号××大厦××楼
          邮编：××××××
```

图 4-1 展品运输包装标记示例

（4）费用问题。由于参展商一般都倾向于把运输代理的收费看成是展会收费的组成部分，因此，展会有必要让运输代理向参展商提供合理的运费及杂费的收费标准，防止运输代理收取的费用过高。要和运输代理谈妥陆运、水运和空运的基本费率，以及迟到附加费、早到存放费、码头／机场费等附加费率、自选服务的费率，并将这些费率告诉参展商。

（5）保险。展会一般不承担展出者的展品丢失、损坏等风险，因此要督促运输代理提醒参展商在安排运输时需要投保的险别。

（6）现场服务。要让运输代理向各参展商明确可以提供哪些现场服务及其收费标准以供有需要的参展商选择。

需要特别指出的是，展会运输代理是展会为方便参展商而为其准备的备选服务项目，它不是参展商一定要选择的。如果参展商有能力或者渠道，可以自主安排展品及相关物品的运输。

4.2.3　指定展会清洁服务商

在展位搭建、参展商布展和展会撤展的过程中，展会都会产生很多垃圾，展会一般会指定一些清洁服务商来搬运和及时处理有关垃圾问题。展会清洁工作涉及两个方面：从时间上看，展会清洁包括布展时的垃圾清理、展会开幕后的清洁和撤展时的垃圾清理；从空间上看，展会清洁包括展位内的清洁和展馆通道及公共区域的清洁。

（1）布展和撤展时的垃圾清理。展位搭装、布展和撤展时会产生大量的垃圾，如废弃的包装物、包装木板等，如果不及时清理，不仅现场将会混乱不堪，而且还会影响筹展或撤展的进度。

（2）开幕后展会的清洁。展会开幕以后，有大量的观众进入展馆，展会也会产生很多垃圾，这些垃圾如果得不到及时的处理，会严重影响展会的形象。每天，展会都有专门的工作人员在展馆内巡回处理通道和公共区域的垃圾，并在每天展览时间结束后对通道和公共区域的垃圾进行清理；参展商则需要负责保持自己展位内的清洁。在展会闭幕撤展时，参展商还需要将自己展位内的搭建物和展品等及时撤离展馆。

根据展会规模的大小，展会一般会指定一家或几家清洁服务商来负责展会的上述清洁工作。

4.2.4　指定展会安保服务商

在展会进行展位搭建、布展和撤展时，往往需要大量用水、用电，有的还会动用明火，展馆内存在较大的安全隐患,一旦失火或者是用电过量引起断电,都会影响展会的筹备或撤展进程,严重的还会造成重大损失。展览是一项大型的公众参与性的活动,安全问题十分重要。展会常常将展会的安全保卫工作委托给指定的展会安保服务商来负责。展会的安全保卫工作主要有:消防安全、人员安全、展品安全以及公共安全等。

1.消防安全

展会内人员密集,展品众多,展会的消防安全十分重要。在展会开幕和布展之前,展会的消防安全计划以及特装展位的搭装计划还必须送交有关政府部门审批,只有得到批准后才可施工布展。展会一般都要求各参展商用于展位搭建的材料必须符合消防要求,是耐火材料;参展商不论是在展位搭建还是在展品演示时使用的电力都必须符合要求;展位之间的通道必须保持一定的宽度,大的展位的搭建设计要考虑消防安全的需要。一般禁止在展会内抽烟。

2.人员安全

展会对参展商在布展、撤展时或在展会开幕后有关人员的安全问题不负责任,但展会一般都要求参展商为其参展人员购买"第三者责任险"和"展出人员险"等以保障其人员的安全。

3.展品安全

展品在搬运、布展和展出过程中都可能出现损坏、破碎、丢失等问题,如果展品出现问题,参展商就将无法取得较好的展出效果,因此,有必要对展品的安全问题加以关注。一般的,展品在搬运时的风险要由参展商和运输代理负责解决,在布展时,参展商要负责保管好自己的展品,在展会开幕后,展会将有专门的保安人员负责在展会内巡视,协助参展商保护展品安全。

4.公共安全

展会负责大会的公共安全保卫工作。展会要聘请专门的保安人员24小时巡回会场,负责展会的公共安全工作,防范展会里的安全隐患。

值得一提的是,在指定展会的安保服务商时,不仅要注意分清责任,制定措施,防患于未然;展会还要制订危机处理计划,以便万一出现安全问题时可以及时采取补救措施,将损失减少到最低限度。有关危机处理计划,可以参看本书第九章的论述。

4.2.5 指定展会旅游代理

参加展会的参展商和观众90%以上是商务人士,这些商务人士在展会开幕前后,有许多会希望去一些产业集中的地区或市场集中的地区实地深入了解一下有关商品信息和市场行情,或者到当地著名风景区去适度放松心情。为提高客户对展会的满意度,作为一种附加服务,展会有必要考虑如何满足参展商和观众对会展旅游的需求。

1.会展旅游的类别

参展商和观众对会展旅游的需求可能在展会开幕之前、展会进行之中,也可能在展会结束之后,但一般来说,在展会结束之后会较多。参展商和观众对会展旅游的需求之所以在展会开幕前后都有,是因为他们对会展旅游的需求主要来源于两个目的:一是商务考察,二是观光休闲。从总体上看,展会开幕之前和展会进行之中的会展旅游主要是商务考察,展会结束之后的会展旅游中商务考察和观光休闲都有。

（1）商务考察。就是以收集有关商品的市场信息，了解有关市场的行情为主要目的的商务旅行活动。参展商和观众对展会具有的贸易、展示、信息和发布四大功能的选择重点各有所不同。如果参展商和观众觉得在展会上获取的东西还未达到他参加此次展会的全部目的，那么，他们就有亲自到市场中去看一看的愿望。于是，商务考察的需求就应运而生。商务考察的主要目的地一般有两种：一是商品专业市场或大型的商场；二是商品的主要生产地或某些企业的所在地。前者主要是为了收集诸如商品销售价格、了解商品设计和流行款式、研究消费者需求等与市场有关的信息；后者主要是为了进一步了解企业实力、了解生产技术和生产规模等与产业有关的信息。

【经典案例】

会展旅游之商务考察

商务考察的主要目的是收集市场信息和了解市场行情，这在展会开幕之前和展会进行之中的会展旅游安排中最为明显。比如，有些参展商和观众为了能在展会上以更合理的价格成交，他们希望能更全面准确地了解商品的市场价格，这样，他们就希望在展会开幕前能到当地著名的专业市场或大型的商场去实地考察一番。有些参展商和观众在展会进行中为了更准确地了解对方客户的资讯和实力，往往会到对方客户的工厂或生产地实地考察。商务考察安排在展会结束之后也较为普遍，因为这时参展的主要目标已经完成，时间又较充裕，商务考察较从容。在展会结束之后的商务考察常与观光休闲统筹安排，彼此兼顾。随着我国会展经济不断走向成熟，展会的基本功能也在发生变化。在展会发展初期，贸易功能占主导地位，企业参展和观众参观更多的是追求贸易成交；随着展会逐步走向成熟，展会的展示、信息和发布功能变得日益重要。因此，在策划举办展会和安排会展旅游时，有必要结合展会的功能定位，注意客户需求的变化，安排适合客户需要的商务考察。

（2）观光休闲。主要是为了在游览风景名胜和文化古迹等旅游景点的过程中放松心身，增长见识。以观光休闲为主要目的的会展旅游主要集中在展会结束之后，在展会开幕之前和展会进行之中时比较少见。如果说商务考察是展会的一种补充的话，那么，观光休闲基本就是展会的一种延伸，这在国际性的展会中表现得特别明显。在大型国际性展会中，有许多参展商和观众来自海外不同国家和地区，他们对展会所在地的市场可能有一些了解但没有亲身经历，对当地的名胜古迹和风土人情有一些耳闻但没有亲眼所见。因此，在紧张的展会商务活动之余，在圆满完成展会任务之后，他们就有进一步了解当地名胜古迹和风土人情的愿望。

以观光休闲为主要目的的会展旅游与以商务考察为主要目的的会展旅游在旅游线路安排上有很大的不同。商务考察的主要目的地是商品生产地和销售场所，观光休闲的主要目的地是名胜古迹所在地，因此，在筹划旅游线路时，要特别注意了解客户的需求，否则，效果将会适得其反，使客户对展会服务产生不好的印象。

但有时候，客户参加会展旅游具有观光休闲和商务考察的双重目的，这时，我们在安排旅游路线时就必须做到两者兼顾，不能偏废其一，否则，客户将会逐步流失。

2.展会旅游代理

大多数展会都倾向于把会展旅游的有关业务委托给专业的旅游公司去安排。由于参展商和观众往往把会展旅游看成展会的一部分,因此,在指定旅游代理时,一定要选择那些资质好、能力强的公司,以便以良好的旅游服务来加深参展商和观众对展会的良好印象。

根据客户的来源或者旅游线路的不同,展会在指定旅游代理时,可以考虑分别指定一个海外旅游代理和一个国内旅游代理;如果某家旅游公司的实力特别强,也可以只指定一家旅游代理,将海外和国内旅游的业务都交给它来经营。

分别指定海外旅游代理和国内旅游代理与只指定一家旅游代理各有利弊。会展旅游不仅仅是旅游,它还包括交通、住宿和餐饮等一系列问题,如参展商和观众往返机票的预订、展会期间和展会前后的住宿等等。将海外和国内旅游的业务分开委托给两家公司,有利于他们之间的专业分工,发挥各自的优势,更好地服务客户,但是,这样会带来他们彼此之间的业务衔接问题;将海外和国内旅游的业务委托给一家公司,有利于它对旅游业务进行统一安排,自始至终提供统一的服务,但由于一家公司往往难以同时全面了解国内外的情况,这样,该公司往往很难将国内外旅游业务安排得最符合客户的需求。

在指定展会旅游代理时,除了要考察各旅游公司的实力和服务水平外,还要注意考察它们的接待能力、收费标准和个性化服务等因素。旅游代理的收费要合理,而大型的展会需要旅游代理有较强的接待能力。由于会展旅游的客户一般都是商务人士,他们的素质一般较高,独立意识强,个性化十足,加上会展旅游的时间一般都较短,随机性较大,所以会展旅游的安排一定要突出个性化特征;否则,将会损伤一部分客户的旅游动机,对办展单位来说得不偿失。

与国内参展商和观众相比,海外参展商和观众由于对展会举办地缺乏了解,或者其风俗与饮食习惯与当地的不同,他们更需要旅游代理的服务。这时,旅游代理除了要安排好他们的旅游线路外,还要提供海关签证、交通指引、住宿选择、餐饮安排甚至语言翻译等多种服务。在安排他们的旅游线路时,那些具有民族特色的旅游项目更能满足他们的需求。

4.2.6　指定展会接待酒店

举办展会是一项有大量人员聚集的活动,小型展会的参展商和观众数量都会有好几千甚至上万,大型展会的到会参展商和观众就更多,如广交会仅海外观众就有 20 万之多。在展会举办的短短几天里,如此多的人聚集在一起,吃、住、交通等都有待协调,尤其是那些对当地不太熟悉的外地参展商和观众,在这方面就更需要办展单位的指引。

为了方便参展商和观众在展会期间的生活安排,展会除了要指定旅游代理以外,往往还会和一些宾馆酒店合作,与这些宾馆酒店签订合作协议,指定这些宾馆酒店为展会的接待酒店。届时,展会将向所有的参展商和观众推荐这些指定的宾馆酒店,推荐他们在这些宾馆酒店住宿;这些宾馆酒店也将按和展会签订的合作协议,以比市场价更优惠的价格向该展会的参展商和观众提供住宿等服务。展会往往会选择那些离展览场地较近、信誉较好的宾馆酒店,这样不仅服务质量有保障,还有利于参展商和观众在住宿地和展馆之间的往来。

在指定接待酒店时,展会要根据展会参展商和观众需求的不同,高、中、低档的酒店都选择一些,以供展会参展商和观众选择。但一般来说,由于参加展会的参展商和观众基本都是一些商务人士,所以展会的指定接待酒店的档次也不能太低,如一般不能低于三星级。

指定了展会接待酒店以后,展会就要将这些宾馆酒店的协议入住价格、地址、联系人和联系办法、酒店离展馆的距离、展馆与酒店之间的交通等基本信息告诉展会的参展商和观众。此外,为了区分哪些是展会的参展商和观众,有些宾馆酒店还会要求参展商和观众在办理入住手续时,出示参展商证、观众证等证明材料才能按优惠价格入住。对于这些特殊规定,展会也要及时告诉参展商和观众。表 4-8 为展览会客户订房申请表。

表 4-8　展览会客户订房申请(样张)

×××××××展览会订房申请表

酒店名称	房间类型	抵达时间	离开时间	客人姓名	备注

确认人:_____　　联系办法:_____

时间:____年____月____日

为展会指定接待酒店,对展会、宾馆酒店、参展商和观众来说,是一个多赢的选择。对展会来说,由于有些参展商和观众并不需要旅游服务,他们会自己选择交通工具来参加展会,有了指定的接待酒店,住宿等问题就可以解决,这样可以解除他们的后顾之忧,有利于展会吸引更多的参展商和观众;对于宾馆酒店来说,成为展会的指定接待酒店,就意味着有了大量的客源;对于参展商和观众来说,在这些指定接待酒店住宿,安全有了一定的保证,而且价格还比市场价格要低。

4.2.7　指定展会餐饮服务商

展会现场餐饮服务的重点有两个:一是午餐。因为早餐和晚餐参展商和观众基本都可以通过展会指定酒店或自己解决,但午餐时绝大多数参展商和观众都在展馆,用餐时间集中,人员多,场地有限,需要认真对待。二是饮料供应。在现代社会,饮料供应点并不仅仅只是供应咖啡、饮料和饮用咖啡、饮料的地方,它还是一个休憩、洽谈和品尝点心的地方,在展会里尤其如此。

展览开幕期间,展会解决展会现场的餐饮服务问题一般有三种办法:一是指定展会餐饮服务商,二是推荐展场周边餐饮设施,三是将上述两种结合起来,既指定展会餐饮服务商,也推荐展场周边餐饮设施。

1. 指定展会餐饮服务商

如果展会展览现场有足够的空间,或者展会所使用的展馆有专门的"餐饮服务区",展会一般会指定一些餐饮服务商,如酒店、饭馆和其他餐饮供应者,在展会现场指定的地点设立供应点为展会提供餐饮服务。

展会一般会根据展馆设施情况和展会规模的大小,通过招标的形式指定一家或几家餐饮服务商。这些餐饮服务商在展会现场一般提供以下餐饮服务:商务套餐、快餐、点心餐、咖啡及各种饮料。

商务套餐：提供较高档的餐饮和用餐环境，主要为有商务洽谈、需要较好用餐环境和较高档餐饮的人士或其他有需要的人士使用。

快餐：供一般大众使用，快捷方便。

点心餐：供临时用餐、中途用餐或误餐的人士以及稍作休憩的人士使用，或者供外国参展商和观众使用。

咖啡及各种饮料：主要供稍作休憩的人士使用。

2. 推荐展场周边餐饮设施

如果展会展览现场场地不够，或者展会所使用的展馆不允许在展会现场设立餐饮供应点，或者展会的规模较小，无法或没有必要指定餐饮服务商在展会现场设点供应，这时，展会推荐展场周边餐饮设施给参展商和观众及其他有关人士使用，当是一种不错的选择。

餐饮服务是展会现场服务的一个重要组成部分，展会如果不在现场设点供应，一定要给参展商和观众及其他有关人士推荐展场周边一些餐饮设施以解决他们的餐饮问题。否则，将会引起他们的强烈不满。

推荐展场周边餐饮设施，展会要高、中、低档的都选择一些以满足不同客户的不同需求。并且，展会还要事先向他们通报这些餐饮设施，并详细介绍展会到这些设施所需要的时间、它们的地址以及它们能提供哪些主要餐饮服务等以供选择。

3. 既指定展会餐饮服务商，也推荐展场周边餐饮设施

如果展会规模很大、展馆条件也允许，很多展会在指定一些展会餐饮服务商在展会现场设点供应餐饮的同时，也推荐一些展场周边餐饮设施供参展商和观众选用。这种做法有利于给参展商和观众在餐饮方面以更多的选择。

4.3　建立展会专门网站

互联网在现代经济中的迅速崛起极大地改变了传统展览业的运作方式。为展会建立一个专门网站，将展会的有关信息在网上向外界传播，并从网上收集目标参展商和目标观众的资料和反馈的信息，促进展会和客户的信息沟通和彼此互动，对成功举办展会有很大的帮助。

4.3.1　展会专门网站的作用

互联网具有空间虚拟化、时间随意化、信息处理便捷化和内容个性化的特点，为展会建立一个精心设计的专门网站，对促进展会成功举办具有很大的作用，其促进作用表现为：

1. 为展会营销和客户服务拓展了市场范围

互联网具有全球性，一旦展会建立起了专门网站，不论你在世界哪个角落，只要你能上网，你就能从网上看到该展会的有关信息。从网站上，参展商和目标观众都可以了解自己需要的展会信息，这会极大地拓宽展会的营销空间。同时，展会可以将各有关服务事项在网上提前通知客户，极大地便利了客户对参展（参观）各项工作的准备，使展会可以在网上

为客户服务。

2.为展会提供了快速的市场应变能力

互联网具有互动性,展会不仅可以在网上发布展会信息,也可以从网上收集客户对展会的意见和建议,促进展会与客户之间的沟通和互动,使展会更快更直接地了解市场和客户的需求变化,并制定相应应对措施,提高展会的市场应变能力。

3.有利于展会特定信息的传播

互联网内容具有个性化的特点,网站对各种信息内容的包容性很强,各种信息都可以在网上传播,而且信息内容的更新很方便,信息传播的成本也较小,传播的时间便捷。展会完全可以根据展览题材行业的特点和客户的需要来编制网站的内容,使各种特定的信息通过网站传播到行业和客户那里。

4.有利于展会与有关企业和机构的协作

现代大型展会往往都是合作办展的成果,许多机构的共同努力和精诚协作才能促成展会的成功举办;同时,展会的成功举办还有赖于展会与参展商单位以及观众的相互合作。互联网具有超时空的互联性,它可以成为各有关方面超越时空进行精诚协作的重要工具和纽带。

5.有利于展会招展招商活动的展开

展会的招展和招商活动是一项费时费力的浩大工程,展会一般会广泛利用各种渠道进行展会营销,通过各种媒体发布展会信息,使目标参展商和观众了解展会、知道展会并进而参加展会。网站在展会招展和招商活动中可以扮演重要角色,可以为展会招展和招商提供很多帮助。

6.有利于提高展会客户服务水平

网站所附带的客户数据库是展会进行客户关系管理的信息基础,这个数据库信息的准确性和新鲜度会极大地影响到展会的客户管理和服务工作。网站通过与客户的互联互通,可以及时更新数据库的客户信息,改善展会的客户管理和服务工作。

4.3.2　展会需要什么样的网站

展会总是为了达到某一个或几个目的才决定要建立专门网站。目的不同,网站的内容和功能的侧重点也应该有所差别。根据网站内容和功能的不同特点,为展会建立的专门网站可以分为以下几种:

1.信息型网站

信息型网站的主要设计目的在于通过网上信息传播,引起社会公众尤其是展会的目标客户对展会及其服务的注意,并以此来增加目标客户了解展会的机会。这种网站设计的重点在于如何有效地将展会的有关信息发布在网上,如何让目标客户通过网上冲浪来获取展会信息。为了达到广泛和迅速传递展会信息的目的,网站内容的阅览便捷和及时更新对于这种网站显得尤为重要。

2.服务型网站

互联网作为一种有效的沟通和协作工具,很多展会都利用它来为展会展前、展中和展后服务提供技术支持。例如,为了方便参展商参展,展会可以将《参展商手册》的所有内容放到网上,使参展商提前做好各种参展准备工作;为了方便观众参观,展会可以设计专门的

"观众参观指南"栏目;展会结束后,可以将展会的总结等内容放上网。服务型网站的设计重点在于完善展会的服务项目,更好地提高展会的服务水平。

3. 在线销售型网站

在线销售型网站的设计目的主要是通过网络来吸引更多的企业参展和观众参观。网站通过精心设计的图片和文字来描述展会的优势和特色,通过开通网上预订展位功能来方便参展商参展,通过开通网上参观登记功能来方便观众进行预先参观登记。一旦客户进行网上参展或参观登记,展会就会安排有关部门迅速处理相关业务;有些功能强大的网站甚至还可以自动回复客户登记和汇总客户登记信息。

4. 信息订阅型网站

信息订阅型网站的主要设计目的是利用展会这个信息汇集的大平台,通过网站有偿提供客户所需要的行业和市场信息。有些展会在行业里联系广泛、信息灵通,对市场变化较为熟悉,这些信息可以作为展会的副产品在网上公布,供有需要的客户有偿索取。

5. 广告型网站

广告型网站的设计目的主要在于为参展企业提供一个"永不落幕"的网上展会,为参展企业做宣传更多于为展会本身做宣传。这种类型的展会网站一般都会留出大版面的空间给参展企业,有的还会为那些没有参加展会的企业留下"网上展览"的空间。

6. 综合型网站

很多展会在建立自己的专门网站时往往会追求多种功能,他们将上述五种典型网站的内容和功能进行组合,综合两种或多种设计目标和功能,形成较为综合的网站。这些综合网站同时具有上述五种典型网站的某几种功能。

上述六种典型的展会网站在设计目的和网站内容上各有侧重,网站也因此而各有特色。其中,综合型网站、信息型网站、服务型网站和在线销售型网站是大多数展会建立网站时的首选,这四种网站在展览业的实际操作中最为常见。

4.3.3　如何建立展会专门网站

为了适应日益激烈的市场竞争的需要,现在已经很少有展会不开通自己的专门网站了。是否开通了自己的专门网站已经成为展览业评价一个展会的重要指标。如果一个展会没有自己的专门网站,它在其目标客户的心目中必定难以留下深刻的印象,进而影响市场份额的占有。

那么,该如何建立展会的专门网站呢?一般来说,建立展会专门网站可以按以下步骤进行:

1. 明确展会需要建立什么类型的网站

要为展会建立一个专门网站,就必须明确我们要给展会建立一个什么类型的网站,换句话说,必须对该网站的主要功能进行定位。例如,我们希望该网站具有哪些功能,希望该网站给我们举办展会带来哪些帮助。如果建立展会专门网站一开始就没有明确的目标,那么,网站的内容必将十分混乱,这样的网站即使建立起来了也形同虚设。

2. 确定网站需要哪些栏目和内容

对展会网站进行功能定位以后,我们还必须仔细考虑网站将开通哪些栏目,各栏目将有些什么内容。网站的栏目和内容是网站向展会目标客户展示的部分,必须精心安排、巧妙设计,让它们既能满足展会营销和宣传推广的需要,又能为目标客户服务,还能为目标客户所喜闻乐见。

3.设计网页的界面

网页上的内容不能乱七八糟地呈现在网上冲浪者面前,也不能对所有内容一概平均分布,因为谁也不会花时间仔细去浏览一个内容主次不分、杂乱无章的网站。在设计展会网站时,要尽量安排好网页界面的布局、各栏目的轻重缓急,按展会 VI 设计统一使用展会主色调,将网页界面尽量设计得友好、简单明了、重点突出、图文并茂,使浏览者能轻松浏览,方便地找到自己想要浏览的内容。

4.确定网上内容的更新办法

网站是用来服务于展会和服务于客户的,随着展会筹备的进展,网上的内容也应该不断地更新。如果网上内容始终一成不变,那么很多目标客户就会对该网站失去兴趣,他们可能从此不再浏览该网站,网站这时就形同虚设。展会要明确网上内容的更新办法,并安排专人负责跟进,只有这样,展会网站才能发挥它应有的作用。

5.制订网站技术维护办法

除了要及时更新网上内容以外,展会网站还必须有一套实际可行的技术维护办法。展会网站离不开专业技术支持和维护,不然,展会将会对各种网络病毒对网站的侵袭束手无策,对网络故障将没有办法及时排除。展会要为网站的畅通运行制订一套技术维护办法,这样的展会网站才不会时时开通又时时关闭。

建立展会专门网站是一项技术性很强的工作,如果展会自己没有这方面的 IT 人才,可以将这份工作外包给有关机构完成。

【经典案例】

广交会网站

中国进出口商品交易会简称广交会,创办于 1957 年,有"中国第一展"之称。广交会十分重视网站建设,承办广交会的中国对外贸易中心(集团)专门有一个部门负责有关网络的事宜。

多达 12 种语言版本:广交会是我国外贸的晴雨表,每届的国际采购商有 20 万左右,这些采购商来自世界各地。为发挥网络的营销效果,让世界主要地区的客商能通过网络了解广交会,广交会网站有中(简体和繁体字两种)、英、法、德、意、俄、韩、日、西班牙、葡萄牙和阿拉伯语等 12 种语言的版本,方便各种语言的客户上网浏览。

栏目设置符合展览业要求:为让新老客户、媒体和其他有关方面便利地使用网站,广交会网站设置了了解广交会、采购商指引、参展商指引、新闻中心、服务宝典、网上广交会等主要栏目,有需要的各方可以很方便地找到自己想要了解的内容。

网站首页十分友好:在网站首页,除设置上述主要栏目外,还从满足客户的需求出发,设置了展商展品查询、企业视频推介、网上服务大厅、广交会电子商务、现场服务导航、最新采购信息和产品搜索等栏目,功能很强大。

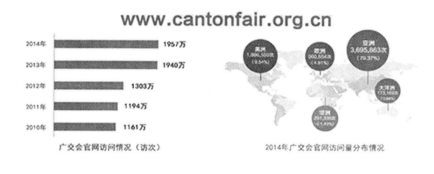

4.4 编制参展商手册

在指定了展会的各种服务商和建立了展会专门网站以后,编写展会的各种文件是展会紧接下来的另一项重要的后勤工作。为保持对有关专项筹备方案论述的完整性,我们将与展会招展、招商和宣传推广有关文件的编写问题放在有关专项方案中论述,在本节,我们只讲述关系到展会整体筹备进度的重要文件——展会参展商手册的编写问题。

4.4.1 参展商手册包含的主要内容

参展商手册是将展会筹备、开幕以及参展商参加展会时应注意的其他问题汇编成册,以方便参展商进行参展准备的一种小册子。参展商手册不仅是帮助参展商进行参展筹备

的纲领性文件,也是办展单位对展会布展、展览和撤展等各环节进行有效管理的指导性文件。参展商手册主要包括以下几方面的内容:

1. 前言

前言主要是对参展商参加本展会表示欢迎,说明本手册编制的原则和目的,提醒参展商在筹展、布展、展览和撤展等环节要自觉遵守本手册的相关规定等。前言一般都很简短,言简意赅。

2. 展览场地基本情况

展览场地基本情况包括展馆及展区平面图、至展馆的交通图、展览场地的基本技术数据等。绘制展馆及展区平面图时,要注意标明展馆各种服务设施所在的位置、展区和展位划分的详细情况、展馆内部通道和出入口等;在绘制至展馆的交通图时,要注意标明展馆在该城市的具体位置、到展馆可以利用的各种主要交通工具和交通路线、各指定接待酒店在该城市的具体位置等;对于该展览场地的基本技术数据,要清楚准确地列出地面承重、馆内通风条件、货运电梯容积容量、展馆室内空间高度、展馆入口高度和宽度、展馆的水电供应状况等。对展览场地基本情况的介绍,对于帮助参展商准确地找到展馆和自己的展位,进而进行展位搭装和布展有着很好的指引作用。

3. 展会基本情况

展会的基本情况包括展会的名称、举办地点、展览时间、办展单位、展会指定承建商、指定运输代理、指定旅游代理、指定接待酒店等。对于办展时间,要具体列明展会的布展时间、开幕时间、对专业观众和普通大众开放的时间、撤展时间、布展撤展加班时间等,以上时间尽量精确;对于办展单位,要具体列明展会的主办单位、承办单位、支持单位和协办单位等;另外,还要具体列明展会指定承建商、指定运输代理、指定旅游代理、指定接待酒店等的详细联系地址、联系电话、传真和联系人,如果有网址和 E-mail 也最好能公布,以便参展商在需要的时候方便联系各有关单位。

4. 展会规则

展会规则就是展会要求参展商和观众等参加展会时所必须遵守的一些规章制度,包括:展会有关证件使用和管理的规定、展会现场安保和保险的规定、展位清洁的规定、物品储藏的规定、现场使用水电的注意事项、现场展品销售的规定、消防规定、知识产权保护规定、现场展品演示的注意事项等。展会规则是所有与会人员必须遵守的一些制度,对展会现场管理和维护现场秩序十分重要。

5. 展位搭装指南

展位搭装指南是对展会展位搭装的一些基本要求和说明,主要包括标准展位说明和空地展位搭装说明等。由于所有的标准展位的基本结构和配置都是一样的,所以"标准展位说明"主要是对展位的标准配置作出说明,列明参展商使用标准展位的注意事项,提出如果参展商需要增加非标准配置以外的其他配置的处理办法等。"空地展位搭装说明"主要是对参展商搭建空地展位作出的一些规定和要求,如使用材料的要求、动火作业的规定、消防安全的规定和铺设电线的规定等。展位搭装指南对指导参展商顺利、安全地搭装展位和布展有较大帮助。

6.展品运输指南

展品运输指南是对参展商将展品等物品运到展览现场所作的一些指引和说明,主要包括海外运输指南和国内运输指南等。不管是海外还是国内运输指南,都要对展品等的运输方式和运输线路、各种货品的交运和文件提交的期限、货运文件的准备和交付、收费标准、包装、海关报关、回程运输、可供选择的自选服务等作出具体说明。展品运输指南对帮助参展商及时安排展品等物品的运输有较大的作用。

7.会展旅游信息

会展旅游信息是对解决参展商及观众等参加展会期间的交通、吃、住、行等需要和展会前后的旅游需要等作出的一些说明。会展旅游信息要详细地列出各指定接待酒店的档次、协议优惠价格、地址、联系电话和传真以及联系人、与展馆的距离等,要列出海外观众和参展商入境的签证办法、展会期间及前后可供选择的商务考察和观光休闲旅游的线路和安排等。会展旅游信息主要是为了方便参展商及观众的日常生活服务的。

8.相关表格

相关表格是有关参展商在筹展和布展过程中需要使用的各种表格,主要包括展览表格和展位搭装表格两种。展览表格主要有贵宾买家服务表、聘请临时服务人员申请表、额外工作证和邀请卡申请表、研讨会和技术交流会申请表、刊登会刊广告申请表、刊登会刊资料表、现场广告申请表、酒店住宿确认表等;展位搭装表格主要有展位楣板公司名称表、租用展位设施申请表、租用展具申请表、租用电器申请表、空地展位搭装申请表、照明用电申请表、机械动力水电申请表、电话申请表等。为了便于管理和准备,对于以上各种表格,一定要列明填妥返回的最后截止日期。

参展商手册编制成功以后,要在展会开幕前适当的时间寄给参展商,也可以将其内容发布在展会的专门网站上供参展商阅览和下载,如果展会有海外参展商,还要将参展商手册翻译成外语文本。

4.4.2　编制参展商手册的基本原则

参展商手册主要是为方便和指引参展商顺利进行筹展、布展、展览和撤展等服务的,它不仅对参展商进行参展筹备有着十分重要的指引作用,也对办展单位对展会的布展、展览和撤展等各环节进行有效的现场管理有很大的帮助和影响。要让参展商手册在展会筹备过程中切实地起到上述作用,在编制参展商手册时必须做到以下方面:

【经典案例】

中国建博会参展商手册的主要内容

参展商手册是展会与参展企业之间,就展会的展位布展和撤展规则及有关事项进行沟通和约定的重要文件,在确保展会顺利开展和撤展等方面具有重要的作用。以下是全球展览面积最大的建筑装饰类展会中国建博会(广州)的参展商手册封面和目录,从中基本可以阅知参展商手册的主要内容。

中国建博会一年两届,春季博览会每年 3 月在上海举办,为中国建博会(上海),2019 年的展览面积为 17 万平方米;夏季每年 7 月在广州举办,为中国建博会(广州),2018 年的展览面积为 41.6 万平方米。

1.实用

参展商手册所包含的内容必须是对参展商进行筹展、布展、展览和撤展等有较大的指引作用,或者是对办展单位对展会筹展、布展、展览和撤展各环节进行管理有较大帮助,或者对参展商邀请其老客户来展会参观有辅助作用,否则,该内容就不能进入参展商手册。

2.简洁明了

参展商手册对各方面内容的说明和叙述应该简洁,文字不要太多,篇幅不要太长,能说明问题就行;参展商手册对各方面内容的说明和叙述必须准确、具体,让人看得明明白白,不能让人看不懂,更不能让人产生歧义,否则,在展会筹展、布展、展览和撤展等环节的具体执行中就会引起争议,既不利于参展商展出,也不利于办展单位对展会现场进行管理。

3.详细全面

对于参展商手册提到的各项内容要尽量详细,如对布展和撤展加班时间的规定可以具体到小时和分钟,对各种表格的返回最后期限的规定具体到某月某日等等,这样更有利于展会具体操作和管理;对于参展商手册提到的各项内容要做到没有遗漏,如对展览场地基本情况的说明中,对展馆入口的高度和宽度、对展馆的地面承重能力、对消防的注意事项等要一一列明,不能遗漏,否则,现场操作就会出现问题,比如,如果没有提到展馆入口的高度和宽度,就有可能会使一些较大较长的物品进不了展馆。

4.美观

参展商手册的排版和制作要美观大方,印刷讲究,尽量不要出现错别字和其他印刷错误;参展商手册的制作和用纸要与展会的档次和办展单位的品牌与声誉相符,不能让人产生不好的联想。

5. 专业

参展商手册的遣词造句要符合行业习惯和规范,要使用行业熟悉的语言,所涉及的术语要规范,不能想当然地使用一些行业比较陌生的词语;内容编排要符合参展商筹展的筹备程序,不能让他们翻来覆去地寻找自己需要了解的内容。

6. 国际化

如果展会是国际性的展会,或者展会有向国际化方向发展的打算,那么,参展商手册的内容编排和制作也要尽量做到符合国际参展商的需要,不仅要有中文的文本还要有外文的文本。外文文本的参展商手册,其翻译一定要准确,因为海外参展商就是根据该手册来筹备各项参展事宜的;如果翻译不准确,将会给他们带来极大的不便。

4.5 展会客户关系管理计划

一个成功的展会,离不开行业内众多企业的长期支持和合作。展会客户关系管理计划的主要任务,是要在全面了解客户需求的基础上,通过展会内外部资源的整合和对客户提供创新服务,与客户建立互利、互信和合作双赢的关系来促进展会长期稳定发展。展会客户关系管理是发掘新客户和保留老客户的有力手段,没有良好和稳固的客户关系,展会很难取得成功和发展壮大。

4.5.1 展会客户的范围

很多展会认为自己的客户只是参展商。其实,展会的客户至少包括三个方面:参展商、观众和展会服务商。

1. 参展商

参展商包括展会现有的参展商和潜在的目标参展商。展会现有的参展商是已经参加了展会的参展商,潜在的目标参展商是因种种原因目前还未参加展会,但展会认为他们将来有可能参加展会的那些目标客户。潜在的目标参展商尽管目前还未参展,但他们是展会扩大展览规模、提高展会档次的重要客户来源,因此,在进行展会客户关系管理时,他们是不可忽视的重要客户群体之一。参展商在展会客户群体中处于核心地位,是展会经济效益的主要来源;参展商在行业中的影响力和代表性直接关系到展会的品质和档次的高低;参展商是否连续参加展会是一个展会成功与否的重要标志。因此,参展商是展会客户关系管理的中心环节。

2. 观众

观众是展会另一个重要的客户,很难想象,一个展会只有参展商而没有观众。和参展商一样,观众也有现有观众和潜在的目标观众之分。现有观众是已经来参观展会的观众,潜在的目标观众是目前还没有到会参观,但展会认为他们将来可能来展会参观的各种业内人士。潜在的目标观众是展会扩大观众数量的基础,我们在规划展会的客户关系管理时,不能只看重展会的现有观众而对潜在的目标观众置之不理。

观众和参展商是展会相互影响的两方面,展会的参展商与观众的数量应该相匹配,任何一方的不足都会影响到展会的长远发展。例如,如果参展商较多而观众很少,参展商的参展目的就很难达到;反之,如果观众太多而参展商很少,观众到会参观的目的往往也会落空。

3. 展会服务商

展会服务商是与参展商和观众不一样的客户:参展商和观众基本都是向展会支付费用(有些展会是向观众收费的),展会为他们服务;但展会服务商却相反,展会向展会服务商支付费用,展会服务商为展会服务。基于这种不同,很多展会在考虑展会客户时往往会忽视展会服务商,其实,展会服务商也是展会客户的重要组成部分,原因如下:

(1)展会一旦将一些服务事务交给展会服务商去完成,展会服务商即与展会融为一体。展会服务商这时是代表展会去与参展商、观众以及其他各有关方面打交道的,展会服务商的形象直接影响到展会的形象,展会服务商的办事效率和办事结果直接影响到展会的声誉。

(2)参展商和观众会将展会服务商提供的各种服务视为展会本身提供的服务,将展会服务商的服务失误直接视为展会的服务失误。这样一来,展会服务商服务的好坏和服务质量的优劣直接影响到参展商和观众对展会的整体评价。因此,展会必须与展会服务商协调,统一行动。

4.5.2　展会客户关系管理的含义

展会客户关系管理,是指展会通过收集客户信息,在分析客户需求和行为偏好的基础上积累和共享客户知识,并有针对性地对不同客户提供个性化的展会专业服务,以此来培养客户对展会的忠诚度和实现展会与客户的合作和共赢。为了理解这个含义,我们必须把握好以下几点:

1. 从展会整体的战略高度上看,展会客户关系管理是一种现代展会经营管理战略

这种战略强调"以客户为中心",将客户视为和企业的设备、资金一样的企业重要资产之一,企业通过各种营销渠道和沟通手段来增加与客户的互动,了解客户的需求,理解、分析、预测和管理展会的现有客户和潜在客户,为客户提供个性化的服务,提高客户对展会的满意度和忠诚度。作为一种企业经营管理的宏观战略,它需要各部门的一致行动。因此,展会客户关系管理不仅是市场和销售部门的事,也是技术支持和后勤服务部门的事。

2. 从展会营销策略上看,展会客户关系管理是一种"以客户为中心"的展会营销战略

展会客户关系管理借助于数据分析技术,将纷杂的客户基本数据转变为有用的客户信息,根据这些信息,展会对客户进行追踪和分析,发现不同客户的不同需求和偏好,对不同的客户采取符合其个性需求的不同应对方案或营销策略,最大限度地赢取客户。通过对客户的有效识别,发展与特定客户之间的良性、长期和有利可图的关系。

3. 从展会的技术支持微观层次上看,展会客户关系管理意味着一套 CRM(客户关系管理)应用软件系统

基于数据库、互联网、计算机联机数据分析处理、数据挖掘和聚类分组算法等信息技术而形成的 CRM 应用软件系统,将展会内外部客户的资料数据集成在同一个系统里,在展会

客户关系管理理念的指导下，让展会所有与客户接触的营销、服务和销售人员都能够按照授权，适时地更新和共享这些客户资源，使有关人员紧密协作，快速而妥善地处理客户需求，从而提升客户的满意度和展会的办展水平，增强展会的市场竞争力。

4.5.3 展会客户关系管理的目标

展会实施客户关系管理的目的，是实现展会与客户之间的合作和共赢。对展会来说，实施客户关系管理，不仅可以为展会赢取新客户、赢返流失的客户和识别出新的客户细分群体，从而增加展会拥有的客户数量；而且还可以通过培育客户对展会的忠诚度，挽留和发展有价值的客户以及减少客户流失，发展与客户的长期合作关系，为展会赢得更多的长期稳定客户；可以通过有针对性的个性化服务来增加现有客户的购买数量，扩大展会的展位销售和增加参观人数。对客户来说，展会的各种个性化服务手段可以满足自己的特殊需求，增加自己的参展（参观）效果，实现自己贸易成交、收集信息、产品发布或产品展示等具体目标。只有实现展会与客户的合作、共赢和共荣，展会与客户的关系才会牢固，展会才能长盛不衰。

1.展会与客户结成合作伙伴

成功的展会客户关系管理，是通过各种客户工作，使客户自愿与展会结成合作伙伴关系。一旦展会与客户形成了一种合作伙伴关系，这个客户就将成为展会最为忠实的客户。

（1）收益。与客户建立起某种合作伙伴关系，展会至少可以从客户那里获得以下四种收益：

①经济价值。即客户能直接带给展会的经济效益，主要表现为其经济营利性。经济营利性是所有商业性展会在考虑客户关系时首先考虑的因素，因为如果客户不能给展会带来利润，展会将失去根本。

②示范价值。即某一特定客户参加展会后给行业带来的示范效应。在每一个行业里都有一些大的知名企业，这些企业的一举一动深受行业同行关注，如果这些企业参加展会，可以带动一大批企业跟进；如果这些企业不参加展会，将极大地影响其他企业参加展会的积极性。

③推荐价值。即某一特定企业参加展会后向同行进行的口碑传播作用。有些客户在参加展会后会充当推荐人的作用，积极向同行推荐该展会；有些客户则相反，他们会积极劝告同行不要参加该展会。

④能力价值。即展会通过维持与该客户的关系而从他们那里学到和吸收自身缺乏的知识的价值。例如，有些客户经常参加世界各地的展会，他们会将别的展会好的做法告诉本展会，帮助本展会改进办展思路和方式；有些客户对行业了解很深，他们能给展会提供很多改进的好建议等。

（2）成本。展会可以通过客户需求分析，确定不同客户的重点关系管理方向，促进与客户合作伙伴关系的最终形成。当然，展会并不一定要与所有的客户都建立起合作伙伴关系，也难以与所有的客户都建立起合作伙伴关系。但是，与那些影响较大或者对展会非常重要的客户建立起这种关系，对展会来说绝对是有百利而无一害的。

展会发展和维护客户关系是要付出成本的。从客户关系生命周期发展阶段的角度上看，这些成本主要包括以下三种：

①关系的初始投入成本。即展会与客户建立起最初关系所耗费的成本,它主要花费在客户关系的培育阶段。

②关系的维持成本。即客户关系建立后,展会为持续维护和培育该关系所花费的成本,它主要花费在关系的确认阶段、信任阶段和弱化阶段。

③关系的结束成本。展会与客户的关系结束时,展会并不就对客户置之不理,而是要对客户施加积极的影响以免客户给展会散布负面的影响,展会为此而花费的成本是关系的结束成本,它主要发生在客户关系的消失阶段。

展会要在努力减少发展和维持客户参加展会的成本的基础上增加展会带给客户的收益,只有这样,展会才具有与客户建立起合作伙伴关系的基础。

2.展会与客户实现合作双赢

客户与展会结成合作伙伴,客户也希望从展会获得五个方面的收益,如表 4-9 所示。

表 4-9　客户希望从展会获取的价值

价值构成	描　述
展会价值	展会的功能、特点、品质等展会自身的效果,是客户总价值的第一构成要素,对客户有核心吸引力
服务价值	参加展会的过程也是客户享受展会服务的过程,展会服务是与展会密切相关但又可以独立评价的一个展会附加价值
人员价值	展会工作人员和服务人员的语言、行为、服饰、服务态度、专业知识、服务技能等影响客户对展会价值的评价
形象价值	以展会品牌为基础的展会形象价值
个人价值	客户参加展会时在增加个人知识和阅历、广泛开拓社会关系网络等方面的受益

参加展会对许多客户来说是一件浩大的工程,他们为参加展会耗费的往往不仅仅是货币方面的支出。例如,参展商参加展会时,参展费往往只占他们参展耗费的一部分,他们花费在参展方面的时间和精力往往巨大,有的甚至还要专门为此而调整公司的有关日程安排。可见,客户参加展会的成本也不是唯一的,它有以下四个方面,如表 4-10 所示。

表 4-10　客户总成本构成

客户总成本构成	描　述
货币成本	客户参加一个展会所产生的所有货币支出
时间成本	客户在参加一个展会所花费的时间的机会成本
精力成本	客户在参加展会时在精神和体力等方面的支出
心理成本	客户参加展会时的各种心理担忧和风险预期

为了与客户实现合作双赢,展会就要不断增加客户价值,降低客户参加展会的各种成本。

展会与客户建立合作伙伴关系的目标是各有所获,实现展会与客户的合作双赢,如图

4-2所示。展会为客户所做的一切都应该是朝这个方向努力。展会只有在自身利益与客户利益之间找到平衡点,提高展会的品质,健全展会的功能,充分为客户着想,满足客户的需求,才能最终实现展会与客户的精诚合作,实现展会与客户的合作双赢。

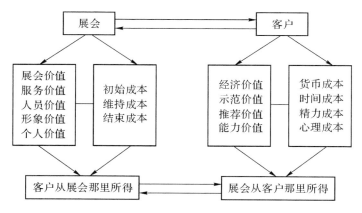

图 4-2　展会与客户合作双赢模式

3.展会与客户共同成长

展会与客户实现合作双赢有几重"境界":一是展会能从客户参加展会中获取自己的经济利益,同时,客户也达到了自己的参展愿望,取得了预期的参展效果。二是展会与客户双方由此能展开精诚合作,利用双方的资源和平台,达到各自除经济利益以外的其他重要目标。三是展会与客户彼此利用对方的平台和资源优势,实现共同成长。

展会与客户实现共同成长,展会就承担起了"企业孵化器"的作用,企业通过参加展会,业务得到了发展,企业发展壮大;随着企业的发展壮大,企业对展会的投入又不断地增加,展会也随之发展壮大。这样,展会与客户就真正成为合作伙伴,实现了合作双赢,彼此能够共同成长。这样的展会,才会为企业所欢迎。对展会进行客户关系管理规划,这一点非常关键。与客户成为合作伙伴、实现合作双赢、共同成长,是展会进行客户关系管理的终极目标。

【经典案例】

广交会与客户共成长

国内企业为什么对参加"中国第一展"广交会趋之若鹜?为什么广交会的展位长期以来一直是"一位难求"?研究其中的原因,发现广交会长期坚持为客户服务、与客户合作双赢是一个重要原因。

广交会作为我国第一展,负有特殊的社会使命,即为中国的经济发展服务、为中国外贸发展服务。为达到这一目标,广交会的重要任务之一就是大力扶植一些有发展潜力的中国企业和中国品牌产品走向国际市场。从1957年创立到现在60多年来,成百上千的企业从广交会走向国际市场,在广交会上找到国外的客户和国外市场,通过参加广交会而发展壮大。一直以来,广交会也为推动中国企业和品牌产品的成长和走向国际市场而不懈努力,每年大力对外邀请国际买家到会参观、采购和洽谈。广交会的成功,是它与客户合作双赢和共同成长的成功。

☞【复习思考题】

1.简述展会后勤工作所包含的内容。

2.展会的后勤服务商主要有哪些?

3.展会专门网站有哪些类型?

4.如何建立展会专门网站?

5.简述参展商手册所包含的主要内容。

6.展会客户关系管理的主要目标是什么?

第 5 章

招展策划

≫ ≫ ≫ ≫

☞【本章要点】

　　本章主要讲述如何进行招展方案策划。包括：在策划招展方案前应如何建立目标参展商数据库；划分展区和展位的原则及应注意的问题；如何制定展会的价格；展会招展函的主要内容和编写的原则；综合运用关系营销、合作营销、直复营销、网络营销、公共关系营销和基准营销等各种模式来策划展位营销方案；招展方案的编写。

　　展会要有一定数量和质量的展出者才能成为展会，如果参展商的数量不多或者质量不好，展会的档次就难以提高，展会的发展前景也难以保证。招展就是办展单位招揽参展商参加展会的展出活动的行为。招展策划是对展会招展方案进行的策划，是展会整体策划中最基础的工作之一。

5.1　建立目标参展商数据库

　　招展策划的第一步是通过广泛地收集目标参展商的信息，建立起一个完整而实用的目标参展商数据库，为展会招展做好基础性准备工作。如果没有一个完整实用的目标参展商数据库，招展工作的展开就像是缘木求鱼，或者像是在做无米之炊。一个好的目标参展商数据库不仅是展会招展的基础，也是进行展会规模预测和制订展会招展方案的基础。

5.1.1　收集目标参展商的信息

　　所谓目标参展商，是指办展单位认为可能会来参加展会展出的企业和其他单位。目标参展商是展会招揽展出者的目标范围，展会招展是在掌握了展览题材所在行业企业的基本数量、特征和分布状况的前提下进行的。因此，要建立一个完整实用的目标参展商数据库，首先必须广泛收集目标参展商的有关信息。

　　目标参展商的有关信息可以通过以下途径来收集：

（1）行业企业名录。很多行业都有一些资料齐全的行业企业名录或者企业大全，办展单位可以从这里找到大量的目标参展商信息。

（2）商会和行业协会。各行业的商会或者协会一般与本行业内的企业联系密切，掌握了大量的企业信息，有一定的会员单位，办展单位可以通过与商会和行业协会的合作得到这些有用的资料。

（3）政府主管部门。政府主管部门对自己主管的行业的企业一般比较了解，与企业也有一定的联系，是一个重要的信息来源。

（4）专业报刊。各行业的专业报纸和杂志与行业内企业的往来密切，掌握了一定数量企业的信息。另外，通过收集专业报刊上企业的广告也可以掌握一定数量的企业信息。

（5）同类展会。同类展会是收集目标参展商资料的一个理想场所，在展会上，我们可以直接到各展位收集每一个参展商的信息，也可以通过购买展会会刊或参展商名录来收集。

（6）外国驻华机构。各国驻外机构每年都会向本国企业推荐一批著名的展会供它们作参展选择，因此，通过外国驻华机构收集该国企业信息也是一种不错的选择。

（7）专业网站。专业网站上有大量的企业注册用户，也有很多企业在上面做广告，是收集企业信息的一种快捷途径。

（8）电话黄页。电话黄页与行业企业名录类似，里面也有大量的本地企业的信息。电话黄页对于那些收集某一特定地区范围内的企业的信息尤其实用。

对于目标参展商的信息，除了要收集它们的名称、地址、联系电话、传真、E-mail 和网址、联系人等基本信息外，还要收集关于它们生产的产品的种类、目标市场、企业规模等信息。在收集目标参展商信息时，除了要掌握每一个具体企业的基本信息外，还要从总体上把握这些信息。所谓从总体上把握，是指要从宏观上对这些信息加以分析和把握，如分析该行业企业的结构状况，分析该行业企业的地区分布状况，了解行业的市场特点等，这些信息对于我们进行招展策划大有帮助。

5.1.2　建立目标参展商数据库的原则

所谓目标参展商数据库，是指将所有目标参展商的有关信息按照一定的规则排列而建立的数据库。目标参展商数据库是以后招展工作中目标客户的重要来源，建立好目标参展商数据库，对以后的招展工作有很大的帮助。在建立这个数据库时就必须遵循以下基本原则：

1. 数据库要有一定的数据量

这是对目标参展商数据库最基本的要求。我们将有关一家目标参展商的所有信息称为一条数据，一个目标参展商数据库所包含的数据量要尽量地多，这样，在以后招展时才会有取之不竭的目标客户来源，否则，在以后招展时就可能会出现目标客户来源枯竭的现象，这将对招展非常不利。

2. 分类科学合理

对数据库各条数据进行科学而符合招展分类要求的分类十分重要，因为以后的数据检索和招展工作可能就是按照这些分类来进行的，如果分类不当，数据检索的结果一定也不好，检索不好就会影响到招展工作的顺利进行。例如，产品范围分类错误可能会导致大量的企业根本检索不到，检索不到这些企业我们就可能漏过对它们的招展工作。

3.数据真实可靠

在建立数据库时,不仅要尽量使数据库的数据量足够多,而且还要尽量使各条数据所包含的基本信息真实、准确和完整,只有这样的数据库才更实用。否则,就会出现当我们按照数据库的数据去对某一家企业进行招展时,现实中该企业却不存在!这不仅浪费人力物力,还会打击招展人员的积极性。

4.便于查找和检索

数据库建立起来以后,由于招展工作的需要,我们会在不同的时间对数据库所包含的企业信息进行多方检索和查找。例如,查找某一地区的所有目标参展商的数量以及每一个企业的具体信息,查找生产某一类产品的所有目标参展商的数量以及每一个企业的具体信息等。如果数据库不支持这样的检索,我们到时就会一筹莫展。

5.可以及时修改

随着以后招展工作的推进,我们可能会对数据库的信息进行各种必要的删减增补,或者进行局部的分类调整等。如剔除一些已经倒闭破产的企业的信息,增加一些新成立的企业的信息,完善一些原来暂时无法完善的信息等等。对于类似这样对数据的一些修改要十分方便,并且不会损害数据库其他数据的安全。

6.其他要求

数据库的用户界面要友好、简洁、一目了然;数据库要适合在局域网上使用,支持多用户同时使用;对数据库基本的修改要有一定的权限限制,不能人人都可以对数据库的数据加以修改。

根据上述原则,可以按以下步骤建立目标参展商数据库:首先,提出数据分类标准并按标准对数据进行分类;其次,确定数据库基本字段;再次,选择合适的软件;最后,输入目标参展商信息,建立数据库。

5.2　展区和展位划分

展区和展位划分是展会招展策划的另一项重要的基础性准备工作。展会一般都要划分展区,在每个展区里,还要根据场馆的场地特征划分展位,决定哪些地方将搭建特装展位,哪些地方将搭建标准展位,两种展位各自需要多大的面积等等。合理地划分展区和展位,对于展会招展和更好地吸引目标观众到会参观、提高参展商的展出效果、进行展会现场服务与管理等有着十分重要的作用。

5.2.1　划分展区和展位的原则

在展会招展时,同类展品的参展商常被安排在同一展区里,在该展区里,参展商一般可以根据自己的要求选择自己需要的具体展位。在划分展区和展位时,要注意遵循以下基本原则:

1.按专业题材划分展区

按专业题材划分展区就是在满足展品对场地要求的基础上,将同类展品安排在同一个区域里展出。在展会招展前,要对展会所有的展览场地进行统一规划,筹划各种展览题材适合安排的位置,按专业题材划分展区,筹划各展区需要的面积。有时,如果展会的国际参展商很多,也可以不按专业题材分馆的要求而将他们单独安排在一个展区里,这时,我们一般称这个展区为"国际馆"。按专业题材划分展区,可以使展会条理清楚、秩序井然。

2. 要有利于提高展会的档次

展区和展位的划分直接影响到参展商和观众对展会的印象。如果一个展会里的标准展位和特装展位的分布杂乱无章,各种展品的展位互相混杂,即使这个展会的规模很大,我们也会认为它档次不高,非常不专业,对它的印象也一定不会很好。

3. 要有利于观众的参观

展区和展位的划分,要使对某类展品感兴趣的目标观众能很方便地找到展出该类展品的所有展位,与该展品有关联的产品也能在相邻的展区里找到。给观众方便就是在提高展会的影响,是在促进展会贸易成交量的提高,是在提高展会在观众心目中的地位。

4. 要有利于提高参展商的展出效果

展区和展位的划分对参展商的展出效果有直接的影响。例如,如果一个标准展位夹在一些特装展位之中,标准展位将变得非常不显眼;如果将一些次要的题材放在展馆最好的位置,展会的整体效果将大打折扣。因此,展区和展位的划分既要符合展品的特点,也要考虑到展位的搭装效果,还要考虑到方便观众参观和集聚,这样,参展商的展出效果才不会受到太大的影响。

5. 要有利于展会现场管理和现场服务

例如,在划分展区和展位时,要注意对展览场地的充分利用,最好不要有闲置的展览死角;要注意展馆消防安全,要便于遇到紧急情况时及时疏散人群;要方便展位的搭装和拆卸,方便展品的进馆和出馆。

划分好展区和展位以后,要按一定的比例将它绘制成展会展位平面图,并在图上标明各展区和展位的具体位置,标明展馆各出入口、楼梯、现场服务点等,以便参展商在选择展位时能更好地作出选择。展位平面图是展会招展时需要经常使用的主要资料之一,在绘制时一定要准确、细致,图标和线条要清楚,使人一目了然。

【经典案例】

中国国际进口博览会的展区划分

2018 年 11 月 5 日至 10 日,以"新时代,共享未来"为主题,首届中国国际进口博览会在上海开幕,这是全球首个以进口为主题的国家级展会,由习近平主席亲自部署、直接推动。

首届中国国际进口博览会企业商业展分设 7 大展区,展览面积 27 万平方米。来自 151 个国家和地区的 3617 家企业参展。现场意向成交金额达 578.3 亿美元。

企业商业展的 7 大展区,包括一个服务贸易展,以及 6 个货物贸易展区,分布如下:

1 号馆:科技生活展区;

2 号馆:汽车展区;

3 号馆、4.1 号馆:高端装备及智能解决方案展区;

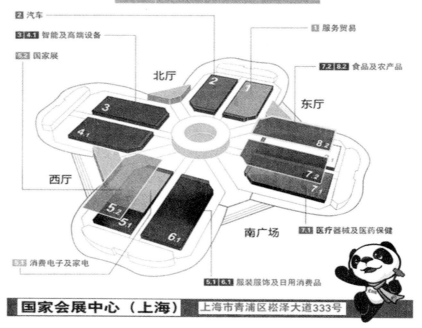

5.1号馆：医疗器械及医药保健展区；

5.1号馆部分、6.1号馆：服装服饰及日用消费品展区；

7.1号馆：服务贸易展区；

7.2号馆、8.2号馆：食品及农产品展区。

除企业商业展区外，首届中国国际进口博览会还在5.2号馆设立国家展展区，供各个参展国家展示其国家形象；在4.2号馆设平行论坛区，举办各种大型会议和论坛。

5.2.2 划分展区和展位应注意的问题

从上可见，展区和展位的划分不仅会影响展会的整体效果，还会影响到办展单位、参展商、观众以及展会服务商在展会期间的活动，如办展单位对展会现场的管理、各参展商对具体展位的挑选、观众参观展会是否便利、展会服务商为参展商服务是否便利等。展区和展位的划分对展会来说真可谓"牵一发而动全局"。因此，在划分展区和展位时，要注意以下问题：

1.要注意统筹兼顾

在划分展区和展位时，要在以办好展会和符合展会需要的前提下，对展会所有的展位作统一规划，在安排时最大限度地兼顾到办展单位、参展商、观众以及展会服务商各方面的利益和便利性，如果忽视了某一方面的需要，就会给相关方面带来不利的影响，并由此造成连锁反应，进而影响到整个展会的效果。

2.要因地制宜

展区和展位的划分,要充分考虑到展馆的场地条件,因地制宜。例如,如果展馆里有柱子,就要考虑不能将柱子划在某个展位里面。又比如,不同参展商对自己展位的具体形状的要求各不相同,有的希望展位是岛形的,有的希望是通道形的,有的希望是道边形的,展位划分时要充分考虑到这些要求。在划分展位时,如果只是注意满足某些参展商的需要而不注意展会整体,场地就会出现一些"死角"。

3.不能遮挡展馆的服务设施

展馆里的一些服务设施是展会安全的重要保证之一,要保证任何展位都不能遮挡展馆里的一些重要安全设施,如不能遮挡消火栓、不能堵塞消防和安全通道、不能遮挡电箱等。

4.要注意适应参观人流的规律

展会参观人流的形成和流动有其自己的规律,参观人流是展区和展位划分时要充分考虑的重要因素之一。在展馆的入口处、主通道、服务区和大的展位前的人流比较大,容易形成大量的人群围观某一个展位或展品的局面,所以在这些地方要留出一定的区域供参观人流聚散,此外展场的各种通道要达到一定的宽度以便参观人流通过。

5.要合理地安排展会的功能服务区域

一个展会除了最主要的展示区域以外,还需要安排一些功能服务区域,如登记处、咨询处、洽谈区、休息区、新闻中心等。这些区域尽管一般面积都不大,但对展会整体而言还是十分必要的,在划分展区和展位时,不能只考虑展会展示区域的划分而忽视了对这些功能服务区域的统筹安排。

5.3　招展价格

为展会确定一个合适的招展价格是招展策划的又一个重要任务。招展价格对参展商的参展决策有重要影响,如果价格过高,参展商可能不堪承受而放弃参加展览,展会的招展工作就会出现困难;但如果价格过低,展会的收入又会减少,展会就可能出现亏损。

5.3.1　招展价格的制定

招展价格就是展位的出售价格。按展位不同,可以分为标准展位的价格和空地的价格;按场地不同,可以分为室内展位价格和室外展位价格等。

为能制定最合理的招展价格,除第二章里已经讲述的三种定价办法和展会"盈亏平衡价格"等内容外,还应注意以下几点:

1.要充分考虑竞争的需要来定价

制定展会的招展价格时,要充分考虑那些与本展会有竞争关系的同类展会的价格状况,它们的价格往往是我们制定招展价格时重要的参考标准。要充分评估本展会在市场上处于什么样的地位,如果是处于市场领先地位,就可以将价格稍微定得高一些;如果是处于市场跟随地位,就必须将价格定得低一些。

2.要结合展会的发展阶段来定价

每个展会都会有一个从培育、成长到成熟和衰退的发展阶段,展会的发展阶段对展会的招展价格有着十分重要的影响,在制定展会的招展价格时必须充分考虑这一点。在展会的培育阶段,招展价格不宜太高;在展会的成长阶段,招展价格可以适当提高;在展会的成熟阶段,招展价格基本固定,不宜变动;在展会的衰退阶段,招展价格应该较低。

3.要结合展会的价格目标来定价

出于不同的价格目标,展会的招展价格也不尽相同。在第二章里,我们曾经指出,展会一般有五种定价目标,即利润目标、市场份额目标、市场撇取目标、展会质量领先目标和生存目标。在制定展会的招展价格时,这些目标是我们需要考虑的重要因素。例如,如果展会价格目标是以展会生存为主,那么,展会的"盈亏平衡价格"就是其最后的底线。

4.要考虑展会的价格弹性来定价

所谓价格弹性,是指当价格每变动1%时展会展位销售量变动的大小,它是用来表示招展价格的变动对展位销售量影响的大小的参数。如果展会的价格弹性较大,展会招展价格的降低就会引起展会展位销售量的大增;如果展会的价格弹性较小,展会招展价格的降低对展会展位的销售就不会产生什么影响;如果展会的价格弹性为负数,那么,展会价格的降低不仅不会促进展会展位的销售,反而会使展会展位销售量大幅下降。因此,展会招展价格的高低,不是随意确定的,我们还必须考虑展会价格弹性的大小如何。

5.要考虑展会展览题材所在行业的状况

主要是要考虑该行业平均利润率的大小和该行业的市场发展状况。行业平均利润率的大小决定了该行业企业可能的盈利水平和支付能力。如果行业平均利润率较小而展会的招展价格又过高,企业将无法承受;反之,展会的招展价格就可以相应地定得高一些。行业的市场发展状况也是制定展会招展价格时需要考虑的另一个重要因素,例如,如果行业处于买方市场状态,企业参展的积极性就较高,展会的招展价格可以定得高一些;如果行业处于卖方市场状态,企业参展的积极性就较低,展会的招展价格就应该定得低一些。

5.3.2　招展价格折扣

招展价格折扣是办展单位给予参展商或者招展代理的一种价格优惠,其主要目的是为了吸引更多的企业到展会参加展览。常见的价格折扣有以下几种:

1.统一折扣

所有的参展商都适用于一个统一的折扣标准。这种折扣标准通常是按参展商参展面积的大小来制定的。参展面积越大,所得到的折扣也越大;当参展面积达到一定的规模时,折扣不再增加,也就是有一个折扣上限。

2.差别折扣

将价格折扣标准按需要分为几种,针对不同的标准执行不同的价格折扣。例如,按参展商的地区来源不同分别给予不同的折扣,或者对标准展位和空地展位执行不同的折扣标准等。差别折扣如果从整个展会的角度看各参展商适用的折扣标准是不一样的,但从某个具体折扣标准所覆盖的所有参展商来看,它们所适用的折扣标准又是一样的。

3.特别折扣

通常是给予那些参展规模较大、在行业内有较大影响力和知名度的企业的特别价格优惠。

行业知名企业参展对于提高展会的档次和影响力、对于促进其他企业参展选择有重要影响。特别折扣只适用于少数企业,对于一般企业不适用。

4. 位置折扣

针对展馆内场地位置的优劣而制定的折扣标准。同一个展区内不同的展位其位置有好有坏,同一个展馆内不同的展位其位置好坏也有差别。为了避免相对较差的位置无人问津,对这些较差的位置可以给予较多的价格优惠。

如果执行得好,价格折扣对展会招展有一定的促进作用;如果执行得不好,价格折扣往往会引起展会招展价格的混乱。招展价格的混乱对展会招展非常不利。

5.3.3　执行招展价格时应注意的问题

招展价格混乱,不管对本届展会的展位营销还是对展会的长远发展,都是一个十分严重的问题。引起招展价格混乱的原因很多,它可能是因价格折扣而起,也可能因展位促销策略而起,还可能是因为展会的招展代理而起。我们为尽量避免出现价格混乱,应做到以下几点:

1. 严格执行价格及价格折扣标准

价格及价格折扣标准一旦确定,就要求所有的招展人员严格执行,对于不符合折扣标准的参展商坚决不能给予过多的价格折扣。对于某些如果不给予多一些的价格折扣就不参展的企业,我们要有勇气放弃。

2. 加强对招展代理的招展价格管理

由于招展代理的佣金一般都是按他们所招企业的参展面积的多少来确定的,招展面积越多,他们所得到的佣金也就越多。所以,为了获取更多的佣金,招展代理往往会有一种低价销售展位的冲动,这使他们的招展价格往往不符合展会的价格及折扣标准,从而引起整个展会招展价格的混乱。为了避免出现这种情况,我们要对招展代理的招展价格进行严格管理和监督,不容许他们破坏展会价格标准而低价销售,一旦发现就严肃处理。

3. 避免在招展末期低价倾销展位

在展会招展末期,对一些后期参展企业的价格特别优惠是对早期已经决定参展的企业的一种价格惩罚,这对鼓励企业及早预订展位非常不利。因为,这种做法不仅严重挫伤了那些在降价前参展的企业的积极性,还使所有知道在展会招展末期能获得特别价格优惠的企业对下一届展会招展采取观望的态度。如果这种企业数量较多,在它们的压力下展会到时将不得不降价出售展位,展会的经济效益也难以保证。

4. 严格控制差别折扣和特别折扣的适用范围

差别折扣和特别折扣的适用范围有时候较难把握,而一旦把握不稳就会引起价格混乱。在执行差别折扣时,折扣的标准不宜太多;各种折扣的标准划分要非常明确,不能含糊。在执行特别折扣时,可以将适用该标准的企业的名单一一列出,并明确他们达到多大参展面积时能给予的折扣范围。

如果条件适合,办展单位可以执行稳定的价格策略:对所有参展商都实行统一的价格,不给任何参展商价格折扣。这样,展会的招展价格就可以始终如一,不会出现混乱。当然,实行这样的价格策略需要事先对展会进行充分论证;如果条件不具备,这种价格策略不但不会促进展会招展,反而会对展会招展产生较大的阻碍作用。

5.4　展会招展函

招展函是办展单位用来说明展会以招揽目标参展商参展的小册子。招展函的主要作用是向目标参展商说明展会的有关情况,并引起他们对参加展会展出的兴趣。招展函是展会进行展位营销时的核心资料之一,也是目标参展商最初了解展会情况的主要信息来源。招展函的策划和编印工作在展会的招展策划工作中占有重要的地位。

5.4.1　招展函的主要内容

在很多时候,目标参展商对展会的第一印象可能就是来自展会招展函,招展函是目标参展商用来了解展会的第一份正式文件。为能使目标参展商对展会有足够的了解并对展会作出基本的判断,招展函一般要包括以下五个方面的内容:

1.展会的基本内容

展会的基本内容主要包括:

(1)展会名称和 LOGO。展会名称和 LOGO 一般被放在招展函封面最醒目的位置,展会名称一般用较大的字体。如果展会是国际性的,展会名称还包括其英文名称。另外,为了使用方便,展会名称常常有一个简称,如“中国进出口商品交易会”的中文简称为“广交会”,英文简称是“CECF”。

(2)展会的举办时间和地点。一般被放在展会招展函的封面。其中,举办时间也会放在招展函的内页,只不过封面的“举办时间”通常是展会的正式展览时间;内页的“举办时间”往往还包括展会的布展、撤展时间和对专业及普通观众的开放时间等。

(3)办展单位。包括展会的主办单位、承办单位、协办单位和支持单位等,有时候还包括展会的批准机构。它们一般被放在展会招展函的封面。

(4)办展起因和办展目标。简要说明为什么要举办该展会以及计划将该展会办成什么样的一个展会,如展会计划有多大规模,预计有多少观众等。如果是已经连续举办多次的展会,那么对往届展会的回顾也是一项必不可少的内容。

(5)展会特色。常常是用非常简洁的言语来高度概括展会的特色,如展会的宣传口号、展会的主题等,要易记易懂,易于传播。

(6)展品范围。详细地列明展会的展品范围,有时候还包括展会的展区划分,供参展商作参展决策时参考。

(7)价格。列明展会的各种价格,包括空地价格、标准展位价格、室外场地价格等。对于标准展位,一般还要对其基本配置作出详细说明。

2.市场状况介绍

市场状况介绍主要包括:

(1)行业状况。结合展位的定位,对展会展览题材所在行业的状况作简要介绍,如行业生产、销售、进出口状况及发展趋势等。

(2)地区的市场状况。简要介绍办展所在地区的市场状况,如果展会是国际展,那么介绍的"地区"范围就不仅仅是展会所在的城市和省份,它可能还包括整个国家及其周边国家。上述介绍的"地区"范围究竟该包括哪些地区,主要取决于展会的定位和市场辐射范围的大小。

3.展会招商和宣传推广计划

展会招商和宣传推广计划主要包括:

(1)招商计划。简要介绍展会计划邀请专业观众的办法、范围和渠道。如果展会是已经连续多次举办的展会,那么,对往届展会到会观众的回顾分析将是十分有用的资料。

(2)宣传推广计划。简要介绍展会宣传推广的手段、办法、范围和渠道以及展会计划如何扩大其影响的措施等。展会宣传推广计划是参展商较关注的项目,需要详细列明。

(3)相关活动。简要介绍展会期间将要举办哪些相关活动、各种活动的举办时间和地点以及参展商参加活动的联系办法等。展会相关活动的作用是双重的,它既有对展会的宣传和辅助作用,也有对参展商的宣传和展示作用,有些参展商因此也乐意参加。

(4)服务项目。搞好服务是展会提高竞争力和吸引力的重要手段之一。招展函要告诉目标参展商,如果他们参展,他们将能从展会获得怎样的服务,这些服务包括展会为他们提供的各种有偿服务和免费服务。

4.参展办法

参展办法主要包括:

(1)如何办理参展手续。告诉目标参展商,如果他们计划参展,他们将怎样办理参展手续。

(2)付款方式。列明展会的开户银行、开户名称和账号、收款单位名称、参展商参展的付款办法、应付定金的数额和付款时间等。

(3)参展申请表。预留参展商参展申请表,一旦目标参展商计划参展,他们就可以填写该表并传真回办展单位预订展位,如表5-1所示。

表 5-1 参展申请(样张)

单位名称	中文				
	英文				
联系地址	中文			邮编	
	英文				
联系人		电话		传真	
E-mail					
网址					
申请展位					
展品介绍					
申请单位(盖章):　　　　　负责人签名:　　　　　日期:					

(4)联系办法。列明办展单位的联系地址、电话、传真、网址和 E-mail 等,供目标参展商参展联系之用。

5. 各种图案

为美观或示例，招展函还会附有一些图片和其他图案，如展馆图、展馆周边地区交通图、往届展会现场的图片等。如果有需要，有些招展函还对展馆做一些简要介绍。这些图片既可以对展会相关情况作进一步的说明，也可以起到美化招展函的作用。

5.4.2 编制招展函的原则

展会招展函的内容较多，也较繁杂，在编制招展函时一定要对其内容、图片和版面作仔细的规划和安排，使招展函在展会招展的过程中发挥其应有的作用。一般的，在编制招展函时要遵循以下原则：

1. 内容全面准确

招展函很多时候是参展商了解展会的第一手资料，也是他们最后作出是否参展决策的重要参考资料，在展会与其目标参展商进行沟通和联系时起着重要的作用。因此，招展函所包括的内容一定要全面，要准确，不能有所遗漏，不能出现差错。

2. 简单实用

招展函的内容要全面准确，但不要拖沓和烦琐，要简洁，让人一目了然。招展函的内容要实用，与展会招展无关的内容尽量不要放上招展函。

3. 美观大方

招展函的版式安排、文字图片等的布局要美观大方，让人赏心悦目。但招展函文字的字体要适合人们的阅读习惯，不要因为追求美观而去追求美观。

4. 便于邮寄和携带

由于招展函一般要通过邮寄或者招展工作人员的携带而传递到目标参展商手中，因此，招展函的制作样式要便于邮寄和携带，否则，它不但会给招展工作带来不便，还会增加展会的办展成本。

5.5 展位营销模式规划

展位营销是综合利用展会营销的八要素，结合招展工作人员的努力和展会相关内容的有形展示，用适当的过程传播展会的服务承诺，将展会的展位销售出去的招展活动。在展会的初创阶段，成功的招展是展会成功举办的重要保证。

5.5.1 展会展位营销的特点和要素

展会的展位营销是以有形的展位为媒介来销售一种无形的服务。参展商参加展会而租用展会的展位，其目的不在租用展位本身，也不在于要拥有该展位，而是为了能更好地享受展会带给他的各种服务。比如，如果办展单位邀请观众不力，展会到会参观的观众很少，这时，参展商的展位即使最好又有什么意义呢？展会展位营销的这种特点，使它具有有形的产品营销和无形的服务营销的双重特性。

展位营销的有形产品营销的特性，要求办展单位能熟练使用产品、价格、渠道和促销等产品营销要素;展位营销的无形服务营销的特性,要求办展单位能熟练使用人、有形展示和过程等服务营销要素。为此,展位营销的营销要素有八个,它们是:产品、价格、渠道、促销、人、有形展示、过程和公共关系。

1.产品

产品有双重含义:既指整个展会,也指展会中的某个特定的展位本身。从展会的角度看,展会的题材、质量、档次、品牌效应、服务质量和服务项目等无不对展位营销产生影响;从某个特定展位的角度看,展位的位置好坏和面积的大小直接影响到展位的销售。

2.价格

价格是参展商识别不同展会的一项综合指标。在执行价格策略时,不仅要考虑展位的价格水平、折扣幅度、付款条件等有关价格的绝对数量指标,还要考虑参展商对展会的认知价值、展会的质量价格比(即通常所说的"性价比")、差异化系数等有关价格的相对数量指标。

3.渠道

举办展会的所在地的地区可达性不仅指地理上的,还指传达和接触的其他方式,如宣传信息到达的难易程度、营销渠道的形式及其覆盖的地区范围等。

4.促销

促销包括各种形式的广告和宣传、人员推销、电话推销以及营业推广等,促销在展位营销中使用较多,也是一种非常见效的展位营销方式,经常是有选择地有机配合展位营销使用。

5.人

人有双重含义:一是办展单位的工作人员,另一是客户。展览业是"高接触度"性质的服务业,展会各种服务人员的行为在顾客眼里其实就是展会服务的一部分,其贡献也和办展单位的其他营销人员一样重要。展览业也是一个很重视"口碑"传播的行业,一位客户对一个展会质量的认知,通过口碑传播,会影响到与他有关的一大批其他客户。所以,与"人"的关系对展位营销而言也非常重要。

6.有形展示

有形展示就是想方设法将无形的展会服务用可以看得见的有形事物表现出来,让客户对无形的展会服务看得见摸得着。有形展示包括对展会现场环境的布置、展会服务设备的实物装备和一些实体性线索等。所谓实体性线索,是指那些能明白提示客户其享受的服务的质量和提醒顾客其正在享受哪些服务的指示物,如观众登记的便利性、公布展会的广告及推广计划等。

7.过程

展会服务的递送过程在展位营销中也十分重要,因为展会运作是一个系统的过程,这个系统是由多方面密切配合协调而成的,展会的运作策略、运作程序、手续、服务中的器械化程度、工作人员的裁量权、顾客参与的程度、咨询与服务的流动性等,都是展位营销者需要特别关注的事情。如果上述过程有阻滞,展位营销将遭受打击。

8.公共关系

会展产业是一种多行业汇合在一起的综合性产业,会展既是一项商业活动,也是一个有大量公众参与的社会活动,公共关系对会展的组展、筹备、开展和服务等多个环节都产生重大影响,很多时候,能否搞好公共关系将直接关系到会展能否如期成功举办。会展业对公共关系的重视程度要高于很多其他产业。

展位营销模式策划要能将这八要素有机结合起来,进行科学配置和有效组合,制定出科学的营销策略。下面,我们将对综合利用这些营销要素而产生的一些重要的展位营销模式分别加以介绍。

5.5.2　关系营销

关系营销是指展会与客户、有关机构以及展会服务中间商等建立和保持密切的关系,并通过彼此交换和履行共同的承诺,使有关各方都实现各自的营销目的的营销行为。关系营销的目的是希望与客户等结成长期的相互依赖的关系,发展展会和客户之间的连续性交往,以提高客户的品牌忠诚度来巩固市场,促进展位销售。

现代商业性展会基本都是连续多次举办的,连续举办的展会需要参展商和其他相关机构的连续支持。例如,如果参展商有时参展有时又不参展,展会的招展工作将会受到很大的影响。因此,争取有关参展商的长期参展对展会的稳定发展非常重要。关系营销就是要通过与参展商和其他机构建立长期的稳定关系来赢得它们对展会的长期支持。关系营销可以分成三个层次:

1. 财务性关系营销

财务性关系营销是指营销人员主要以价格为手段,通过价格因素来与企业建立起某种关系,并通过这种关系来刺激和鼓励企业参加展会。财务性关系营销主要依靠价格因素起作用,其局限性比较明显,也很容易被竞争对手所模仿。它较难形成一种长期的竞争优势,只能作为频率性的营销手段来使用。

2. 社会性关系营销

社会性关系营销是指那些以个性化的服务和在财务关系的基础上寻求与客户建立起某种社会性联系的营销策略。它不是漠视价格因素的重要性,而是更多地强调通过个性化的服务和与客户建立起社会性的联系来将潜在的客户和新客户变成忠实客户,并通过这种方法将老客户留住。营销人员可以与企业建立起各种各样的社会性联系,如彼此在交往中成为好朋友,或者相互对某一项活动有浓厚的兴趣而经常共同参与并形成深厚的友谊等。一旦与客户建立起了这种社会关系,如果不出现特别重大的变故,客户与展会的关系将变得非常牢固。

3. 系统性关系营销

系统性关系营销是指将参展商参展和展会服务设计成一个服务价值传递系统,展会通过这个系统而不仅仅是通过营销人员个人与客户建立起紧密的关系。系统性关系营销的服务价值传递系统常常是以顾客价值为基础而设计的,它往往能给顾客带来更大的利益。系统性关系营销的抗干扰能力很强,如果这种营销措施实施得好,客户转向竞争者的机会成本将很高,这使他们即使是在价格差异较大、社会性联系变得不稳固时,也不会轻易地考虑转向竞争对手。

与客户建立并保持某种关系在关系营销中至关重要,那么,展会在营销过程中会与客户建立起什么样的"关系"呢? 一般来说,会有以下五种:基本交易关系、被动式关系、负责式关系、主动式关系和伙伴式关系。

基本交易关系,是展会与参展商维持基本的关系,展会较少主动去联系客户,也较少做展后调查和咨询等工作;被动式关系,是指展会开幕或闭幕后,一旦客户找上门来咨询或提出意见和建议,展会有专门机构负责接待和处理此事;负责式关系,是指对客户对展会的需要和感受采取负责任的态度,通过多种途径了解展会是否达到了客户预期的效果,并收集客户关于改进展会或服务的意见和建议;主动式关系,是指展会经常主动与客户联系,询问客户对展会或其服务的感受,征询客户的意见和建议,并提供展会及其服务的新情况;伙伴式关系,是指展会与客户建立起高度亲密的关系,一些大的服务措施的出台都有这些客户参与的身影。在这些"关系"中,展会真正需要与客户建立和维持的"关系"是伙伴式关系。

关系营销对于针对那些大的参展商或者是那些行业知名企业的招展工作尤其适用,对于一些机构如行业协会等的代理招展工作也非常有效。

5.5.3　合作营销

合作营销是指展会有选择地与一些机构和单位合作,采取一些有效的策略,共同来对展会展位进行营销的一种营销策略。合作营销的目的是通过与有关机构和单位的合作来扬长避短、优势互补,拓宽营销渠道和营销范围,扩大营销覆盖的地域,取得更好的营销效果。

随着展会国际化程度的不断拓展,联合办展已经成为许多展会共同的办展方向,跨地域和跨国界的招展活动越来越需要当地有关机构的配合。在招展时,每个办展单位都有自己的"营销盲点",很难有精力在每个方面都亲力亲为、面面俱到。这时,向合作机构借力,利用合作机构的力量和渠道来扩大展位营销就变得十分必要。

合作营销关键是要选择好营销的合作伙伴和制订在营销过程中需要大家共同遵守的营销规则。好的合作伙伴对展位营销可以起到事半功倍的效果,而良好的营销规则则是保证营销秩序的有效办法。

合作营销的合作伙伴主要有:

(1)行业协会和商会。它们拥有一定数量的会员单位,在行业里有重要的影响力和强大的号召力,信息灵通,是办展单位理想的合作营销伙伴。

(2)国内外著名办展单位。每一个办展单位都有自己擅长的领域和自己的营销渠道,也有自己独特的营销技巧和营销手段,与这些单位合作,能很好地优势互补。

(3)专业报纸杂志。行业内的专业报纸杂志对本行业有一定的影响,也有一批熟悉的客户,对行业发展趋势比较了解,联系比较广泛,不仅可以充当营销宣传的喉舌,还可以直接招展。

(4)国际组织。一些相关的国际组织具有一定的权威性,在国际上有较强大的号召力,与它们合作往往能很好地带动国外企业参展。

(5)各种招展代理。招展代理是与办展单位紧密合作的专门的招展单位,适当地发展招展代理对展会招展很有好处。

(6)行业知名企业。行业知名企业在行业里有一定的号召力,它们的参展对行业企业有一种很好的示范效应,会带动一批企业参展。

(7)国外同类展会。我们可以与国外同类展会合作,在各自的展会上推广对方的展会,或采取其他合作方式争取彼此合作、营销互赢。

(8)外国驻华机构。外国驻华使馆和领馆以及其他机构如贸易代表处、办事处等不仅对该国较熟悉,联系方便,而且对所在国也很了解,它们向该国企业推荐的展会一般都能取得该国企业的信任。

(9)政府有关部门。尽管政府部门正在逐渐淡出经济事务,但政府的行业主管部门对行业的影响仍然很大,与它们合作,不仅有利于招展,还能取得很多其他便利。

(10)网络。网站是一个较好的合作营销伙伴。

展会的展位营销规则往往由办展单位统一制订,并要求合作营销伙伴共同遵守。这些规则主要有:招展价格、展会宣传口径、展会服务承诺、展品范围、各单位招展地域或题材范围、展会展区和展位的划分等。这些规则,合作营销伙伴不得擅自更改,也不得擅自作出决定。合作营销追求的就是在统一规则的统领下,充分发挥各合作伙伴的优势和积极性,为展会展位营销服务。

5.5.4 直复营销

直复营销是一种互动的营销模式,它使用一种或多种媒介,以实现在任何地方产生可以度量的回应和(或)达成交易的营销目的。直复营销的一个特征是展会与客户之间的"互动",彼此之间可以以双向交流的方式传递信息;另一个特征是其营销效果是可以测量的,展会不仅可以确切地知道对营销进行回复的客户的比例,还知道他们回复的内容是什么。

常见的直复营销方式包括:直接邮寄营销、通过 E-mail 营销、电话营销、展会现场推广、直接拜访客户以及利用媒体直复营销等。

1. 直接邮寄营销

直接邮寄营销是指将有关展会的宣传资料、招展书和邀请函等以邮件的方式直接邮寄给目标客户的一种营销方式。它往往是以目标参展商数据库为基础,通过仔细的挑选和分类,在大量甄别的前提下,将资料直接邮寄给确切的目标客户,针对性非常强。直接邮寄的目标客户都是经过精挑细选的,其回复率往往比较高,展会往往能很好地掌握客户的动态。

2. 通过 E-mail 营销

通过 E-mail 营销指通过 E-mail 发送展会及展位信息来营销展位的一种营销方式。如果 E-mail 客户的数量规模较大,这种营销方式又往往被称为"数据库营销",它有赖于建立收集有大量 E-mail 地址的客户数据库。

3. 电话营销

电话营销是指展会的营销人员通过电话直接向目标参展商推销展会展位的一种营销方式。电话营销比直接邮寄的针对性更强,它直接将电话打到目标客户那里,直接与目标客户对话,可以直接得到他们的反应。但如果实施不恰当,它也可能会引起客户的反感。所以,在进行电话营销时,营销人员要注意在合适的时间给客户打电话,要在电话中公开自己及公司的身份和地址等,并如实地介绍自己的展会,不能有意夸大事实而欺骗客户。

4. 展会现场推广

展会现场推广是指展会直接派出营销人员到国内外其他同类展会上去推广自己展会的一种营销办法。营销人员可以在这些展会上租用专门的展位来推广自己的展会,也可以不租用展位而逐个拜访现场客户,征求他们参展的意向,接受企业参展申请。展会现场推广的优势非常明显:它可以直接面对面地与大量目标客户接触,直接倾听他们对参展的意见,可以直接得到他们的回复,效率很高。

5.直接拜访客户

直接拜访客户是指展会的营销人员到目标客户的公司或工厂直接拜访他们,听取他们参展意见的一种营销方式。直接拜访客户往往要事先预约,而一旦预约成功,其效率将非常高,因为,即使该客户这次没有参展,本展会也给他留下了深刻的印象,他下一届参展的可能性会非常大。并且,如果营销人员营销方式高明,被拜访者往往很难拒绝其发出的参展邀请。直接拜访客户的营销方式对于那些大的客户和行业知名企业尤其适用。

6.利用媒体直复营销

电视、报纸杂志和广播等都可以用于直复营销,目标参展商可以从这些渠道得到展会的信息,并通过上述媒体或者直接与办展单位联系而预订展位。例如,将展会招展函等资料委托行业专业杂志随杂志向其客户派发,就是一种非常有用的直复营销方式。

上述各种直复营销方式不但可以单独使用,还可以组合使用。例如,首先在某一媒体上进行有关展会的新闻性报道,然后在有关媒体上做一个含有可反馈信息的展会广告,接着展会自己或者委托行业专业杂志直接向客户邮寄展会资料,再配合电话营销,对重点客户实施直接拜访。如此,与客户维持持续性沟通,营销的效果比单独使用一种直复营销方式要更好。

5.5.5 网络营销

网络营销是以互联网为媒介进行展位营销的一种营销方式。网络营销是随着互联网和电子商务的发展而发展起来的一种新型的营销方式。

在使用网络来进行展会营销时,常用以下办法:建立展会官方网站,在行业专业网站上营销,展会官方网站与相关网站互联,与搜索引擎如百度、谷歌等合作,利用电子邮件,社交媒体如微博、微信、脸书、推特等,展会微站、参展企业微展厅,手机终端(APP)和二维码等。以上方法综合起来,可以分为三大类:一是基于 PC 端的网络营销,二是电子邮件,三是基于移动互联网的网络营销。

1.基于 PC 端的网络营销

(1)建立展会官方网站。即建立展会专门网站,在本书第 4 章有专门论述,这里不再赘述。

(2)在行业专业网站上营销。将展会的有关内容交给行业专门网站或者其他门户网站,由他们帮助在网上推广本展会。展会负责向它们提供展会的有关资料,由它们在网上发布,或者由它们在网上开辟专门主页、专题、专栏等,供客户浏览。

(3)展会官方网站与行业专业网站互联。展会还可以将官方网站与行业专业网站进行友情链接,形成互动,共同对展会进行推广。

(4)通过设定关键词,与百度或者谷歌等搜索引擎合作进行营销。

2.电子邮件

电子邮件(E-mail)既是直复营销的手段,也是网络营销的重要工具,它在展会营销中起着重要的作用。不论是对参展商还是针对观众,电子邮件都能起到及时传播信息和方便沟通的作用。在展会营销中,不论是招展还是招商,利用好电子邮件这种营销工具都具有很大的优势。

用电子邮件对展会进行营销,不论是招展还是招商,都要注意做好以下两点:一是计划性。何时给参展商或者观众发送电子邮件,发送什么内容的电子邮件,给什么受众发送电子邮件,诸如此类的问题,在使用电子邮件进行展会营销时,要提前做好一揽子的计划,不能想到哪做到哪。二是内容的相关性。不论是给什么受众发送电子邮件,都要非常注意策划好电子邮件的内容,做到有针对性,内容简短,方便阅读。不同时期发送的电子邮件尽量使内容有连续性,不能跳跃太大。

3. 基于移动互联网的营销

随着智能手机和掌上电脑的普及,移动网络正日益成为展会营销新的重要平台。通过移动网络打造的"移动展会",也正日益与网站和实体展会一起,成为展会营销新的有效组合。

目前,展会通过移动网络进行营销常用的办法主要有:利用微博、微信、展会微站、参展企业微展厅、手机终端(APP)、二维码、脸书、推特、抖音等。

(1)微博。"微博是地球的脉搏",利用微博营销要注重定位的准确、内容的互动、价值的传递和系统的布局。展会注册微博,每天更新内容就可以跟大家交流互动,或者通过发布大家感兴趣的话题,向外传播展会的信息,树立展会良好的品牌形象。微博营销具有高效率、便捷、精准、自媒体、互动等优势。

(2)微信。微信是腾讯旗下的一款手机通信和社交软件,支持发送文字、图片、视频、语音短信,可以群聊。微信一对一的互动交流方式具有良好的互动性,它能在精准推送信息的同时形成一种朋友关系。借助微信开展展会营销成为继微博之后的又一新兴营销手段,如注册展会的微信公众号、建立参展商朋友圈等。和微博相比,微信不仅是一个自媒体平台,也兼有客户管理的功能。微信与目标受众的互动既可以像微博一样是一对多,也可以是一对一的,针对性非常强,是一种强关系的联络工具。微信营销具有高到达率、高曝光率、高精准度、高便利性等优势。

(3)展会微站。能将展会的主要服务和信息通过手机传播到展会的观众和参展商,让观众和参展商随时随地地通过手机来了解展会的最新动态和服务,精准度非常高,针对性非常强,费用非常低,效率非常高。

(4)参展企业微展厅。参展商能将自己的企业形象和产品方便地发送到展会观众的手机里,实现展前提前推送产品、展中集中展示产品和展后重点推送产品,极大地扩展了参展商的展示空间,使更多的观众能了解到自己的企业和产品。

(5)手机终端(APP)。是随着智能手机的普及而发展起来的一种营销手段,它可以是根据展会营销的需要而做成一个"展会微站"或者"参展企业微展厅"的入口。展会微站可以将展会官方网站中的重要内容及展会需要的其他营销或服务信息集成在这个微网站上,从而建立起展会的移动网站,实现展会与参展商和专业观众的如影随形。企业微展厅帮助参展企业将企业形象和产品方便地传播到展会观众的手机里,最大限度的让专业观众知道和了解自己的企业和产品。展会APP不仅有强大的营销功能,也有强大的服务功能,还有一定的客户沉淀和管理功能。展会可以将一些针对参展商或观众的服务事项在展会APP上推出,方便参展商或观众随时了解和知晓。参展商或观众一旦登录浏览展会APP,展会就可以通过APP沉淀客户数据,并进行客户关系分析和管理。

(6)二维码。作为移动互联网的一个重要入口,经常和微信、APP等一起使用。展会可以为自己制作一个二维码,并将它作为展会微信或APP的入口,参展商或观众只要扫描对该二维码,就可以进入展会微信或 APP,了解展会的资讯;参展商或观众在扫描二维码的时候,展会也已经沉淀了关于他们的数据。二维码可以广泛地应用于展会各种宣传资料和文件中,通过它,可以建立起广泛的展会与参展商或观众之间的联系和互动渠道。

(7)脸书、推特。脸书(Facebook)和推特(Twitter)目前在国内还没有开展业务,如果展会的国际化程度较高,需要做国际营销,则脸书和推特就应该列入展会的网络营销计划,在它们平台上开设账号,做有计划的营销。

(8)抖音等视频网络。一些视频网站如抖音、Youtube 等的用户量也很大,展会可以上传一些小视频进行宣传推广。

和传统的营销方式相比,网络营销的优势非常明显:首先,网络营销不受时空的限制,其营销范围具有全球性,客户只要能上网,就可以在任何地方随时查阅展会的相关信息。其次,网络营销具有交互性。客户可以通过网络及时地反映自己的参展信息,预订展位;办展单位也可以通过网络对客户的要求作出反应,及时满足客户的需求。再次,网络营销可以大幅度减少营销成本。由于有关展会的各种信息都可以在网上看到,办展单位因此可以节省大量的人员出差等费用,成本优势明显。最后,网络营销可以利用网络的互联性来增强办展单位和参展企业之间的协作关系。

【经典案例】

广交会的网络营销

"中国第一展"广交会十分重视网络对展会的营销作用,承办广交会的中国对外贸易中心(集团)专门有一个"信息化部"负责有关网络的事宜,承担广交会网络营销主要任务的广交会网站也建设得颇具特色。

(1)多达 12 种语言版本。广交会是我国外贸的晴雨表,每届的国际采购商有 20 万左右,这些采购商来自世界各地。为发挥网络的营销效果,让世界主要地区的客商能通过网络了解广交会,广交会网站有中(简体和繁体字两种)、英、法、德、意、俄、韩、日、西班牙、葡萄牙和阿拉伯语等 12 种语言的版本,方便各种语言的客户上网浏览。

(2)栏目设置符合展览业要求。为让新老客户、媒体和其他有关方面便利地使用网站,广交会网站设置了了解广交会、采购商指引、参展商指引、新闻中心、服务宝典、网上广交会等主要栏目,有需要的各方可以很方便地找到自己想要了解的内容。

(3)网站首页十分友好。在网站首页,除设置上述主要栏目外,还从满足客户的需求出发,设置了展商展品查询、企业视频推介、网上服务大厅、广交会电子商务、现场服务导航、最新采购信息和产品搜索等栏目,功能很强大。

5.5.6 公共关系营销

公关关系营销是展会利用各种传播手段,与包括参展商、参观商、展会服务商、普通大众、政府机构和新闻媒体在内的各方面公众进行沟通,建立良好的社会形象和创办符合营销环境的活动。

公关关系营销的主要目标是为展会树立良好的形象,并希望通过这个良好的形象来改善展会的经营环境和促进展位销售。除销售展位外,公关关系营销还具有以下作用:第一,可以协助展会拓展新的展览题材,策划举办新的展会;第二,可以促进展会与客户建立良好的关系;第三,可以协助对展会进行调整和重新定位;第四,有利于为展会创造良好的外部环境。公关关系营销的社会公信度一般比较高,更容易被目标参展商及潜在的客户所接受。

公关关系营销的传播方式比较多,它可以利用各种媒体传播,也可以自己进行直接传播。公关关系营销对媒体的利用,主要是以新闻报道的形式出现,而不是做广告。公关关系营销的作用面不仅仅只针对目标参展商,它还针对展会的其他利益攸关方。

公关关系营销通常可以采用以下一些方式:

1. 新闻宣传

展会可以通过新闻发布会、人物专访、记事特写、新闻报道等形式,对外进行新闻宣传。新闻宣传的内容要具有一定的新闻价值,具有一定的时效性,并真实可靠。

2. 公关关系广告

公关关系广告与一般的广告不同,它主要是以宣传展会的整体形象为内容,以提高展会的知名度和美誉度为目的,而不仅仅是为了扩大销售。

3. 社会交往

展会可以通过扩大和社会有关方面的交往来扩大展会的影响,如组织联谊会和俱乐部、进行行业研究、对有关方面进行礼节性和策略性的拜访等,通过扩大社会交往来与各有关方面建立长期稳定的关系。其中,加入国内外有影响的行业协会和积极参加行业活动是极为有效的公关营销活动。

4. 公益或事件赞助

可以以展会的名义对一些富有新闻价值的事件或者公益事业进行赞助,借以提高展会的知名度和美誉度。

公关关系营销一般着眼于长期利益,其营销效果可能不像其他营销方式那样立竿见影。不过,一旦其产生效应,其作用将是长期的和持久的,展会将会长期从中不间断地受益。

5.5.7　基准营销

基准营销是研究主要竞争对手,并以主要竞争对手的经营和营销做法作为本展会制定营销战略和策略的一种展会营销办法。由于世界各国会展业在逐步成熟的过程中都普遍逐步走向相对垄断,基准营销在展会的展位营销中往往被广泛采用。

在会展业走向相对垄断的过程中,随着大量的展会在竞争中逐步走向消亡,一个或少数几个展会品牌成为对该题材展会市场有垄断力量的品牌展会。一旦某一题材的会展市场形成了相对垄断的局面,该市场就呈现垄断或寡头竞争两种基本态势。

垄断:某一题材的会展市场只有一个品牌展会存在,除了一些微不足道的"市场补缺型"小展会,这个展会基本完全垄断了该市场。这种现象在一些中小国家十分普遍。

寡头竞争:某一题材的会展市场同时存在少数几个品牌展会,这少数几个品牌展会之间展开寡头竞争。这种现象主要存在于一些较大国家或那些会展产业还不很成熟的国家。

随着会展业走向相对垄断,在垄断或寡头竞争的态势下,展会之间的"捉对"竞争现象十分普遍。对于这些处于激烈竞争状态下的展会来说,竞争对手的经营和营销战略或策略的变化,有时候比市场需求的变化对其经营活动的影响更大。这时,展会的营销策略和方法的制定,可以以主要竞争对手的营销策略和方法及其变化为基准来制定。

　　基准营销是一种以竞争为导向的营销模式,其所采取的营销策略更多的是出于与竞争对手进行有效竞争的需要。例如,如果竞争对手在一个专业杂志上做广告,自己也在该杂志上做广告;如果竞争对手在一个展会上设展位推广,自己也在该展会上设展位推广等等。

5.6　招展方案

　　上述基础工作策划好后就可以着手策划展会的招展方案了。招展方案是为展位营销而制订的具体执行方案,它是对展会招展工作的整体规划和总体部署,是展会诸多策划方案中的核心方案之一,对展会的招展工作有着重要的影响。编制展会的招展方案,要在全面掌握市场信息的基础上,结合展会的定位,参考展览题材所在行业的特点,对各项招展工作进行统筹规划和科学安排。

5.6.1　招展方案的基本内容

　　招展方案是对展会招展工作的总体规划和全面部署,其内容涉及展会招展工作的方方面面,十分繁杂,总的来看主要有以下几个方面:

　　(1)产业分布特点。从宏观上介绍和指出展览题材所在行业在全国的分布特点,指出各地区的产业发展状况,介绍该产业的企业结构状况及分布情况,这些内容是制定具体招展策略的重要依据。

　　(2)展区和展位划分。介绍展会对展区和展位的划分和安排情况,并附上展区和展位划分平面图。

　　(3)招展价格。列明展会的招展价格及制定该价格的依据。

　　(4)招展函的编制与发送。介绍招展函的内容、印制数量、编制办法和发送范围与发送方法等。

　　(5)招展分工。对展会的招展工作分工作出安排,包括招展单位分工安排、本单位内招展人员及分工安排、招展地区分工安排等。

　　(6)招展代理。对展会招展代理的选择、指定和管理等作出安排,对代理佣金水平及代理招展的地区范围与权限等作出规定。

　　(7)招展宣传推广。对配合展会招展所做的各种招展宣传推广活动作出规划和安排。

　　(8)展位营销模式或办法。提出适合本展会展位营销的各种渠道、具体办法及实施措施,对招展人员的具体招展工作作出指引。

　　(9)招展预算。对各项招展工作的费用支出做出初步预算,以便展会能及时、合理地安排各种所需要的费用支出。

　　(10)招展总体进度安排与控制。对展会的各项招展工作进度作出总体规划和安排,以便控制展会招展工作的进程,确保展会招展成功。

　　在前面,我们已经分别介绍了以上第一至第四项内容,以下各节,我们将介绍第五至第十项内容。

5.6.2　招展分工

展会的招展单位一般不止一个。各单位招展工作混乱和招展地区出现交叉是展会招展工作中的大忌。展会招展分工涉及两方面的内容:各招展单位之间的分工安排和本单位内招展人员及其分工的安排。

1.各招展单位之间的分工

当展会是由几个单位共同来负责招展时,必须明确各招展单位之间的分工,如各招展单位必须共同遵守的招展原则、各招展单位的计划招展面积、各单位负责的招展地区和重点目标参展商、展位费的收取办法、如何具体安排各参展商的具体展位等。对各招展单位的招展工作进行分工,是保证展会顺利招展的重要手段之一。

各招展单位之间的招展分工必须合理、协调和具有可操作性,并兼顾到各方面的利益。如果分工不合理,有些单位就会缺乏招展的积极性,或者有些招展任务根本就是某些招展单位力所不能及的,这将严重影响展会的整体招展效果;如果分工缺乏协调性,就可能使各招展单位之间缺乏沟通,彼此信息不流畅,会出现几个招展单位同时争抢同一家目标参展商的混乱局面;如果分工缺乏可操作性,招展分工就会失去约束力,成为纸上谈兵;如果分工没有兼顾到各方面的利益,就可能会出现各招展单位竞相压价招揽企业参展的不利局面。总之,对各招展单位的招展分工一定要结合各单位的招展实力,充分发挥各单位的优势,做到优势互补、各方共赢,共同圆满完成展会的招展任务。

2.本单位内招展人员及其分工安排

不管展会的招展工作是由几个单位共同负责,还是只由本单位一家负责,招展单位都要对本单位的招展人员及其分工作出安排。首先,要确定招展人员名单;其次,要明确各招展人员负责招展的地区范围和重点目标客户名单;再次,要制订各招展人员的信息沟通和工作协调办法;最后,制定统一安排展位的措施。

和不同单位之间的招展分工一样,单位内招展人员之间的分工也要注意发挥各自的特长,统筹协调。要避免在招展过程中出现招展任务不明确、跟进措施不力、彼此信息不通等现象。

5.6.3　招展代理

指定展会招展代理是办展单位借用外部力量来做大做活招展业务的一种有效手段。它可以扩大招展单位的业务网络,扩大业务规模,提高经济效益。

1.招展代理的种类及其来源

根据展览项目的需要,展会的招展代理一般可以分为一般代理、独家代理、排他代理和承包代理四种形式。公司、相关协会和商会、有关媒体、个人、国外驻华商务处或贸易代表处和公司等都可能成为招展代理。为保证代理的资质可靠,在指定某一机构为代理前必须对其进行资质考察,只有符合条件的才能被正式确定为代理。

2.代理商的权利与责任

聘用招展代理,要明确他们的权利与责任,只有权利与责任明确了,代理的工作才能更好地展开。

代理商的权利包括:按合同规定收取佣金;从办展单位获取招展必需的完整资料;按合同享受办展单位对展会及代理商的宣传推广的支持;在规定的时间内预订的展位能得到

保证。

代理商的责任包括:按合同规定的代理形式和条件切实履行职责,依法经营;对所代理的展览项目进行宣传推广;定期向办展单位有关负责人汇报情况;对办展单位划定的展位不得有异议;维护办展单位和展会的声誉和形象;按办展单位规定的价格(或价格范围)招展,按时收取和缴纳参展款(含定金);不得对办展单位制定的参展条件作私自改动;必须协助办展单位做好参展商的服务工作。

3. 代理佣金

支付给代理商的佣金要根据代理的形式、代理期限的长短、代理商的业绩水平等来综合确定。办展单位给予代理商的佣金和准许代理商给予参展商的折扣要分开;给予参展商的价格折扣由办展单位决定,以免引起招展价格的混乱。

对于代理佣金支付的时间和方法,可根据具体情况分别采取以下办法:第一,定期结算、定期支付,即按季度或月度结付。提取佣金的基数以实际进入办展单位账户的展位费为准。第二,逐笔结算、汇总支付,即代理商每促成一笔交易,办展单位收到由该代理商招来的参展商的参展费后即与之结算,但到规定的时间才支付。第三,逐笔结算、逐笔支付,即代理商每促成一笔交易,办展单位收到由该代理商招来的参展商的参展费后即与之结算并支付该笔交易的佣金。另外,无论采取何种结算支付形式,都必须规定由此引起的营业税和个人所得税的扣缴办法。

4. 代理商的管理

可以由展会的项目负责人负责对该展会招展代理的联络和管理,要管理好各代理商,就必须要做好以下几点:

(1)坚持定期书面报告制度。每隔一段时间,要求代理商必须定期汇报其招展的进展情况。

(2)招展价格的控制。代理商对外招展的价格折扣应严格按照代理合同所规定的价格折扣操作。

(3)收款与展位划定。所有参展商展位的划定一般应由办展单位控制和最后确定,代理商一般无权划位,只能提划位建议。

(4)参展商的参展费。除承包代理外,代理商原则上不得代收参展商的参展费及其他一切费用。个别特殊情况,可允许代理商代收参展商的参展费,但代理商必须在办展单位指定的时间内,将其所代收的参展商的参展费扣除商定的佣金后的余额全部交到办展单位。

(5)累进制折扣的控制。累进折扣的最高佣金比例,应要求相应招展展位达到一定的数量。对于不同的代理商,具体佣金累进折扣可在"分档固定折扣"和"分档浮动折扣"两者中选一。代理商的各种办公费用一般由代理商自行承担。

5. 代理风险的防范

在招展工作中使用招展代理有许多好处,但如果管理不善,也会带来很多风险:

(1)多头对外的风险。如果多个代理商在同一地区招展,则可能会引起多头对外招展,如同一个项目招展条件不一致、招展价格有差异、对外口径不统一等等。

(2)代理商欺骗客户的风险。要尽量防止某些不法代理商以种种手段欺骗客户来获取私利。

（3）损坏办展单位的声誉和形象的风险。出于种种原因，代理商可能有时会有意或无意地做一些损坏办展单位声誉和形象的事。

（4）收款和展位划位混乱的风险。代理商自己划出的展位与办展单位统一的展位安排计划不一致，个别代理商代收参展费时多收款、乱收款等。

（5）展位临期空缺的风险。代理商可能会招不满其当初约定的展位数量，这会导致展会开幕而展位空缺。

对于以上风险，我们要注意采取有针对性的措施，加强防范；万一风险真的发生，我们要及时采取有效的措施加以补救。

5.6.4　招展宣传推广

招展宣传推广是为促进展会更好地招展而有目的有针对性地举行的一些宣传推广活动，这些宣传推广活动是围绕着展会招展基本策略、招展进度和招展目标而制定的，有很强的协调配合性。招展方案要提出招展宣传推广的策略、渠道、时间和地域安排以及宣传推广费用预算等。

1. 招展宣传推广的策略

招展宣传推广的策略包括宣传推广的出发点、主题、亮点，突出展会的个性化特色，从客户出发，处处体现客户利益。

2. 招展宣传推广的渠道

招展宣传推广的渠道可根据招展实际工作需要，选择召开新闻发布会、在专业和大众报纸杂志上做广告、向有关人员直接邮寄展会资料、在国内外同类展会上宣传推广、在网上宣传推广、通过有关协会和商会宣传推广、利用外国驻华机构和我国驻外机构做宣传等多种渠道进行。

3. 招展宣传推广的时间和地域安排

招展宣传推广在时间和地域的分布和安排上要注意与招展实际工作紧密配合，并且要走在招展实际工作的前面，为招展工作造声势、造知名度。宣传推广在时间上要连贯，要有统一的理念和策略作指导；在地域上要因地制宜，但又不彼此冲突。

除招展宣传推广外，展会宣传推广工作还包括展会招商宣传推广和展会整体宣传推广。为论述方便，我们将有关招展宣传推广的具体渠道和办法放在下一章里统一介绍。

5.6.5　招展预算

招展预算是为招展各项工作的顺利进行而做的费用支出预算。它是在各招展工作筹划基本已定的基础上，对展会招展可能需要的费用支出作出的整体安排和具体支出计划。招展预算的编制应从招展工作的实际需要出发，本着统筹安排、合理利用的原则，实事求是地编制。

展会的直接招展费用主要包括：

（1）招展人员费用，包括招展工作人员的工资、差旅费、办公费等。

（2）招展宣传推广费用。

（3）代理费用。

（4）招展资料的编印和邮寄费用。

（5）招展公关费用。

（6）其他不可预见的费用。

招展预算要编制得细致，费用支出要安排得合理，能满足招展工作顺利开展的需要。招展预算还要本着节约的原则，只有确实需要支出的费用才可进入预算支出，这样可以严格控制展会的招展成本，防止招展费用失控。另外，招展预算的费用支出要注意在时间安排上与招展工作的实际需要相配合，不能出现工作开始时费用充足而最后费用不够，或者是开始不愿支出而最后拼命追加费用支出等不良现象。

5.6.6　招展进度计划

所谓招展进度计划，就是在招展工作开始实施之前，就对招展工作及其要达到的效果进行统筹规划，事先安排好什么时候该开展什么样的招展活动、采取什么样的招展措施、到什么阶段招展工作要达到什么样的效果、完成什么样的任务等。有了招展进度安排，就可以对展会招展工作进行总体控制和监督，及时对照检查，发现问题，调整策略，使招展工作能更顺利地完成，从而保证展会成功举办。招展进度安排一般用表格的形式来表现，如表 5-2 所示。

表 5-2　招展进度计划表样张

时间	招展措施	宣传推广支持	计划完成的招展任务

有了这样一张招展进度计划表，就可以有条不紊地按计划开展招展活动，并对招展效果进行及时检查，如果发现没有达到招展阶段性目标，就及时采取补救措施，促进招展任务的顺利完成。

招展进度计划一旦制订，就要按该计划将招展工作一步步地展开，努力按计划完成每阶段的招展任务。当然，如果具体情况发生了变化，招展进度计划也可以进行局部调整以适应新情况的需要；但是，如果不是该计划制订得不合理，招展进度计划一般不要做过多的大幅度调整，否则招展工作进度将会受到很大影响。

▷【复习思考题】

1. 目标参展商数据库对展会的招展有何作用？

2. 简述划分展区和展位的原则。

3. 如何制定展会的招展价格？

4. 展会招展函包含的主要内容是什么？

5. 如何理解展会展位营销的特点和要素？

6. 展会招展方案的基本内容有哪些？

第6章

展会招商与宣传推广策划 ≫ ≫ ≫ ≫

▷【本章要点】

　　本章主要讲述展会招商和宣传推广方案策划方面的内容。主要包括：展会宣传推广与展会招商的关系；如何编写展会通讯与观众邀请函；展会招商方案的基本内容；如何编写展会招商方案；展会整体宣传推广的特点、步骤和内容；如何制订展会新闻发布会、专业媒体宣传推广计划、同类展会宣传推广计划、大众媒体宣传推广计划、专项宣传推广计划、展会整体宣传推广进度计划等各种宣传推广计划。

　　参展商和观众是展会腾飞的两翼；参展商是展会存在的根基，没有参展商展会也就失去了存在的基础；观众是展会发展的翅膀，没有观众展会也就没有发展的后劲。展会招展策划完成之后，如何确保展会有足够数量和质量的观众到会参观及有较高的知名度，是展会招商和宣传推广策划要重点考虑的问题。

6.1　区别对待招商与宣传推广

　　展会招商是指展会通过各种方法和渠道邀请观众到展会参观。展会招商与展会宣传推广关系密切，互相影响，互相促进，在展会筹备的很多实际操作中，往往很难将它们彻底分开。因此，在进行展会策划时，人们常常将它们结合起来统筹规划，分步实施。

6.1.1　展会招商

　　拥有一定数量和质量的观众，是许多展会所竭力追求的方向，也是一个展会成功的重要标志之一。为了使展会办得成功，展会都会千方百计地邀请尽量多的目标观众到会参观。

　　展会观众有专业观众和普通观众之分。所谓专业观众，又称买家或贸易观众，是指从事展会上所展示的某类展品的设计、开发、生产、销售或者服务的专业人士以及该产品的用户。所谓普通观众,就是除专业观众以外的其他观众。根据展会的性质不同,有些展会只对专业观众开放,有些展会则允许所有观众进场参观但对普通观众的参观时间加以限制。

展会观众还可以分为有效观众和无效观众。所谓有效观众,是指到展会参观的专业观众及参展商所期望的其他观众,是具有一定质量的观众,对展会来说不可或缺;所谓无效观众,是指展会参展商所不期望的那些观众,他们对展会来说是可有可无的。

可见,并不是所有的观众对展会来说都是有用的,展会往往更需要那些有效观众。对于专业展会来说,如果无效观众过多,就会对展会的正常商务活动产生不利的影响,如展会现场太嘈杂而影响商务谈判等等。因此,如果允许普通观众入场参观,展会就要努力使有效观众在到会观众的总量中保持一定的比例,否则,展会在观众方面会只有数量而没有质量,展会的展出效果将难以保证。

但是,从另一个角度来说,"无效观众"对展会来说并不是就没有一点作用,实际上,只要他们的数量适中,他们对增加展会人气、活跃展会气氛、扩大参展商的广告效应和知名度也是有很大作用的,只不过他们的数量不能太多,否则就"喧宾夺主"了。

展会招商和招展是互相影响、互相作用的。一方面,如果展会招商效果好,到会观众数量多,质量上乘,参展商的展出效果就有保证,企业就更乐意来参展;反之,参展商的展出效果就难有保证,企业参展的积极性就会降低;另一方面,如果展会的招展效果较好,参展企业尤其是行业知名企业较多,展品新,信息集中,观众到会参观就会更加踊跃。可见,展会招商做好了对展会招展很有帮助,同样,展会招展做好了就更有利于展会招商。

6.1.2　展会宣传推广

从本质上看,展会宣传推广是在宣传和推广展会的各种服务。因为,对参展商和观众来说,展会仅仅是各种服务的一个有形载体,参展商和观众之所以要参加展会,是因为他们想得到展会提供的各种服务,如果享受不到这些服务,展会对他们来说就是形同虚设。

一般的,展会宣传推广主要有以下五个任务:第一,促进展会招展;第二,促进展会招商;第三,建立展会的良好形象,创造展会竞争优势;第四,协助业务代表和代理们顺利展开工作;第五,指导内部员工如何对待客户。其中,促进展会招展、招商和建立展会的良好形象是其最为核心的任务;而指导内部员工如何对待客户则是最容易被展会宣传推广所忽视的任务。

为达到上述目标,在进行展会宣传推广策划时,要根据实际需要规划好以下四个方面的内容:第一,时间跨度。也就是宣传推广的时间范围,从何时起到何时止。第二,地域。即宣传推广活动传播的地域范围。第三,目标受众。也就是宣传推广活动主要是针对哪些人的。第四,性质描述。即要明确宣传推广的主要目的和重点内容是什么,用什么方式将他们准确形象地表达出来并传递给目标受众。

展会宣传推广常见的有五种类型,如表 6-1 所示。

表 6-1　展会宣传推广的类型

类型	目标	重点	适用阶段
显露型宣传推广	迅速提高展会的知名度	展会的名称、办展时间和办展地点等简单明了、便于记忆的展会信息	在展会创立的初期,或在展会已经有了一定的名气后作为对客户进行定期"提醒"之用
认知型宣传推广	增加受众对展会的认知度	展会的特点、优势等较详细的内容	在行业对展会已有一些初步了解后展会作进一步的招展和招商时实施
竞争型宣传推广	与竞争对手展开竞争或进行防御	展会的特点、优势或与竞争对手针锋相对的措施	在展会受到竞争对手的威胁,或展会意欲与其他展会展开竞争时使用
促销型宣传推广	在短期内推动展位销售或招揽更多的观众	参展商或者观众所关心的主要问题	在展会招展和招商时使用
形象型宣传推广	增加展会的美誉度	追求目标受众对本展会定位及形象的认同	几乎可以在展会筹备的任何阶段实施

不管是哪种类型的展会宣传推广,都要注意遵循以下原则:

1.只承诺能提供的

展会宣传推广时向客户承诺什么非常重要,因为客户可能会基于这些承诺而对展会产生各种期望,如果届时展会无法实现当初的承诺,客户将会非常失望,展会将因此而受到极大的伤害。展会宣传推广时只承诺展会能提供的东西,避免客户对展会产生过高的期望。

2.注重宣传推广的连续性

展会宣传推广要有连续性,其对展会定位、主题、优势和特点等的宣传要一如既往,不能变幻不定,只有这样,展会才能在客户心目中留下深刻的印象,否则,客户将会无所适从。

3.不忽视内部营销

展览本质上是给客户提供一种服务,这些服务有许多是要通过展会的员工来完成的,因此,员工不仅要明白需要向客户提供哪些服务,还要明白如何提供这些服务并努力提高服务的质量。展会宣传推广不仅要面对展会以外的客户,还要面对展会的内部员工,展会一定要让自己的内部员工明白自己在宣传推广时向参展商和观众承诺了什么,以便让所有的员工都能按该承诺行事,努力实现该承诺。

4.使用行业和客户熟悉的语言

展会宣传推广要尽可能地使用行业和客户熟悉的语言,不要使用太抽象的描绘而影响客户对展会的认识和理解,也不要用一些模棱两可的语句而误导客户对展会的期望。

6.1.3　展会宣传推广与展会招商的关系

展会宣传推广与展会招商关系密切。在展览业的实际操作中,很多时候都是将展会的招商方案和展会的宣传推广方案合二为一,作为一个方案加以策划和实施。

1.联系

(1)两者互相影响,相互促进。在具体实施过程中,尽管展会宣传推广各阶段的主要目的不同,但它对展会招商都有影响,在很多时候还能直接促进展会招商;尽管展会招商的主要目的是吸引更多的观众到会参观,但从某种意义上看,其招商的具体过程也是间接地对展会进行宣传推广的过程,有时候它还是直接的展会宣传推广。

(2)两者互相补充。展会宣传推广与展会招商在具体实施时经常是互相补充的。有些渠道如果进行展会宣传推广往往成本过大,这时,可以用展会招商活动来弥补,通过招商活动来间接地对展会进行宣传;反之,有些渠道通过展会宣传推广比仅仅进行展会招商效果更好,这时,通过展会宣传推广来进行展会招商更能吸引观众。

(3)两者共同为展会成功举办服务。尽管各自的具体目标不同,但展会宣传推广与展会招商的共同服务对象却是相同的,那就是促进展会的成功举办。所不同的只是,展会宣传推广是从招展、招商、树立展会形象等多方面来促进展会成功举办,展会招商则主要是从吸引更多的观众到会参观这一方面来起促进作用。

2.区别

但是,展会宣传推广与展会招商又是有重大区别的两个范畴,在策划其各自的方案和具体实施其方案时不能混为一谈。

(1)任务不同。展会宣传推广的目标不仅仅在于展会招商,它是为整个展会服务的,它最为核心的任务有三个,展会招商只是其中之一;展会招商最核心的任务只有一个,就是吸引更多的有效观众到会参观。

(2)实施步骤不同。展会宣传推广是一个连续的整体,系统性很强,在具体实施时应根据展会筹备的实际需要,分阶段、有步骤、有计划地实施,并且各个实施阶段的重点目标有所差别。展会招商的阶段性较弱,在具体实施中,其主要目的也始终不变,那就是吸引更多的观众到会参观。

(3)实施渠道不尽相同。展会宣传推广的渠道主要是借助于一些公开的媒体如报纸杂志和网站等。展会招商除了借助于这些公开的媒体外,还有其他的专项渠道如直接邮寄、合作营销和人员推广等。从总体上看,展会宣传推广的渠道基本都可以用于展会招商,但展会招商的渠道却不一定都适用于展会宣传推广。

6.2　展会通讯与观众邀请函

在介绍如何策划展会招商和宣传推广之前,我们先来介绍如何策划和制作两个协助展会招商与宣传推广的有力工具:展会通讯和观众邀请函。展会通讯是根据展会的实际需要编写的、用来向展会的目标客户通报展会有关情况的一种宣传资料;观众邀请函是根据展会的实际情况编写的、用来进行展会招商的一种宣传单张。

6.2.1　目标观众数据库

所谓目标观众,主要是指"专业观众"和"有效观众"。这些观众可能是该展会展览题材所在行业的人士,也可能是与该题材所在行业有关联的行业的人士。展会招商是在了解了上述观众所在行业、观众的基本数量、需求特征和分布状况的前提下进行的。因此,建立一个完整实用的目标观众数据库,对展会招商具有十分重要的作用。

展会目标观众的范围比展会目标参展商的范围要广,其涉及的行业也要多。在进行展会招商时,不能把目标观众的范围仅仅局限在展会展览题材所在的行业,还要考虑其相关行业和其产品的各种用户所在的行业。如体育用品博览会的目标观众除了体育行业以外,还有众多的健身休闲产业、房地产行业、各种会所等。

目标观众数据库是将已经掌握的所有目标观众的有关信息按照一定的规则而建立的数据库,它是在掌握了大量目标观众的信息的基础上建立起来的。展会目标观众的信息可以通过以下渠道来收集:

(1)通过行业企业名录收集。使用时要注意不要仅仅局限于展览题材所在的行业,还要收集相关行业的信息。

(2)通过商会和行业协会收集。包括展览题材所在行业及其相关行业的商会或者协会。

(3)通过政府主管部门收集。

(4)通过专业报刊收集。包括展览题材所在行业的专业报纸和杂志以及其他相关行业的专业报纸和杂志。

(5)通过同类展会收集。

(6)通过外国驻华机构收集。

(7)通过各种专业网站收集。

(8)通过各地的电话黄页收集。

收集目标观众的信息,除了要收集他们的姓名、地址、联系电话、传真、E-mail和网址等基本信息外,还要注意收集他们的产品需求倾向。收集到上述信息后,我们就可以着手建立目标观众数据库了。

建立目标观众数据库也要遵循一些基本原则:第一,数据库要有一定的数据量,这样,我们在以后招商时才会有足够的目标客户来源。第二,分类科学合理。第三,数据真实可靠。第四,便于查找和检索。第五,可以及时修改。另外,数据库的用户界面要友好、简洁、一目了然;数据库要适合在局域网上使用,支持多用户同时使用;对数据库基本的修改要有一定的权限限制,不能人人都可以对数据库的数据加以修改。

展会目标观众的身份不是一成不变的,它有时还是展会潜在参展商的一个重要来源。有些人在这一届展会可能是展会的观众,但下一届可能就是展会的参展商,当展会越办越好时,这种转变就尤其明显。因此,目标观众数据库既是展会招商时目标观众的重要来源,也是展会招展时目标参展商的潜在来源。在建立目标观众数据库时,我们要充分考虑到这种转变,不要将目标观众数据库和目标参展商数据库截然分开,而要让它们两者之间保持某种联系,以便对它们加以充分利用。

6.2.2　展会通讯

在展会的筹备阶段,展会的目标参展商和目标观众往往很想了解展会的筹备进展情况如何。例如,展会的目标参展商希望了解展会将会邀请什么样的专业观众到会参观,展会的目标观众则希望知道有哪些企业带着什么样的产品来参展。他们对这些信息的了解程度,将严重影响到他们作出是否参展或参观的最终决定。如果上述信息不能及时传递到他们手中,展会可能因此而失去大批客户。如何才能将上述信息及时准确地传递到上述客户手中呢?制作展会通讯是解决这一问题的常用手段。

　　展会通讯,又叫展会快报,也叫展会特刊,是根据展会的实际需要编写的、用来向展会的目标客户通报展会有关情况的一种宣传资料,它常常是一本小册子,或者是一份小小的报纸。展会通常以直接邮寄或发送 E-mail 的方式将它及时地邮寄或发送给其目标客户(即展会的目标参展商和目标观众)。

　　展会通讯的邮寄或发送有赖于展会目标观众数据库和目标参展商数据库的建立和完善。如果没有这两个数据库,展会通讯的邮寄或发送就会出现困难。

　　展会之所以要及时编制和向目标客户直接邮寄或发送展会通讯,是因为展会通讯有以下五个方面的重要作用:

　　(1)可以及时准确地向展会的目标客户传递展会的有关信息,与目标客户保持经常的联络和信息沟通。

　　(2)可以扩大展会宣传推广的范围和渠道,建立展会良好形象。展会通讯一般是通过直接邮寄或 E-mail 向目标客户发送,针对性非常强,有效率极高,宣传效果明显。

　　(3)可以促进展会招展。展会通讯里有关当地市场和展会招商内容的通报,往往能对促进企业参展产生积极的作用,而对已经参展的行业知名企业的通报则能对其他企业参展产生积极的示范作用。

　　(4)可以促进展会招商。通过展会通讯,及时地告诉展会的目标观众有哪些企业已经参展,展会将展示哪些产品,有哪些新产品将在展会上首次亮相,这对吸引观众到会参观有较大的帮助。

　　(5)可以为展会目标客户提供良好的信息服务。展会通讯的内容往往不仅仅只包括展会的有关情况,它常常还包括展会展览题材所在行业的国内外市场信息和行业动态。

　　要切实地起到上述作用,展会通讯就必须要包含较为实用和较为丰富的内容,否则,展会通讯就会流于形式,不会受到展会目标客户的欢迎,也起不到其应有的作用。展会通讯要包含的内容如表 6-2 所示。

表 6-2　展会通讯包含的内容

包含的内容	描　　述
展会基本内容	展会名称、举办时间和地点、办展单位、展会 LOGO、展会特点和优势等,上届展会的总结和展览现场的有关图片等
市场信息和行业动态	本展会展览题材所在行业国内外市场状况、行业动态和发展趋势等
招展情况通报	除了通报所有参展企业名单外,一般还会将一些行业知名企业的参展情况重点通报
招商情况通报	包括招商的渠道、招商宣传推广、招商措施和招商效果等
宣传推广情况通报	包括各种宣传推广渠道、办法和时间安排,以增强客户参展和观众参观的信心
相关活动情况通报	告诉目标客户展会期间将举办一些什么样的相关活动
参展(参观)回执表	包括参展(参观)申请人的单位名称、地址、联系人、联系办法,参展(或感兴趣的)产品介绍,办展单位的联系办法和联系人等

展会通讯一般是分期编印。根据展会进展的实际需要,展会通讯的编印具有一定的阶段性,并不是每一期的展会通讯都必须包含上述内容:在展会筹备的初期,展会通讯的内容要偏重于能促进展会招展的有关信息;在展会筹备的中后期,展会通讯的内容要偏重于能促进展会招商的有关信息;在展会已经成功举办并开始筹办下一届展会时,展会通讯里就必须包含对上一届展会进行总结的内容。

展会通讯通过直接邮寄或 E-mail 发送到目标客户并对他们的参展(参观)决策产生影响,为此,必须要促使客户在拿到展会通讯时愿意看、能够看,否则,展会通讯即使是邮寄到客户手中,客户也会将它当作垃圾宣传物一样扔掉,这样,展会通讯就起不到任何作用。因此,在编印展会通讯时要做到:

1. 具有知识性、时尚性和趣味性

展会通讯的内容切忌死板,对于各种信息的提供不要像记流水账,让人读起来索然无味。展会通讯要富有趣味性,让人读起来不会味同嚼蜡;尽管展会通讯是为展会服务的,但展会通讯的内容不能只局限在有关展会的信息上,展会通讯还必须及时传递相关行业的动态和市场方面的信息,使客户在接受行业动态和市场信息时了解展会。

2. 外观美观大方

展会通讯的制作要符合展会的定位和档次,外观看起来要赏心悦目、美观大方,整体版式设计要便于邮寄和发送,文字字体和编排要便于阅读。

3. 内容短小精悍,信息真实可靠

展会通讯里的各种文章不应冗长,内容要简洁流畅,短小精悍,所传递的各种信息要经得起推敲,要做到真实可靠。

【经典案例】

中国建博会(广州)特刊

中国建博会(广州)是目前世界上该领域里展览面积最大的展会,由中国对外贸易中心(集团)和中国建筑装饰协会联合主办,每年 7 月 8—11 日在广州举办。中国建博会(广州)以大家居建装行业"冠军企业首秀平台"为定位,以涵盖大家居建装行业全产业链的特色独树一帜,建筑装饰领域各细分题材的一线品牌几乎全部参展。

2018 年 7 月 8—11 日,第 20 届中国建博会(广州)吸引了来自中国(包括香港、台湾)25个省(区、市)以及海外地区的 2000 多家品牌企业参展,展览面积 41.6 万平方米,到会观众来自全国包括港澳台 34 个省(区、市)以及其他 111 个国家和地区,展会规模继续雄居全球同类展会之首。

以下是该展会的特刊封面和封底:

6.2.3　观众邀请函

观众邀请函是根据展会的实际情况编写的、用来进行展会招商的一种宣传单张。观众邀请函是专门针对展会的目标观众,尤其是那些专业观众而设计和发送的。观众邀请函一般也是通过直接邮寄或 E-mail 的方式发送到目标观众手中。观众邀请函的发送也有赖于目标观众数据库的建立和完善。观众邀请函的主要作用在于邀请专业观众到会参观,其发放的针对性非常强,效果往往也很好。观众邀请函主要包括以下内容:

1. 展会基本内容

展会基本内容包括展会的名称、举办的时间和地点、办展单位、展会的LOGO、本展会简单介绍如展会的特点和优势等。

2. 展会招展情况

展会招展情况包括展出的主要展品、参加展出的新产品和展会招展情况,一般还会将一些行业知名企业的参展情况进行重点通报。

3. 展会期间计划举办的相关活动

列举展会期间举办的相关活动的时间、地点和主题,以方便观众提前安排时间与准备。

4. 参观回执表

参观回执表包括参观申请的联系办法和联系人等,方便观众预先登记。

观众邀请函的内容比展会通讯更简洁、更集中,其所有的内容都在于吸引观众到会参观。因此,对展会的特点、优势、展品和参展企业的介绍就成为观众邀请函最为主要的内容。当然,如果展会已经举办过几届,那么对上届展会简短的总结也常常是观众邀请函所包含的内容。

　　观众邀请函也是展会进行直复营销的有力武器,它在邀请观众到会参观的同时,也直接扩大了展会的宣传推广,间接地帮助了展会的招展工作。因此,观众邀请函也常常被用来作为进行展会宣传推广的一种有力武器。

6.3　展会招商方案策划

　　招商方案是在展会招商和宣传推广策划的基础上,为展会邀请观众而制订的具体执行方案。招商方案是对展会招商工作的整体规划和总体部署,在编制展会的招商方案时,要在全面掌握展会目标观众信息的基础上,结合展会的定位,参考展会展览题材所在行业及其相关行业的特点,对各项招商工作进行统筹规划,合理安排。

6.3.1　展会招商方案的基本内容

　　展会招商方案是为展会邀请观众而制订的具体执行方案,它是在充分了解展会展品的需求市场的基础上,合理地安排招商人员在适当的时间里通过合适的渠道而进行的展会招商活动,是对展会招商活动进行的总体安排和规划,目的是力求保证展会开幕时能有足够的观众到会参观。展会招商方案中邀请的重点观众是那些符合展会需要的专业观众,不过,如果展会因为需要一定数量的普通观众到会参观而也对普通观众开放,这样展会招商的对象就还要包括普通观众。为此,招商方案的内容要兼顾到对这两类观众的招商。展会招商方案常要包含以下内容:

　　1.制订招商方案的依据

　　制订招商方案的依据包括:展会展品的主要消费市场的地域分布状况和需求情况、展览题材所在行业及其相关产业在全国的分布状况、相关产业在各地区的发展现状、各有关产业的企业结构及分布情况等。这部分内容一定要符合各有关产业的实际情况,否则,以此为依据制订的展会招商方案就会与实际情况严重脱节,没有可操作性。

　　2.展会招商分工

　　展会招商分工包括对各办展单位之间的招商分工进行安排,对本单位内部招商人员及招商工作分工进行安排,对各招商地区的分工进行安排等。

　　3.展会通讯及观众邀请函的编印和发送计划

　　该计划包括这两份文件的内容规划、印制数量、编印办法和发送范围与方法等。

　　4.招商渠道和措施

　　招商渠道和措施提出展会招商计划使用的各种渠道,以及针对各招商渠道计划采取怎样的招商措施。

　　5.招商宣传推广计划

　　招商宣传推广计划包括对配合展会招商所做的各种招商宣传推广活动作出规划和安排。

　　6.招商预算

　　招商预算对各项招商活动的费用支出作出初步预算,以便展会及时、合理地安排各种所需费用的支出。

7.招商进度安排

招商进度安排对展会的各项招商活动进度作出总体规划和安排,以便控制展会招商工作的进程,确保届时展会有足够数量和一定质量的观众到会参观。

6.3.2　招商分工

展会招商分工涉及的内容有两个方面:办展单位之间的招商分工和本单位内部招商人员的安排及其分工。

1.各办展单位之间的招商分工

办展单位每招到一个参展商就会给它带来直接的经济收益,和招展不同,办展单位招到观众往往不能直接给它带来看得见的经济收益。展会招商工作的经济效益的这种隐形性和间接性使一些展会常常会出现“重招展、轻招商”的错误倾向。当展会是由几个单位联合举办时,这种现象更为突出,结果,使得展会开幕后到会观众的数量或质量不理想,展会展出效果不能令人满意。

为避免出现上述不利局面,当展会是由几个单位联合举办时,必须明确展会的招商工作是由谁来负责;如果展会的招商工作是由各办展单位共同来负责的,就必须明确各办展单位之间的招商分工。各办展单位之间的招商分工,包括明确各单位必须共同遵守的招商原则、对各单位负责的招商地区(或行业)和重点目标观众的划分、对招商费用的预算和支付办法的规定、对重点目标观众的邀请和接待的安排等。

对各单位的招商分工必须合理,并经常进行协调。由于展会招商效益具有间接性,如果招商分工不合理,有些单位就会缺乏招商的积极性,这将严重影响展会的整体招商效果。由于展会招商效果具有隐形性,如果展会的招商工作不进行经常性的协调,各单位之间的招商工作就会出现步调不一致的混乱局面。总之,对各单位的招商分工一定要结合各单位的招商实力,充分发挥各单位的优势,做到优势互补,圆满做好展会的招商工作。

2.本单位内招商人员及其分工安排

有时候,尽管展会是由几家单位联合举办的,但展会的招商工作往往还是由其中的一家单位来负责。不管展会的招商工作是由几个单位共同负责,还是只由一家单位负责,有招商任务的单位都要对本单位的招商人员及其分工作出安排。

对本单位的招商人员及其分工作出安排,首先,要确定主要负责招商的人员的名单,明确其主要任务是进行展会招商而不是招展;其次,要明确各招商人员负责招商的地区范围和重点目标观众;再次,要制订各招商人员的信息沟通和工作协调办法;最后,对重点目标观众要制订统一的接待安排计划。

6.3.3　招商渠道

不管展会招商是几个单位共同负责,还是由一家单位负责,展会招商都要通过一定的渠道来进行。展会招商的渠道如表6-3所示。

表 6-3　展会招商渠道

渠　道	描　述
专业媒体	主要是针对专业观众,可以合作招商,也可以做广告
大众媒体	主要是针对普通观众,在临近展会开幕时进行
行业协会和商会	针对专业观众,是展会理想的合作招商伙伴
国内外同类展会	观众的范围也基本相同,是一个理想的招商场所
参展商	尽量让每一个参展商都带自己的客户群来展会参观
网络	传递信息迅速便利,联系广泛
国内外办展单位	与这些单位合作招商,能很好地优势互补
国际组织	与它们合作往往能很好地带动国外观众到会参观
招商代理	是与办展单位紧密合作专门进行展会招商的单位
外国驻华机构	与它们合作能较好地带动国外观众到会参观
政府有关部门	政府的行业主管部门对行业的影响仍然很大
举办相关活动	可以在展会开幕前或展览期间以事件营销的方式招商

根据展会的实际情况,对于上述招商渠道,可以有选择地采用其中的一个,也可以同时采用几个渠道进行展会招商。

6.3.4　招商宣传推广

展会招商宣传推广是为促进展会更好的招商而有目的有针对性地举行的一些宣传推广活动,这些宣传推广活动是围绕着展会招商的目标而制定的,有很强的目的性和配合性。在展会招商方案里,我们要提出展会招商宣传推广计划,包括宣传推广的策略、渠道、时间和地域安排以及费用预算等。

(1)招商宣传推广的策略。包括宣传推广的出发点、主题、亮点等。在策略上要注意紧扣展会的定位和主题,突出展会的优势和个性化特色,从客户的角度出发,处处为客户的利益着想。

(2)招商宣传推广的渠道。如上一节提到的各种渠道,可以根据招商工作的实际需要来选择和组合利用。

(3)招商宣传推广的时间和地域安排。招商宣传推广在时间的安排和地域的分布上要注意与招商的实际工作紧密配合,并且要走在招商实际工作的前面,为招商工作造声势、造知名度。宣传推广在时间上要连贯,要有统一的理念和策略作指导;在地域上要因地制宜。在重点招商的时间段和重点招商的地区,要加大宣传推广力度,增强宣传推广的针对性。

展会招商宣传推广是展会整体宣传推广中的一项重要内容,在这里,我们只简单介绍招商宣传推广的基本原则,至于其具体内容,我们将在后面"展会整体宣传推广计划"里详细讨论。

6.3.5　招商预算

招商预算是为招商各项工作顺利进行而做的费用支出预算,它是在各项招商工作筹划基本已定的基础上,对展会招商可能需要的费用支出作出的整体安排和具体支出的计划。编制招商预算,应从招商工作的实际需要出发,本着统筹安排、合理利用的原则,实事求是地进行。展会的直接招商费用主要包括:

(1)招商人员费用。包括招商工作人员的工资、差旅费、办公费等。

(2)招商宣传推广费用。

(3)招商代理费用。

(4)招商资料的编印和邮寄费用。

(5)招商公关费用。

(6)其他不可预见的费用。

招商预算的编制要本着节约的原则。只有确实需要支出的费用才进入预算支出,这样可以严格控制展会招商成本,防止招商费用失控。招商预算还要编制得细致,费用支出安排要合理,能满足招商工作顺利开展的需要。费用支出安排要注意在时间上与招商工作的实际需要相配合,不能出现开始时费用充足而最后费用不够,或者是开始不愿支出而最后拼命追加费用支出等不良现象。

6.3.6　招商进度计划

招商进度计划是对展会招商工作及其要达到的效果进行统筹规划,事先安排好什么时候该开展什么样的招商活动、采取什么样的招商措施、到什么阶段招商工作要达到什么样的效果、完成什么样的任务等。

展会招商工作是一项阶段性和时间性都很强的工作。一方面,当展会筹备工作进行到不同的阶段时,就要相应地采取不同的招商措施予以配合,不然,招商的效果就会不太理想;另一方面,展会招商工作要非常注意时间安排的合理性和配套性,注意"到什么时候做什么事",如果时间安排不合理,招商工作的效果将微乎其微,难见成效。

展会招商进度计划一般用表格的形式来表现,如表 6-4 所示。

表 6-4　展会招商进度计划(样张)

时间	招商措施	宣传推广支持	计划达到的招商效果

有了这样一张招商进度计划表,就可以有条不紊地按计划开展招商活动,并对各阶段的招商效果及时进行检查。如果发现没有达到招商的阶段性目标,就可以及时采取补救措施,促进招商任务的顺利完成。

【经典案例】

刚创立的新展会的典型招商进度计划

展会开幕前12个月：展会招商方案策划完毕，招商工作开始，进行一些显露性的和提示性的招商宣传推广活动；

展会开幕前9个月：随着展会招展活动大规模的实施，展会招商活动也逐步展开，招商宣传推广转为对招商活动的直接支持性宣传；

展会开幕前6个月：与各行业协会和商会、国际组织等机构的合作招商工作正式开始，招商宣传推广活动范围缩小，目标更明确；

展会开幕前3个月：展会招商工作大规模地展开，对普通观众的宣传推广力度开始加强，对专业观众开始实施各种客户跟踪服务；

展会开幕前后：大众媒体成为重点宣传推广的阵地。

6.4　展会整体宣传推广计划

展会的招展宣传推广和招商宣传推广可以独立实施，也可以按展会实际需要分别做计划，然后再与展会整体宣传推广进行综合协调，最后融入展会整体宣传推广计划里统一实施。后者在展览业的实际操作中使用得更为广泛。

6.4.1　展会整体宣传推广的特点

展会整体宣传推广工作是展会的"导航器"，很多客户都是通过展会宣传推广活动才开始认识和了解展会的。很多展会都指定专门的人员来负责宣传推广工作。展会整体宣传推广是一项复杂的工作，肩负的任务多，工作量大，如果不了解它的特点，通常较难把握并容易出差错。展会整体宣传推广具有以下一些特点：

1. 整体性

展会整体宣传推广的任务是多重的，它服务于整个展会，它要兼顾促进展会招展、促进展会招商、建立展会的良好形象和创造展会竞争优势、协助业务代表和代理们顺利展开工作、指导内部员工如何对待客户等五大任务，要处处注意展会的整体利益，不能因为要实现其中的某一个目标而妨碍其他目标的实现。

2. 阶段性

展会整体宣传推广的五个任务不是同时实现的，它们是随着展会筹备工作的进展和展会的实际需要而分步骤和分阶段逐步实现的。展会宣传的阶段性很强，展会发展到什么阶段就进行什么样的宣传推广工作，必须十分清晰和明显。

3. 计划性

展会整体宣传推广的任务多，阶段性强，这就要求在展会一开始筹备时就必须认真规划好展会的宣传推广工作,照顾到展会筹备工作各方面对宣传推广的需要,给展会筹备工作以强有力的全方位的支持。

4. 本质上是一种对服务的宣传

展会只是各种展会服务的一个有形载体,参展商和观众之所以要参加展会,是因为他们想得到展会提供的各种服务,如果他们享受不到这些服务,展会对参展商和观众来说就形同虚设。所以,从本质上看,展会宣传推广是在宣传和推广展会的各种服务。

5. 是一种多媒体和多渠道的组合宣传推广

各媒体和渠道的宣传推广安排,要求时间上协调,口径上统一,内容上各有侧重,效果上互相补充,这样,展会整体宣传推广对展会发展的促进作用才最明显。

6.4.2 制订展会整体宣传推广计划的步骤

一般来说,制订展会整体宣传推广计划的步骤有六个:目标、投入、信息、资料、渠道和评估。

1. 目标

确定展会宣传推广所希望达到的目标,如前面提到的招展、招商、建立展会形象等五大任务。制订展会整体宣传推广计划首先要明确宣传推广的任务是什么,这样才能有目的地去实施各种宣传推广工作;否则,展会宣传推广工作就会变得无的放矢。展会宣传推广目标具有一定的阶段性,在展会筹备的不同阶段其主要任务也有所差别,如前期偏重于招展,后期偏重于招商等。

2. 投入

确定为了达到上述宣传推广目标所需要的资金投入,一般以"展会宣传推广预算"来体现。展会宣传推广预算可以先按宣传渠道的不同来分别制定,如专业媒体宣传投入预算、大众媒体宣传投入预算等,然后再将各渠道的预算汇总成展会宣传推广的总预算。从国际普遍的做法来看,办展单位一般会将展会收入的 10%～20% 拿出来作为展会宣传推广的资金投入。

3. 信息

确定展会宣传推广需要向外界传递怎样的信息,如展会的办展理念、展会的优势和特点、展会的 VI 形象等。不管要向外界传递的是怎样的信息,这些信息都必须是真实可靠且具有较高的可信度的。另外,传递的信息要具有自己的特色,具有差别性和排他性,这样才能起到更好的宣传效果,才不会被其他信息所淹没。

4. 资料

确定制作什么样的宣传资料来承载上述信息。在制作宣传资料时要注意遵循以下几点:第一,针对性。每一种宣传资料都必须有自己具体的目标客户。第二,系统性。各种宣传资料既有自己的特色,又互相配合,互相补充。第三,专业性。资料在制作上要符合展览业的要求,在内容上要能反映行业的特点和展会的特色,要在具有国际化的同时又兼顾到各国的不同文化差异。第四,统一性。各种宣传资料在宣传口径上要统一,在各种数据、理念和 VI 形象上要一致,并要继承上届展会的宣传信息。

5. 渠道

确定展会宣传推广的渠道,或者说确定采用哪种渠道将展会信息传递出去。展会宣传推广的渠道很多,如专业媒体、大众媒体、同类展会、电子商务、直接邮寄、事件推广、公共关系等。这些渠道各有特色,要善于选择和利用。

6. 评估

测量展会宣传推广的质量与效果,评估展会宣传推广目标完成的状况。展会宣传推广的效果可以分为即时效果、近期效果和远期效果。对这些效果的评估可以从观众、参展商和展会功能定位三个方面来进行,也可以从宣传的传播效果、宣传的促销效果和宣传的形象效果三个方面来评估。展会的宣传推广效果具有滞后性、交融性和隐含性等特征,有时候较难测定,对此我们必须采取科学的方法进行评估。

6.4.3　展会整体宣传推广计划的内容

仅从宣传推广的方式上看,展会整体宣传推广主要包括:

(1)广告。包括在专业报纸杂志、大众媒体、网站、广播电视、户外媒介(如户外广告牌、交通工具等)、包装媒介等上面做的各种广告。

(2)软性文章和图片。包括在专业报纸杂志、大众媒体、网站、广播电视等媒体上发布的各种对展会的评论、报道、特写和消息以及相关图片等。这是一种隐形的广告,其可信度较高,也容易被受众所接受。

(3)直接邮寄。包括向客户直接邮寄的各种展会宣传资料,如展会宣传单张、展会说明、观众邀请函等。直接邮寄针对性强,效率高,效果明显。

(4)新闻发布会。包括在展会筹备期间以及展会开幕前后就展会的有关情况举行的新闻发布会。举行新闻发布会的前提是即将发布的内容一定要有新闻价值,否则,就可以改为以邀请记者进行现场采访的方式来代替新闻发布会。

(5)人员推广。包括展会有关工作人员对各机构和客户的直接拜访,电话、传真和E-mail联络等。人员推广能最直接地和客户进行一对一的沟通,能很好地联络客户的感情,倾听客户的声音。

(6)展会推广。包括在国内外各种同类展会上的宣传推广活动。

(7)机构推广。包括与各行业协会和商会、国内外的办展单位、国际组织、外国驻华机构和政府主管部门合作进行的各种推广活动。

(8)公共关系。

(9)展会相关活动。在展会开幕前或展览期间举办的各种活动,如会议、表演和比赛等,可以起到"事件营销"的作用。

(10)网站。在展会自己或其他网站上宣传推广。

(11)移动互联网。如二维码、手机终端APP应用、微信、脸书、推特、抖音等。

【经典案例】

广州建博会对二维码和APP的应用

中国(广州)国际建筑装饰博览会(以下简称广州建博会)是亚洲建筑装饰行业里规模最大的专业展览会,展会面积达41.6万平方米,与会观众17万人,至2018年已经举办了20届。广州建博会依托于实体展会资源信息,利用二维码和APP技术,推出"精英汇"APP

（见下图）。它是集为参展商、采购商提供展会资讯、宣传资料、通知公告、活动论坛、预选登记、广告视频、微信聊天系统等于一体的手机客户端。与会客商只需要通过手机扫描广州建博会二维码就可以通过苹果 IOS 和安卓系统下载广州建博会"精英汇"APP,成功安装后可以查看展会的相关资讯。通过 APP,广州建博会综合利用实体展会、电脑(网站)、手机和掌上电脑,使展会信息传递更加有序化,大幅提高了参展企业及商品在有效客户手中传递的效率,极大地便利了采购商参观和采购有关商品。

在策划展会的整体宣传推广计划时,为优势互补和发挥各种宣传推广方式的最大效用,常将上述各种宣传推广方式分别融入各种具体实施计划之中,这些计划主要有六种,包括新闻发布会计划、专业媒体宣传推广计划、同类展会宣传推广计划、大众媒体宣传推广计划、专项宣传推广计划和展会整体宣传推广进度计划等。下一节,我们将对上述计划做一一介绍。

除以上内容,展会整体宣传推广计划还包括"宣传推广预算"、"宣传推广目标"、"宣传推广策略"和"展会宣传推广进度计划"等内容,由于这些内容和前面有关章节里讲述的相关内容极为相似,在这里就不再重复论述了。

6.5　展会整体宣传推广实施计划

展会整体宣传推广实施计划是展会整体宣传推广工作的具体实施方案,主要有六个方面的内容:新闻发布会计划、专业媒体宣传推广计划、大众媒体宣传推广计划、同类展会宣传推广计划、专项宣传推广计划和展会整体宣传推广进度计划。

6.5.1　新闻发布会计划

新闻发布会是展会常用的宣传推广方式之一,也是展会与新闻界加强联系的有效办法。新闻采访和报道一般是免费的,而新闻报道的可信度又比较高,效果也不错,因此,如果组织得好,新闻发布会是一项成本低而效益高的展会宣传推广手段。

1.召开新闻发布会的时机

展会从开始筹备到最后开幕,这期间可以视需要组织多次新闻发布会。比如,在展会筹备之初、在展会招展工作基本结束时、在展会开幕前、在展会闭幕时都是召开新闻发布会的绝好时机。在这些时候召开新闻发布会,对展会具有较大的促进作用。

在展会筹备之初召开新闻发布会,一般是向新闻界介绍举办展会的时间、地点、办展目的、展会主题、展品范围和展会的发展前景等。发布会的目的主要是要通过新闻界告诉行业人士:在某时某地将有一个十分有发展前景的展会要举办。这时召开新闻发布会,主要是起一种"消息发布"和"事件提示"的作用。

在展会招展工作基本结束时,有些展会也会就展会的筹备进展情况、参展商的特点及构成等情况举行新闻发布会,通过新闻发布会告诉社会展会的进展情况,吸引展会的目标观众届时到会参观,对尚未决定参展的目标参展商提供进一步的参展激励。

在展会开幕前,绝大多数展会都会召开新闻发布会,向外通报展会的特点、参展商的特点和构成、展会的招商情况、展品范围、贵宾邀请等内容。在展会开幕前召开的新闻发布会是一次十分重要的发布会,很多展会都会精心组织,广泛邀请记者与会。

在展会闭幕时召开的新闻发布会一般是向外界通报展会的展出效果、展出者的收获、参展商和观众的构成和特点、贵宾参观情况、展望展会的未来发展等内容。这种发布会就像是展会的总结,如果组织得好,对下一届展会的筹备会有一定的帮助。

2. 新闻发布会的筹备

在确定了新闻发布会的举办时间以后,组织召开新闻发布会还要准备好以下一些内容:

(1)确定发布会的地点。召开新闻发布会的地点可以在展会的举办地,也可以不在展会的主办地,须视展会的具体需要而定。从实际操作看,很多展会都将展会开幕时和闭幕后的发布会放在展会举办地召开。

(2)确定出席发布会的媒体及相关人员。发布会要选择合适的媒体参加才有效果,如果交给不合适的媒体,再好的新闻材料也会被浪费。参加发布会的媒体一定要是对目标参展商和观众有较大影响的媒体。参加发布会的媒体的数量和地区来源要规划好。除了新闻媒体,还可以邀请一些行业协会、工商部门、政府主管机构、外国驻华机构等单位的人员和参展商代表参加。需要注意的是,参加新闻发布会的媒体人员不应该仅仅是记者,还可以邀请一些专栏评论员、摄影师、编辑和其他有舆论导向作用的人员参加。上述人员的全面参与有助于展会获得更高的报道率。

(3)确定发布会的主持人。发布会的主持人可以是有关行业协会或商会的领导、办展单位的负责人、政府主管部门的官员等,也可以由上述机构共同来主持。

(4)确定发布会要发布的内容。发布会内容应视发布会召开的时间不同而各有侧重,如前所述。发布会的内容可以编成各种新闻资料,如新闻稿、特别报道、特写、新闻图片、专题报道等。这些新闻资料一定要口径一致,并重点突出。在上述新闻资料中,新闻稿是给媒体提供的最基本和最重要的新闻资料,展会一定要精心编写。为满足不同媒体的不同需要,还可以编写各有侧重的专题报道稿件和背景材料供其选用。

(5)确定发布会的召开程序。新闻发布会的程序一般是:办展单位、行业协会或政府主管部门有关领导讲话,展会信息发布和展示,记者提问。有关领导的讲话要简短,其所占用的时间不要超过展会信息发布和展示的时间,且要精心准备回答记者可能提出的各种问题,避免冷场。发布会的时间不应太长,一般认为最好不要超过一个小时。

发布会结束以后,还要及时跟踪和收集各媒体的报道情况。如果有媒体需要更详细的资料,要及时提供;如果一时提供不了,可以安排有关媒体进行实地采访和拍摄。

6.5.2　专业媒体宣传推广计划

这里所说的专业媒体,是指与展会展览题材有关行业的专业报纸、杂志、展会目录、展会会刊和专业网站等。这些媒体直接面对展会的目标参展商与目标观众,是展会首选的宣传推广媒介。

展会在专业媒体上进行宣传推广的方式主要有广告、软性文章与图片、机构推广三种。展会通常将这三种方式结合使用以达到最佳效果,其中,机构推广的具体做法很多,如委托专业媒体随刊邮寄展会邀请函、宣传单张和门票等。在选择具体媒体和推广方式时,要考虑以下因素:

1. 客户规模与市场占有率

某专业媒体所覆盖的目标客户范围越大,在它上面做宣传的效果越好,对每一个目标客户单项推广活动的成本越低。市场占有率对展会的宣传推广决策有重大影响,当展会的市场占有率还较低时,宣传推广的边际效用随着宣传推广投入的提高而上升很快;当市场占有率达到一定的程度时,宣传推广的边际效用就开始下降。所以,对于市场占有率较高的展会,增加宣传推广投入的效果不大;但对于那些市场占有率较低的展会,适当地提高宣传推广投入则会达到更好的效果。

2. 竞争与干扰

如果竞争的同类展会较多,展会的宣传推广投入就要大一些,这样才能让客户在众多的竞争者中听到本展会的声音;如果其他展会对本展会的替代性较强,宣传推广的力度就要加大。此外,如果一个媒体上的广告很多,不管这些广告是竞争者的还是非竞争者的,它们都会分散客户的注意力,这时,宣传推广的力度就应该适当加强一些。

3. 展会发展阶段

在展会发展的不同阶段,宣传推广的目的和作用是有差别的。在展会的创立阶段,为了让市场尽快知道本展会,宣传推广的力度要大一些;在展会的培育阶段,为了建立展会品牌,宣传推广的力度也不应缩减;在展会的成熟期,因客户对展会已经比较了解,宣传推广的力度可以小一些;当展会进入衰退期,宣传推广的力度也可以小一些,但如果展会此时正在转型,为了突显展会的创新措施与服务,宣传推广的力度又应该大一些。

4. 宣传推广的频率

对于一般的广告信息,客户一般要接触几次才能产生印象或者记忆。一般认为,目标客户在一个参展周期里需要接触到 3 次广告信息才能产生对该广告的记忆;接触的次数超过 5 次,影响力就开始递减;当接触的次数超过 8 次时,广告将产生负面作用。所以,宣传推广的频率并不是越密集越好,展会在进行宣传推广时,要结合宣传的有效传递情况来确定适当的频率,通常认为,在一个参展周期里让目标客户接触到 6 次广告信息为最佳频率。

根据需要,展会常以"专业媒体宣传推广计划表"的形式来规划其在专业媒体上的宣传推广计划,如表 6-5 所示。

表 6-5　专业媒体宣传推广计划(样张)

媒体名称	期数	时间	推广形式	规格尺寸	价格	金额合计	备注

6.5.3　大众媒体宣传推广计划

这里所说的大众媒体,是指各种面向普通大众的报纸、网站、电视、广播、户外广告媒体、交通广告媒体、包装媒体、焦点媒体等,这些媒体既面对展会的目标参展商与专业观众,也面对展会的普通观众。

展会宣传推广对大众媒体的使用与对专业媒体的使用有一定的差别:首先,从使用目的上看,展会在大众媒体上进行宣传推广一般是为了更好地树立展会的形象,建立展会品牌,或者是吸引普通观众到会参观,它对展会招展与吸引专业观众的作用不如专业媒体大;其次,从使用的阶段上看,展会在大众媒体上进行宣传推广一般是在展会刚创立时,或者是在每届展会即将开幕时进行,而在展会筹备的其他时候进行得较少;最后,从功能上看,展会在大众媒体上进行宣传推广在很多时候是作为对展会其他推广方式的一种补充而出现的,它不是展会宣传推广的主要方式。

展会利用大众媒体进行宣传推广也可以采用广告、软性文章与图片、机构推广等三种形式。其中,广告的媒体载体选择更为广泛:除报纸、电视、广播和网站外,户外广告媒体、交通广告媒体、包装媒体和焦点媒体也是展会广告经常出现的地方。户外广告媒体是指在户外公共场所使用广告牌、霓虹灯、灯箱等进行的广告宣传;交通广告媒体是指利用车、船、飞机场和地铁等公共设施所做的广告;包装媒体广告是指在包装袋和包装盒等包装材料上做的广告;焦点媒体广告是指在展馆、大型商店和酒店等场所或周围所做的广告。

在选择在哪种媒体上做宣传推广时,要考虑到宣传推广预算的制约。宣传的费用是影响媒体选择的一个重要因素,在不同的媒体上进行宣传推广的费用有很大的差别。宣传费用的大小,不仅要考虑绝对宣传成本,还要考虑相对宣传成本。绝对宣传成本是指每次宣传推广的费用总支出额;相对宣传成本通常用每一千个目标客户接触到媒体的费用来计算,它更能反映宣传的实际效果。

宣传推广的时间安排也是进行展会宣传推广策划时需要仔细考虑的另一个重要因素。不管是在哪种媒体上做宣传,宣传的时间安排方式一般有三种:第一,集中时间安排。即将宣传推广集中安排在某一段时间内,以在较短时间内迅速形成强大的宣传攻势。第二,连续时间安排。即在一定时间里均匀地安排宣传推广活动,使展会的信息经常反复在目标市场出现以逐步加深客户的印象。第三,间歇时间安排。即间断地安排展会的宣传推广活动,在一段时间的宣传推广后停一段时间再做宣传。这三种时间安排方式各有利弊。例如,集中时间安排方式适合在开拓新市场、集中招展或招商时使用;连续时间安排方式适合在展会已经有一定影响、客户参展参观安排以理智动机为主的时候使用;间歇时间安排方式适合在产品季节性较强或者展会宣传费用不足时使用。至于究竟采用哪种时间安排方式,展会要根据自己的实际情况来最后确定。

确定了何时、以何种形式在哪些大众媒体上进行宣传推广以后,就可以将它们制作成"大众媒体宣传推广计划表",如表 6-6 所示。

表 6-6　大众媒体宣传推广计划(样张)

媒体类型	推广形式	规格尺寸	时间	地点	价格	金额合计	备注

在展会进行宣传推广时,在专业媒体和在大众媒体上进行的宣传推广各有其优势,也各有其劣势,在做展会宣传推广时要注意扬长避短,将两者结合使用。两者的优缺点对比如表 6-7 所示。

表 6-7　展会在专业媒体和大众媒体上宣传推广优缺点对比

	专业媒体	大众媒体
优点	受众稳定,适应范围广	时效性强,传播速度快
	针对性强,富有专业特性	覆盖面广,读者群大
	表现手法灵活,信息容量大	制作简单,手法灵活
	寿命较长,重复出现率高	具有一定的新闻性和可信度
缺点	时效性较差	寿命较短
	版面位置选择性较差	费用较高
	对普通观众作用不大	对专业观众作用不大
	覆盖范围有限	抗干扰能力较差

6.5.4　同类展会宣传推广计划

国内外举办的同类展会是展会目标客户最为集中的地方,在这些展会上进行宣传推广,费用较低,效果很好。在国内外同类展会上进行宣传推广活动,可以根据同类展会与本展会竞争关系的不同而采取不同的形式,通常有:

(1)互换展位。互相在对方展会上设立展位进行宣传推广。这适用于在彼此竞争性不强的展会之间进行。

(2)在对方展会的会刊里刊登本展会的信息或者宣传广告。如果展会彼此竞争性不强,而派出人员到对方展会进行宣传推广的费用又太高时可以采用这种形式。

(3)在对方展会开幕期间举行关于本展会的新闻发布会。对于一些结成战略联盟的办展单位或者展会,可以在对方展会开幕期间,在展会里举行关于本展会的新闻发布会;如果彼此有一定的竞争关系,可以选择在该展会附近或其他适当的地方举办。

（4）互相在对方展会的专门网站里发布关于本展会的信息或广告，或者双方网站互相建立友情链接。

（5）代为派发对方展会的宣传资料。可以委托对方展会在展会适当的地方如信息咨询台等地代为派发本展会的宣传资料。这种资料派发可以是单方面付费有偿的，也可以是双方免费互换的。

（6）派出人员在同类展会上展开推广活动。如果展会彼此具有一定的竞争关系，上述方式将难以实现。这时，可以派出人员到该展会上进行专门的宣传推广活动，如向目标客户派发本展会的宣传资料等。

上述推广方式组合使用的效果往往会更好。例如，互换展位、互相在对方会刊里做广告、网站互相链接等可以同时进行，这样信息传播的范围将更广泛，宣传推广的目标更容易达到。

确定了在哪些同类展会上做宣传推广活动，并确定了将要采用哪种宣传推广形式以后，就可以将它们制作成"同类展会宣传推广计划表"，如表6-8所示。

表6-8　同类展会宣传推广计划（样张）

展会名称	时间	推广形式	费用预算	推广目标	备注

在同类展会上进行宣传推广有许多优点：第一，可以直接面对目标客户，与客户进行面对面的交流；第二，信息传达灵活，可以给目标客户以最直接的宣传刺激；第三，容易与目标客户建立关系，可以即时得到客户的反应；第四，容易引起目标客户的注意，迅速产生推广效果。

在同类展会上进行宣传推广也有其局限性：第一，宣传推广方式的选择受展会彼此之间竞争关系的影响较大，缺乏一定的灵活性；第二，有些推广方式费用较高；第三，每个展会的客户群都是有限的，宣传推广的目标客户的范围因此也有一定的局限性。

6.5.5　专项宣传推广计划

1.专项宣传推广计划的主要方式

除上述宣传推广方式外，展会通常还会采用一些专项宣传推广方式来进行宣传推广。这些专项宣传推广方式主要有：

（1）人员推广。展会直接派出工作人员通过登门拜访、电话交谈等形式直接与目标市场的客户建立联系，传递展会信息。人员推广信息反馈及时，具有一定的亲和力和说服力。但人员推广的费用一般都较高，其能接触到的客户数量也较为有限。

（2）直接邮寄。展会直接向目标客户邮寄展会的各种宣传资料。直接邮寄有赖于展会客户数据库的完整性和准确性，也有人因此把它称为"数据库营销"。直接邮寄针对性极强，效果也较好，但费用也较高。

（3）公共关系。公共关系是展会利用各种传播手段与社会公众沟通、建立良好的社会形象和经营环境的活动。公共关系的作用面很广,传播手段较多,着眼于展会的形象和长远发展。

（4）机构推广。展会与有关媒体、国际组织、行业协会和商会、国内外其他办展单位和政府主管部门等合作,共同推广本展会,如委托上述机构代为发放展会宣传资料、代为组织观众、代为在会员中宣传本展会等。

（5）相关活动。有时候也叫"事件推广"或"事件营销"。在展会开幕前或展览期间举办一系列的相关活动,也是展会进行宣传推广的一种重要方式。

【经典案例】

广州建博会在西安举办推介会

中国(广州)国际建筑装饰博览会(以下简称广州建博会)是亚洲建筑装饰行业里规模最大的专业展览会,面积达41.6万平方米。该展览会十分注重利用"事件营销"的方式来推介自己。2013年5月22日,广州建博会在西安隆重举办推介会,来自陕西省及西北地区的建材家居企业代表、经销商、知名卖场负责人、装饰公司代表、设计师等业界资深人士逾650人参加了该次会议。

展览会的推介会往往都是"合作营销"的成果,例如,本次推介会就是由广州建博会主办,成都九正传媒承办,并得到了中国建筑装饰协会、陕西省工商联建材商会、西安装饰业协会、四川省建筑装饰协会等单位以及多家知名媒体的大力支持。

推介会上,除推介了广州建博会外,大家还以"开拓西部、合作共赢、提升产业"为主题,围绕"2013木门企业怎样在激烈的竞争中取胜""企业品牌战略从空中楼阁到接地气,如何实现有效落地"等主题进行了讨论和经验分享。广州建博会西安推介会有效地促进了广州建博会在我国西部地区的影响力,并为展会参展企业进一步拓展了内销渠道。

2.影响以上方式组合的因素

上述五种专项宣传推广方式常被组合起来综合使用。例如,人员推广与直接邮寄相结合、公共关系与相关活动相结合等。并且,这五种专项宣传推广方式也经常与前面所讲的新闻发布会、专业媒体、同类展会和大众媒体等宣传推广方式组合使用,这些方式如果组合得好,宣传推广的效果将倍增。一般认为,影响这些宣传推广方式组合的因素主要有:

（1）展会的类型。不同题材和功能的展会,其目标参展商和目标观众也不一样,展会的宣传推广组合也应不同。进一步讲,即使是同题材的展会,其主要功能不同,宣传推广的组合也应不同。

（2）展会的营销策略。展会是采用"推"的宣传推广策略还是"拉"的宣传推广策略,对展会的宣传组合也有较大的影响。

（3）客户特性。客户参展和参观决策受个人对展会认识深度的影响。一般认为客户的认识深度可以分为三个层次：认识阶段、动心阶段、行动阶段。认识阶段是指客户从对展会开始认识到初步了解这一阶段；动心阶段是指客户对展会开始产生兴趣并逐步信赖展会的这一阶段；行动阶段是指客户进行参展或者参观这一阶段。对处于不同阶段的客户，不同的宣传方式的效果差别很大。

（4）市场特性。展会展览题材所在的产业市场是处于"买方市场"状态还是"卖方市场"状态，对展会宣传组合的影响很大。

（5）展会发展阶段。展会是处于培育期、发展期、成熟期还是衰退期对展会宣传组合的影响很大。

（6）宣传推广费用预算的大小。费用预算的大小对宣传推广方式的选择具有很大的制约作用，如果预算不足，有些较昂贵的宣传推广方式就不能使用。

在确定了宣传推广的方式、时间和地点以后，可以将它们制作成"展会专项宣传推广计划表"，如表6-9所示。

表 6-9　展会专项宣传推广计划（样张）

推广形式	推广时间	推广地点	推广目标	费用预算	备注

6.5.6　展会整体宣传推广进度计划

展会整体宣传推广进度计划，是为配合展会筹备、招展和招商等工作的需要而对展会的整体宣传推广工作及其要达到的效果进行的统筹规划和事先安排。它计划好什么时候该开展什么样的宣传推广活动、采取什么样的宣传推广组合、达到什么样的宣传推广效果等。

展会整体宣传推广工作是一项计划性和系统性都很强的工作。一方面，它要密切配合展会筹备、招展和招商等工作的展开，必须事先严密计划，精心安排；另一方面，它要非常注意时间安排的系统配套性，否则，宣传推广将难见成效。

展会整体宣传推广工作服务于展会筹备、招展和招商等工作，并受它们的影响；展会整体宣传推广进度计划的制订处处要考虑到它们的需要，要与其他工作进度相配合。同时，展会整体宣传推广工作又独立于展会筹备、招展和招商等工作之外。展会整体宣传推广工作计划一旦制订之后，除非中途出现重大变故，否则就不轻易改变。这样，就可以排除其他因素的干扰，对展会宣传推广工作进行总体控制和监督。

展会整体宣传推广进度计划一般用表格的形式来表现，如表6-10所示。

表 6-10　展会整体宣传推广进度计划(样张)

时间	宣传推广组合	宣传推广措施	计划达到的宣传推广效果	费用预算	备注

　　有了这样一张展会整体宣传推广进度计划表,就可以有条不紊地按计划开展展会的宣传推广工作,并及时对各阶段的宣传推广效果进行检查。如果没有达到宣传推广的阶段性目标,就可以及时采取补救措施,促进宣传推广各项任务的顺利完成。

▷【复习思考题】

　　1.如何正确理解展会宣传推广与展会招商的关系?

　　2.展会通讯包含哪些内容?

　　3.如何编写观众邀请函?

　　4.简述展会招商方案的基本内容。

　　5.展会整体宣传推广的特点是什么?

　　6.试比较展会专业媒体和大众媒体宣传推广计划。

第7章

展会服务与现场管理方案策划 ≫ ≫ ≫ ≫

⊡➪【本章要点】

　　本章主要讲述当展会招展和观众邀请工作结束后进入开幕时及开幕后的展会现场管理方面的相关内容。主要包括：在认识展会服务的内容和特征的基础上提出展会服务的策略，如何进行展会服务质量管理；为搞好展会的开幕式，如何在布置好展会现场、安排好媒体接待与管理的基础上策划开幕方案，展会开幕酒会如何策划举办；展会开幕后的专业观众登记方案策划；如何做好布展管理，展览期间现场工作和撤展管理等。

　　成功的展会，除了要拥有一定数量和质量的参展商和观众以外，还必须要具有优质的展会服务和良好的展会现场管理。展会服务、展会现场管理、展会招展与展会招商一起构成展会策划与筹备最为核心的四个中心环节。展会服务贯穿于展会的始终，且在展会展览现场最为集中和明显。展会现场管理是对展会展览期间的各种工作的计划和管理，是展会能成功举办的重要保证。

7.1　展会服务

　　随着我国会展业的飞速发展和展会品质的逐步提高，优质的展会服务正日益成为各种展会之间展开竞争最为有力的武器之一。展会服务是具有无形特征但却能给参展商和观众带来某种利益或满足感的可供有偿转让的一种或者一系列活动，它渗透到展会举办的方方面面之中，是展会不可或缺的重要组成部分。

7.1.1　展会服务的内容和特性

　　在会展业营销手段和宣传推广策略日益同质化的今天，展会的竞争力很多时候来源于优质的展会服务。展会服务是一个展会区别于其他展会的重要手段，也是展会取得竞争优势的重要武器。从不同的角度看，展会服务包含的内容非常广泛。

1.从展会服务的对象上看,展会服务包括对参展商的服务、对观众的服务和对其他方面的服务

(1)对参展商的服务。参展商是展会最重要的客户之一,也是展会最重要的服务对象之一,对参展商的服务包括:通报展会筹备情况、提供行业发展信息、提供贸易成交信息、展示策划服务、展品运输、邀请合适的观众到会参观、展位搭建、展览现场服务、商旅服务等,其中,邀请到一定数量和质量的合适观众到会参观是展会提供给参展商最重要的服务。

(2)对观众的服务。和参展商一样,观众是展会另一个重要的客户和服务对象。展会对观众的服务分为两种,一是对专业观众的服务,二是对普通观众的服务。对专业观众的服务包括通报展会展品信息、提供行业发展信息、产品供给信息、招揽合适的参展商到会展出、展会现场服务、商旅服务等,其中,招揽到一定数量和质量的合适的参展商是展会提供给专业观众最好的服务。

(3)对其他方面的服务。除了参展商和观众以外,展会还有其他的一些相关服务对象,如新闻媒体、行业协会和商会、行业主管部门、国际组织、国外驻华机构等,对这些对象的服务包罗万象,其中最主要是信息服务。

需要特别指出的是,展会所服务的参展商和观众,不仅包括展会现有的参展商和观众,还包括展会潜在的参展商和观众。

【经典案例】

广交会的服务管理

广交会之所以能成为"中国第一展",能持续辉煌百余届而始终保持吸引力,与它始终坚持优质服务和不断努力提升和紧抓为参展商和观众服务的核心内容有关。

在为参展商服务上,从1957年创立,广交会始终将为参展商邀请到足够数量的来自全世界的高质量的观众作为首要目标。广交会每年都会派出数个买家邀请团体到世界各地宣传推广展会,并在世界范围内做其他多种宣传,吸引全球买家到会参观采购。目前,每届展会到会海外买家都超过20万人。有如此众多的高质量的买家到会参观、和洽谈,展会始终对参展商保持强大的吸引力,全国各地的参展商一直络绎不绝。

在为观众服务上,广交会通过严格筛选参展商,始终保持邀请全国有实力的企业参展而吸引海外买家到会参观、采购。为使参展商保持高质量,根据中国经济状况,广交会对企业参展资格制定了一个"门槛",只有符合要求的企业才可以进展会展出,使展会始终是一个高质量企业展出的平台,使买家到此展会能满意而归,展会也始终对全世界买家保持强大的吸引力,全世界买家也是络绎不绝。

广交会在始终抓住为参展商和买家服务的核心内容的同时,不断提高其他服务的水平,展会历经百余届,长盛不衰。

2.从展会筹备的不同阶段来看,展会服务包括展前服务、展中服务和展后服务

(1)展前服务。即展会开幕前提供给参展商、观众和其他各方面的有关服务,如展会筹备情况通报、展品运输、参展参观咨询、展示策划服务等。

(2)展中服务。即展会开幕期间及展览期间的服务,如现场安全保卫、清洁卫生、观众

报到登记等。

（3）展后服务。就是展会闭幕以后展会继续提供给参展商、观众和其他各方面的后续服务，如邮寄展会总结、通报展会成交情况、介绍展会参展商和观众的来源及构成等。

在实际操作中，很多展会只注重展中服务，对展前服务只是被动地提供，对展后服务很不重视或根本没有什么展后服务。其实，展前服务、展中服务和展后服务都是展会服务的重要组成部分，对任何一部分的忽视都会严重影响到展会服务的质量。

3. 从展会服务的功能上看，展会服务包括展览服务、信息咨询服务和商旅服务

（1）展览服务。就是展会提供的产品展示、贸易成交、新产品发布、展示策划服务等传统服务，这是展会最基本的服务，它们主要是在展览现场提供和完成的。

（2）信息咨询服务。就是展会为参展商、观众和其他有关方面提供有关行业发展、贸易需求、行业动态、市场分析等商务信息及其咨询服务。

（3）商旅服务。为了更全面地了解当地市场，有些参展商和观众到某一个展会参展或参观以后，还会顺便考察当地市场，对于有此需要的客户，展会还应提供商旅咨询和组织商旅考察等服务。

4. 从展会服务提供的方式上看，展会服务包括承诺服务、标准化服务、个性化服务和专业服务

（1）承诺服务。展会事先对自己拟做供的服务方式和服务质量等向客户做出承诺，然后严格按照承诺向客户提供服务。

（2）标准化服务。展会对自己向客户提供的各种服务制定统一的标准，然后严格按照标准向客户提供规范的标准化服务。

（3）个性化服务。展会根据各个客户的不同需求，对不同的客户提供适合其需求的有差别的服务。

（4）专业服务。展会根据展览行业实际需要，由经过培训的专业员工，以专业的手段和方式，为客户提供的各种服务。

了解了展会服务的内容，还要了解展会服务的基本特性。了解展会服务的基本特性，对于拓宽展会服务的思路，创新展会服务的办法，制定恰当的展会服务策略有极大的帮助。展会服务的基本特性及其对展会的影响如表 7-1 所示。

表 7-1　展会服务的基本特性及其对展会的影响

服务的特性	对展会服务的影响		展会应对办法
	有利的一面	不利的一面	
无形性	为展会提高服务的技巧和满足客户的需要提供了极大的空间；为展会服务技巧的发展提供了广阔的天地	参展商和观众不容易识别这些"无形"的服务；服务的质量较难控制和测量，一旦发生纠纷，服务的投诉较难处理	让无形的服务有形化，让客户能实实在在感受到服务的存在
差异性	有利于提高服务的灵活性和进行服务创新；有利于针对不同参展商和观众提供差异化和个性化的服务	使展会服务难以规范化和标准化，服务规范和标准较难严格执行；使服务质量不稳定	保持服务的品质，力求服务始终如一，始终维持高水平

续表

服务的特性	对展会服务的影响		展会应对办法
	有利的一面	不利的一面	
不可分割性	展会为更好地控制服务质量而不得不缩短服务流程,精简服务渠道,更多地采用直接供给的方式提供服务;有利于展会和客户直接交流并建立更紧密的关系	许多服务只能"一对一"地为客户提供,不便且易造成混乱;服务质量的好坏有赖于展会所有相关服务人员及部门是否配合和协调;把握不好服务人员与客户接触的那一瞬间服务质量将深受影响;服务质量的高低有赖于客户是否配合	展会需要经常与客户交流,了解客户的需求,不断改进服务流程
不可储存性	使参展商和观众重视亲自参与展会;使展会重视服务的时间效率、服务的空间布局、服务流程的设计和服务人员的组织管理	客户为享受某种展会服务而来,如果该种服务供不应求,客户势必失望而去;服务在时间和空间上较难协调,容易出现忙闲不均,影响服务的效率和质量	展会必须充分考虑如何解决服务供求不平衡所引致的矛盾

7.1.2　展会服务的策略

从前面展会服务的一般特征和它们对展会服务的有利影响和不利影响出发,在制定展会服务策略时,我们要充分利用它们对展会有利的一面,克服它们对展会不利的一面,以此来构建展会服务的整体策略体系。

表 7-2　展会服务策略

服务的特征	克服特性不利的影响		发扬特性有利的影响	
	策略	措施	策略	措施
无形性	服务有形化	服务承诺化、品牌化、展示化、便利化	服务专业化	服务技巧化、知识化、技能化、国际化
差异性	服务规范化	服务理念化、标准化、系统化	服务个性化	服务多样化、特色化、差异化
不可分割性	服务流程化	服务自助化、分离化、网络化	服务关系化	服务情感化、合作化、组织化
不可储存性	服务灵活化	调节服务时间、地点及供求关系	服务效率化	服务便捷化、一条龙化、多功能化

1.针对展会服务"无形性"所采取的服务策略

用服务有形化来克服其不利的一面,用服务专业化来发扬其有利的一面。

(1)展会服务有形化。是指展会策略性地向参展商和观众提供有关展会服务的有形线索,使参展商和观众能更形象地了解和识别展会所提供的各种服务。所谓"有形线索",是指展会服务流程中能被参展商和观众直接感知的能提示展会服务的各种有形物品,如展会展区展位分布图、参观指示图、参观指南、公布展会宣传推广成果的报道牌、现场一条龙服务咨询台等。参展商和观众看不到展会服务,他们只能通过这些有形的物品来感受展会的服务。展会服务有形化可以从服务承诺化、服务品牌化、服务展示化和服务便利化来具体进行。

①服务承诺化。对外公布展会服务的质量或者效果标准,并对参展商和观众参加展会的利益加以承诺。由于承诺是看得见的利益,这对参展商和观众非常具有吸引力。为了使展会服务承诺化,必须对展会服务的各个环节加以规范,并制定相应的服务质量标准。这些服务质量标准既要是对参展商和观众有吸引力的,又要是展会能够提供的,否则,没有吸引力的承诺等于是没有承诺,而有了承诺又不能切实实现将严重影响到展会的声誉。服务承诺化既是对客户利益的一种担保,也是对员工的一种激励,它为员工树立了明确的服务质量目标,鼓励员工努力去提供优质的服务。

②服务品牌化。为展会树立品牌并以该品牌来促进展会服务。品牌是一个无形的概念,但展会可以通过展会LOGO,展会的CI、VI等形象来将它展现在广大参展商和观众面前,使参展商和观众对该品牌产生信赖和忠诚。品牌是一个有形的线索,它向参展商和观众提示展会服务质量和服务特色,有利于参展商和观众对展会服务进行识别。一旦展会形成品牌,就可以不断通过该品牌提示新老客户该展会服务的存在,还可以通过老客户的"口碑"宣传该展会的服务,并可以树立展会的良好形象,让展会服务从中受益。

③服务展示化。服务展示化是指尽量将展会服务通过有形的线索布置在展会现场,让他们时刻提示参展商和观众展会服务的存在,这要求在展会现场环境布置上要下一番功夫。如对展会宣传推广成果的展示、对观众需求的实物引导、对参展商名单和展位号的集中公布等。服务展示化使展会抽象的服务理念和服务手段通过有形的物品和展会现场环境布置来得到体现,从而有利于参展商和观众认识和感知到展会的服务。

④服务便利化。服务便利化是指展会尽量从参展商和观众的需求出发来设计展会服务流程和布置展会现场环境,努力让参展商和观众能以最便利的方式得到展会的服务。例如,展会布展环节的便利化、观众登记的便利化、展馆内参观指示引导的便利化等。

【经典案例】

香港礼品及赠品展对服务的有形展示

香港礼品及赠品展是亚洲同类展会中最大的展会,在全世界同类展会中排名第二,参展企业来自全世界34个国家和地区,标准展位数超过4200个。展会在业界声誉卓著。

香港礼品及赠品展非常重视通过有形展示将自己的展会服务展示给参展商和买家,让他们切实感觉到展会处处在为自己着想,在尽量为自己服务。首先,展会将对参展商和买家的服务承诺事先告诉他们,如优惠酒店安排、免费巴士安排等,让参展商和买家早知道、早利用;其次,展会强化品牌建设,展会LOGO,展会的CI、VI等形象不论是在其广告宣传还是在展会现场都一脉相承,形象突出,让人产生信赖感;再次,展会将自己的宣传推广的成果、对观众需求的实物引导、参展商名单和展位号等在展会现场适当的地方集中公布,让参展商和买家感受到展会在努力为自己服务;最后,充分考虑参展商和买家的需求,在展会现场适当的地方布置参展商和买家的服务点,并在容易"迷路"的地方布置醒目的提示和指引牌,使参展商和买家在展会现场不论寻找什么展会相关服务都十分便利。

（2）展会服务专业化。是指展会努力为参展商和观众提供符合展览行业需求的专业服务，展会服务人员的服务技能、服务知识和服务态度等都达到专业的水准。展会服务的专业化，使展会服务有了一把行业评价的尺子，使展会服务具有很好的行业可比性，有利于参展商和观众感知展会服务的存在。展会服务专业化可以从服务的技巧化、服务的知识化、服务的技能化和服务的国际化来具体进行。

①服务的技巧化。培养和增强展会服务人员的服务技能，利用服务人员的服务技巧来提高展会的服务质量。每一个展会都有自己的服务传统和自己独特的服务技巧，这些服务技巧增强了它们的竞争力，使参展商和观众体会到这个展会的与众不同之处。展会服务十分讲究服务的技巧，同一种服务，不同的服务人员来操作，由于服务的技巧不同，服务的质量和效果可能差别很大。

②服务的知识化。提高展会服务人员的专业知识素养，发挥知识在展会服务中的作用，努力用知识来完善展会服务和满足参展商和观众的服务需求。

③服务的技能化。提高展会服务人员的服务熟练程度、服务技艺和服务能力来满足参展商和观众的服务需求。参展商和观众最终得到的服务与提供该服务的展会服务人员的技能有很大的关系，例如展会现场问题的处理技能、展会观众登记的方法等，都能让参展商和观众真实地感觉到展会服务的效果。

④服务的国际化。为参展商和观众提供符合展览业国际惯例的服务，如展会资料的制作充分考虑各国文化的差异，展会提供不同语言服务等。服务国际化有利于参展商和观众在国际对比中增强对本展会的信心和忠诚度。

2.针对展会服务"差异性"所采取的服务策略

用服务规范化来克服其不利的一面，用服务个性化来发扬其有利的一面。

（1）展会服务规范化。是指为展会服务建立起规范并用这些规范来引导和约束展会服务人员，以此来保持展会服务质量的稳定和一致。展会服务"差异性"使得展会服务质量不容易稳定，参展商和观众不易感受到展会服务，为了克服这些不利的影响，展会可以努力使展会服务规范化，以此来减少展会服务的变异。展会服务规范化可以从服务理念化、服务标准化和服务系统化来具体进行。

①服务理念化。就是为展会服务提出符合客户需要和展会实际的服务理念，并在展会服务的实践中要求服务人员从该服务理念出发，努力实现该服务理念。服务理念是从展会实际情况中提炼出来的服务思想或者经营哲学，它是用精练的文字概括和描述，向社会和员工公布，用以指导员工的服务态度和行为，并提示参展商和观众，他们正被展会怎样地重视。服务理念化有利于展会形成自己的服务特色，有利于展会以服务为武器与别的展会展开竞争。

②服务标准化。在统一的和被客户接受的服务理念的指导下，为展会服务建立起一套质量标准，并用这套质量标准来约束服务人员的服务行为。行为是在理念指导下的行为，行为规范是理念规范的具体化，所以，服务标准化能很好地统一服务人员的思想和行为，有利于展会服务质量的量化管理和控制。

③服务系统化。在服务标准化的基础上，将展会服务的各环节有机整合，使展会服务流程更加合理化和人性化，将展会服务各环节的质量偏差控制在尽可能小的范围内。服务系统化使展会服务变得可以控制，而展会服务一旦变得可以控制就更有利于对展会服务进

行质量管理,如果展会服务不可控制,再好的服务标准也形同虚设。

(2)展会服务个性化。是指在展会服务规范化的大原则下,针对不同客户的需要尽量采取适合其需要的个性化的服务。展会服务的差异性揭示的是不同客户的需求可能不同,同一个客户在不同的时间和地点其期望得到的服务也可能不一样,展会服务个性化正是利用这一点来尽量满足不同客户的不同需求。展会服务个性化可以由服务多样化、服务特色化和服务差异化来具体进行。

①服务多样化。展会针对不同客户的不同需求提供不同的服务。尤其是展会的一些大客户和重点客户,他们的需求与一般客户往往不同,而他们对展会又极为重要,为他们提供多样化的展会服务,对展会留住这些重要客户有很大的帮助。

②服务特色化。展会向客户提供与众不同的能体现自己独有特色的展会服务。每一个展会都有自己的优势,每一个办展单位也都有自己的服务"秘诀",展会可以凭此形成自己的服务风格。

③服务差异化。展会根据服务提供的时间和地点的不同,或者根据环境的变化的需要来向客户提供不同的服务。由于服务时间和环境的变化,有些服务标准变得难以执行或者根本没有执行的必要,这时,差异化的服务能极大地增强服务的灵活性和创造性。

3.针对展会服务"不可分割性"所采取的服务策略

用服务流程化来克服其不利的一面,用服务关系化来发扬其有利的一面。

(1)展会服务流程化。是指科学设计展会服务的流程,使展会的服务人员和客户之间能实现部分的分离,以此来减少展会服务的复杂性和对服务人员的过度依赖。展会服务流程化可以由服务自助化、服务分离化和服务网络化来具体实现。

①服务自助化。展会通过向客户提供部分服务用品或工具,使某些服务由客户自己来完成。例如,对展会的老客户发放多届有效的参观卡或者 VIP 观众卡,他们凭该卡到会参观就不用再排队登记而可以直接进场参观。

②服务分离化。将展会的某些服务分离出去,由其他专业的服务公司为客户提供服务。例如,将展会的展品运输和报关委托给专业的国际货运公司,将展会的展位搭建委托给专业的展位承建商,将展会的商旅服务委托给专业的旅游公司,这样更有利于提高展会的服务质量。

③服务网络化。通过国际互联网来完成某些展会服务。例如,展开网上参展和参观预先登记,进行网上信息咨询等。

【经典案例】

展会现场展品搬运服务流程图

举办展会,不论规模大小,当展品从四面八方汇聚到展会的举办地之后,展会需要安排展品运输代理商在有限的时间内,将所有的展品从展馆外不同的地方准确地搬运到展馆内指定的展位上,这是一项需要精心组织和协调的艰巨工作。如果安排不好,展会的布展现场将会出现一片混乱,展会的筹展进度就会严重被干扰。

要有序、安全、准确地将各个参展商的展品从展馆外搬运到展馆内各个指定的展位上,没有一个好的展品搬运流程来协调和执行是无法很好地完成的。以下,是一个展会现场展品搬运服务流程图示例：

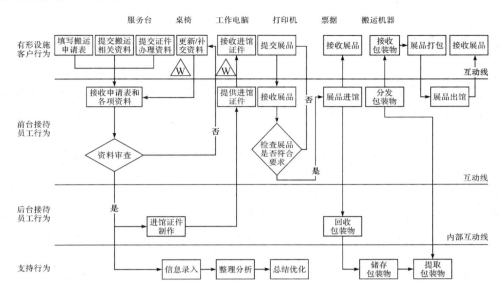

（2）展会服务关系化。是指在展会服务中强调与客户建立良好的关系，及时进行沟通，重视客户口碑传播，利用关系营销来促使客户与展会形成融洽的关系。展会服务关系化可以通过服务情感化、服务合作化和服务组织化来具体进行。

①服务情感化。使展会在服务实施过程中倾注情感因素，如赋予服务人员一定的角色，让其在服务中全神贯注地进入角色；让服务人员处处关心和体贴客户，从细微处照顾客户的需要和感受。情感化的服务容易拉近客户和展会的距离，有利于留住客户。

②服务合作化。展会与展会的其他服务商之间通过紧密合作来共同满足客户的需求，发展与客户的良好关系。展会将有关服务委托给展位承建商、展品运输商、旅游公司以后，并不是就对该服务不闻不问了，展会还要与他们密切合作，保证各种服务的质量。

③服务组织化。展会以某种方式将客户组织起来使客户与展会的关系更加明确化和正式化。例如，采用会员制，展会的参展商和观众达到一定的标准就可以成为展会的会员并享受相应的优惠服务等。

4.针对展会服务"不可储存性"所采取的服务策略

用服务灵活化来克服其不利的一面，用服务效率化来发扬其有利的一面。

（1）展会服务灵活化，是指展会通过对服务时间、服务地点和服务供求关系的调节和灵活处理来满足客户的需求。展会服务"不可储存性"使展会服务供求平衡经常在时间和空间上不一致，展会服务灵活化有助于展会克服这一不利影响。展会服务灵活化主要通过调节展会服务时间、服务地点和服务供求关系来实现。例如，对展会开馆和闭馆时间的调节，对展会现场服务点设点地点及其布局的调节，对观众进馆参观高峰时间的人流量的调节等。

（2）展会服务效率化，通过提高展会服务的效率来满足客户的需求。展会服务"不可储存性"要求展会服务能快捷、高效，这样参展商和观众才能在最短的时间里取得其所期望的展会服务。例如,如果展会观众登记效率不高,观众将会对登记台前的排队长龙望而生畏。展会服务效率化主要通过服务的便捷化、服务的一条龙化和服务的多功能化来实现。

7.1.3　展会服务质量管理

展会服务可以通过上述策略体系来具体实现,但是,如果展会服务的质量得不到有效的保证,任何策略对展会服务来说只是策略而已,它并不能给展会服务水平带来任何实质性的改观。因此,在采取合理的服务策略的同时必须保证服务质量,这才是展会服务的康庄大道。

展会服务的消费者主要是参展商和观众。对参展商和观众来说,展会服务的质量主要取决于以下三个方面:一是经验属性,二是信任属性,三是个人需求。所谓经验属性,就是参展商和观众对服务的评价主要取决于自己对该服务的主观感受,他们主要根据自己的经验来评价该服务的质量;所谓信任属性,就是其他人对某一展会的服务的评价会极大地影响到参展商和观众对该服务的评价,这时,展会的口碑好坏就成为影响参展商和观众信任属性的重要因素。

展会服务涉及面广、中间环节多并需要许多人配合才能完成的,考察展会服务的各个环节,在展会服务的过程中,容易出现五个严重影响展会服务质量的"服务质量缺口"(如图 7-1 所示)。

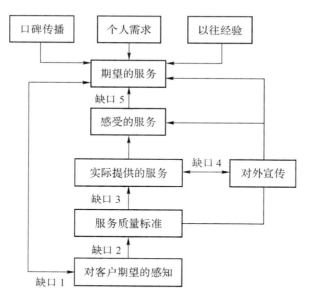

图 7-1　展会服务质量缺口模型

从上图可以看出,展会提供的服务是一个动态的过程。由于各种因素的影响,使展会服务在这一过程中存在几个"缺口",这些"缺口"的存在使展会即使付出了极大的努力,服务却还是处于较低的质量水平。要使展会服务具有较高的质量,能使参展商和观众满意,展会在提供服务时就必须努力消除下述五个"缺口":

1. 认知缺口

认知缺口如图 7-1 中的"缺口 1",就是参展商和观众对展会服务的实际需要与展会对他们这种需要的认识之间的差距。衡量服务质量好坏的基本标准是客户标准,如果展会服务不符合参展商和观众的期望,或者与他们的期望相去很远,即使展会费尽心机,参展商和观众也会认为展会服务质量不高。对此,展会要注重了解目标参展商和观众对展会服务的期望及其发展趋势,如果这些期望是合理的,就在展会服务中努力满足它。

2.设计缺口

设计缺口如图 7-1 中的"缺口 2",认识到参展商和观众对展会服务的需求以后,展会还必须采取适当的方式去满足他们的需求,也就是设计一些服务品种去满足他们的期望。但是,在很多时候,虽然展会能正确理解参展商和观众的期望,可为满足这种期望所设计的服务及其所定的服务质量标准却不能很好地满足参展商和观众的服务期望,或者服务质量标准本身就设计得脱离实际而不可行,于是就产生了设计缺口。设计缺口的存在成为提高展会服务质量的一大障碍。

3.服务提供与交付的缺口

服务提供与交付缺口如图 7-1 中的"缺口 3"。有些展会也理解参展商和观众对展会服务的期望,它们对为满足这些期望所进行的服务设计和设定的服务标准的期望与参展商和观众对其的期望也一致,但是,在实际操作中,由于存在服务人员素质和技术的差异等种种原因,依照这种设计所提供的服务与所定标准或参展商和观众的期望还是有很大的差距,于是就产生了服务提供与交付的缺口。服务提供与交付的缺口很多时候是由于服务提供与交付过程中出现某些偏差而产生的,如服务现场管理不善、服务流程设计不合理、服务人员素质不高等。

4.沟通缺口

沟通缺口如图 7-1 中的"缺口 4"。展会通常会对自己举办的展会进行各方面的宣传,而沟通缺口是指办展机构所宣传的展会服务与其实际提供的服务或承诺之间的不一致。展会对服务的宣传通常是根据自身服务提供能力和市场研究结果而提出,参展商和观众往往根据经验属性、个人需求和信任属性来判断服务的好坏,这很容易产生沟通缺口。这时,展会夸大其词的宣传将提高参展商和观众对展会服务的期望,如果到时展会不能满足他们的期望,将严重影响展会的形象;但如果展会服务能力很强却又宣传不力,就会使参展商和观众对本展会形成比竞争对手低得多的期望,这十分不利于本展会展开市场竞争。

5.期望感受缺口

期望感受缺口如图 7-1 中的"缺口 5"。期望感受缺口是指参展商和观众实际感受到的展会服务与他们对该服务的期望之间的差异。参展商和观众在展会现场感受到的服务可能超出他们的原来期望,也可能低于他们原来的期望,前者将会使参展商和观众对展会极为满意,后者将使他们对展会深感失望。

上述服务质量缺口是经常存在的。展会可以根据上述模型提供的思路,尽量了解和引导参展商与观众对展会服务的期望,加强对展会服务的创新和管理,努力消除上述缺口,使本展会的各项服务成为无质量缺口的高效优质服务。

7.2　展会开幕方案策划

展会现场工作一般由三部分组成:展会开幕管理、展会专业观众登记管理和展会现场工作管理。展会开幕管理是展会现场工作的第一个阶段,它是对展会开幕式的筹划、准备、控制和协调。展会开幕式是展会筹备过程的结束,同时也是展会展览期间的开始。因此,筹划好展会的开幕式,对举办好展会有着十分重要的作用。

7.2.1　展会现场布置

在举办展会开幕式之前必须将展会现场布置好,以便为展会举行开幕式和观众到会参观做充分的准备。展会现场布置需要安排好以下各项内容:

1.展会开幕现场

需要布置好开幕背板、门楼或展会横幅,并在背板上写上展会名称,开放时间,展会的主办、承办、支持单位等办展单位的名称等。如果有单位祝贺展会开幕或有企业做现场广告,还要布置好现场空飘气球或其他广告牌等。如果展会开幕现场有表演,还要按表演的需要布置好表演的场地。开幕式现场要布置得庄严隆重,气氛要营造得符合展会定位的需要。

2.展馆序幕大厅

要布置好展馆、展区和展位分布平面图,各服务网点分布图,各参展企业及其展位号一览表及名录牌,展会简介牌,展区参观路线指示牌,展会宣传推广报道牌,展会相关活动告示牌等。序幕大厅的布置要与整个展会的气氛相协调,要醒目,容易辨认。

3.展会各展馆

除了各参展企业的展位以外,还要布置好各展馆(展区)的主要展览内容提示牌、参观路线指示牌、本展区服务网点提示牌、至其他展馆(展区)的路线提示牌、本展区参展企业及其展位号一览表等。上述内容要布置在展馆(展区)比较显眼或观众容易迷路的地方,这样更有利于观众参观。

4.展会嘉宾的休息室或者会客室

除了要配备一些茶水、咖啡和小点心等以外,还可以放一些有关展会的介绍资料。如果有必要,还可以为该休息室或会客室配备专门的服务人员或者翻译人员。

5.其他

为方便参展商现场租赁各种展具和申请额外用水用电,展会可以在展馆适当的地方设立展会布展"一条龙服务点",集中处理参展商布展及展览期间租赁展具和申请额外用水用电的需求。另外,为方便参展商和观众,还可以在展馆序幕大厅、展馆的主通道或其他便利的地方设立联络咨询服务中心,安排专门的人员在该中心负责接待和联系客户,现场处理和回答客户的有关问题。如果展会规模较大,除该联络咨询服务中心外,展会还可以在其他合适的地方再设立一些联络咨询服务点,为客户服务。

上述各种布置必须在展会开幕前完成。因为展会一旦开幕,观众就将入场参观,如果展会现场的各种布置在观众进场后还未完成,那势必会严重影响展会的现场秩序和展会的整体形象,影响观众的参观和参展商的展出效果,对展会发展不利。

7.2.2　媒体接待与管理

展会开幕前,展会要与有关媒体取得联系,为召开展会开幕新闻发布会,或邀请媒体记者对展会开幕现场和展览现场进行采访和新闻报道做准备。邀请的媒体记者包括新闻记者和摄影记者。

许多展会在开幕前会举行一次新闻发布会,向媒体通报展会筹备情况,并告诉社会各界展会将按计划如期举行。这次新闻发布会是展会开幕方案的一个组成部分,它起到将展会消息提前通知新闻界的作用,使新闻界提前对展会开幕进行预备报道,并让他们对随后到来的展会开幕进行的各种采访有一定的准备。新闻发布会的筹备及其有关情况请见本书第六章的论述。

很多展会都会在展会现场适当的地方开辟一定的区域作为展会的新闻中心供各媒体和记者使用。在新闻中心里,除了要配备电脑、传真机、写字台、纸笔等供记者写稿、发稿用的必要设施之外,还要配备供记者小憩的茶水、咖啡以及小点心等。新闻中心里还可以放一些有关展会的介绍资料,如展会的办展背景、行业概况、展会特点、相关活动安排计划以及展会的相关数据等,以便记者在写新闻报道时参考。新闻中心一般只供媒体的有关人员使用,其他人员除非被邀请,否则不准进入。

展会可以给所有的媒体记者每一个人发放一个新闻袋。新闻袋里放置的资料一般有:展会开幕新闻通稿、展会背景介绍、展会特点介绍、展会有关数据、展会相关活动安排计划、展会会刊、展会参观指南以及一些小礼品等。新闻袋务必发放到每一个记者手中,这样更有利于他们编写展会新闻报道。

展会要安排专人负责新闻记者的接待和联络工作。负责接待新闻记者的展会工作人员要对展会的有关情况非常熟悉,能随时回答记者提出的有关展会的各种问题。如果记者希望现场采访某些参展企业、出席展会开幕式的嘉宾或者某些重要的观众,而展会又认为可行,那么展会要事先与有关人员取得联系并征得他们的同意,然后安排好具体的时间和地点,通知记者到时采访。为示尊重,采访完毕后,如果记者采访的内容在有关媒体上发表,最好在会后邮寄一份给被采访的有关人员。

展会可以有意识地组织、引导和安排各新闻媒体对展会进行新闻报道,为各媒体记者提供必要的展会资料,积极回答记者提出的各种问题。展会可以根据不同媒体的不同新闻需求来向其提供不同的展会资料。例如,专业媒体更倾向于报道一些较专业的行业新闻,大众媒体则更注重大众所喜闻乐见的新闻。只要报道的基调一致,展会可以引导不同的媒体从不同的侧面对展会进行报道。

对于各媒体和新闻记者对展会的各种采访报道,在展会展览期间及展会闭幕以后要注意及时收集和整理,要分析这些资料对展会报道的内容和角度是否符合展会发展的需要,分析这些报道还有哪些可以改进的地方,以便下一届展会开幕时与媒体沟通改进。如果某些媒体对展会的报道有失偏颇,就要及时采取补救措施来扭转媒体的报道视角。

7.2.3 展会开幕

展会一般以举行开幕式的形式来宣告开幕。开幕式是一项较为大型的活动,一般会有有关领导参加并伴有一些表演活动,涉及的层面很多,事务也很复杂,需要事先经过周密的部署和仔细的筹划。

1.开幕时间和地点

关于展会开幕的时间和地点要提前做好安排并通知到有关方面。展会开幕的时间一般不宜太早,太早了不利于参展商进场准备和出席开幕式的嘉宾按时到场;展会开幕式持续的时间也不宜太长,太长了会让等待进场参观的观众产生厌烦的情绪,如表7-3所示。开幕式的地点一般安排在展会展馆前的广场上,这样更方便有关人员在开幕结束后入场参观。如果开幕式上安排有一些表演活动,要注意适当安排好表演的时间和地点,使表演和展会开幕式交相辉映、相得益彰。

表7-3 展会开幕日程安排示例

日　期	时　间	内　容	备　注
2月26日	9:00—17:00	摊位搭建及装修	
2月27—28日	9:00—17:00	展品进场及布展	
2月28日	13:00—15:00	消防安全检查	
3月1日	9:30—10:00	开幕典礼	9:00嘉宾报到
3月1日	10:00—17:00	展　出	
3月2—4日	9:00—17:00	展　出	
3月5日	8:30—17:00	撤　展	

2.出席开幕式的主要嘉宾

展会一般都会邀请一些行业主管部门官员、行业协会与商会的领导、外国驻华机构代表以及其他有关人员作为展会的嘉宾出席展会开幕式。对于这些嘉宾,展会要事先落实他们的名单并与他们多方沟通,告诉他们展会开幕的准确时间和地点;一旦他们出席开幕式,展会就要派专人负责接待,要准备签到簿让嘉宾签到。如果有必要,该接待人员还要懂外语并承担起翻译的任务。另外,对于这些嘉宾在开幕式嘉宾台上的位置也要事先作出安排。

3.开幕式讲话稿和新闻通稿

开幕式讲话稿和新闻通稿是展会对外宣布展会正式开幕的"宣言",它对于社会各界正确认识展会有重要的影响。展会开幕讲话稿与展会新闻通稿在内容上有相似之处,只不过展会开幕讲话稿比展会新闻通稿更简化。展会新闻通稿是各新闻媒体报道展会的基调,是展会给媒体和记者的第一印象,展会要认真准备。

4.开幕方式的确定

展会可以以多种方式来举行开幕式,如鸣放礼炮、嘉宾剪彩、领导讲话等。如果是鸣放礼炮,要事先安排好布置礼炮的地点和鸣放礼炮的时机;如果是嘉宾剪彩,要安排好剪彩嘉宾,并安排礼仪小姐;如果是领导讲话,要准备好讲话稿。展会开幕式里也可以同时包含上述几种活动。一个展会典型的开幕式的程序一般是：由展会工作人员引领国内外嘉宾至开幕式主席台就位，开幕式主持人主持展会开幕并介绍到会嘉宾，主持人请有关领导讲话，相关开幕表演开始，某位重要嘉宾宣布展会正式开幕，主持人宣布开幕式结束并请各位嘉宾和展会观众进场参观。整个开幕式的程序要紧凑，不拖拉；开幕式上的表演要恰到好处，不喧宾夺主。开幕式结束后，重要的嘉宾参观展会要有专人陪同；如果嘉宾对展会某方面感兴趣，陪同人员要能随时作出相关说明和介绍。

值得一提的是，近年来，随着我国会展业日益发展，展会主办单位对展会开幕式有一种"简办"和"不办"的趋势。所谓"简办"，就是简化展会开幕式的程序、减小规模和规格，使展会开幕更简洁；所谓"不办"，就是干脆不举办有关展会开幕的任何仪式，在展会开幕日，直接开放展会给观众参观。尽管如此，了解展会开幕策划的相关知识还是很有必要的，因能做到有备无患。

7.2.4　开幕酒会

在开幕的当天，展会往往还会举行开幕酒会，用来招待出席开幕式的领导、嘉宾和参展商代表。开幕酒会是展会的一项重要公关活动，它可以很好地起到促进展会与参展商、行业领导和其他有关各方面的关系的作用。

举行开幕酒会，展会要事先安排好酒会举办的地点、时间、酒会的方式、出席酒会的人员范围、酒会的标准等。

1. 地点

开幕酒会最好安排在离展馆不远的酒店里举行。选择举办酒会的酒店时，不仅要联系展会的实际考虑酒店的档次，要根据酒会的规模考虑酒店的接待能力，还要考虑出席酒会的有关人员到酒店的便利程度。另外，对于酒会的安全问题也要加以充分考虑。

2. 时间

开幕酒会可以根据展会的实际需要安排在展会开幕当天的中午或者晚上，很多展会都将酒会安排在当天晚上，这样更有利于有关嘉宾尤其是参展商代表安排出席酒会的时间。如果酒会安排在晚上，则酒会开始的时间不宜太早，也不要太迟。太早了参展商代表可能还在展馆里忙碌而无法出席酒会，太迟了可能会影响到展会嘉宾的其他活动安排。

3. 方式

开幕酒会可以采用自助餐的形式，也可以采用围餐的形式。在酒会开幕前可以安排一个小型的鸡尾酒会供大家互相认识和交流。在酒会正式开始前可以由办展单位领导致简短欢迎词，并安排其他有关领导发表简短讲话。酒会期间，可以播放音乐，也可以安排表演活动以活跃气氛。

4. 出席酒会的人员范围

一般来说，出席酒会的人员要包括出席开幕式的领导和嘉宾、办展机构的领导和代表、行业协会和商会的领导、参展商代表、行业主管部门官员、新闻媒体、工商管理部门的代表、有关外国驻华机构代表等。出席酒会的人员范围一定要全面兼顾，不能漏掉某一方面。另外，出席酒会人员的总人数要事先计划好，要避免出现人员爆满而有人没有座位或者空出大量座位的不良现象。对于出席酒会的所有人员，展会都要事先通知他们有关酒会的情况，并对他们发出正式与会邀请，派专人跟踪落实他们到会情况。

5.酒会的标准

酒会标准可以按展会的总预算中对酒会的预算来具体安排,并根据该预算做好酒会的详细预算。酒会预算可以按出席酒会的人数以每人多少钱来计算,也可以根据酒会有多少桌按每桌多少钱来计算。不管按什么标准来计算,酒会的档次都要适当。

值得一提的是,近年来,随着我国会展业越来越接受"勤俭办展"和"绿色办展"的理念,展会主办单位对展会开幕酒会有一种"简办"和"不办"的趋势。所谓"简办",就是减小展会开幕酒会的规模、规格和简化程序,使展会开幕酒会更简洁;所谓"不办",就是干脆不举办有关展会开幕酒会。尽管如此,了解展会开幕酒会策划的相关知识还是很有必要的,因能做到有备无患。

7.3 专业观众登记方案

基于专业观众在展会中的重要地位,展会一般对专业观众到会情况都极为重视,并安排专门的程序对到会的专业观众进行登记,以全面掌握这一宝贵资源。为做好展会专业观众登记及相关服务工作,在进行专业观众登记前,展会一般要准备好以下几种资料:展会参观指南、观众登记表、展会证件、展会会刊等。

7.3.1 展会参观指南与观众登记表

展会参观指南,是展会编印的用来指引观众参观展会的一种小册子。它主要是向展会的专业观众、媒体记者以及与会参观的嘉宾发放。到会的观众、媒体记者和嘉宾借助于参观指南可以更加方便地参观展会。好的参观指南就像是到展会参观的指南针,有了它的指引,观众不但可以很方便地找到自己要到的展馆或者展区,还可以很容易地找到某一个具体的参展企业的位置。

参观指南主要包括四个方面的内容:第一,展会的基本内容,包括展会的 LOGO、名称、展览时间和地点、办展机构名称和展品范围等。第二,展会的简短介绍,主要简单介绍展会的规模、参展企业数量和来源、展品特点、展会相关活动安排等。第三,展区和展位划分与安排,主要包括展会的展区展位划分图,各展区的位置和范围、各参展企业名单及其展位号一览表,大型或知名参展企业的名字及具体位置等。第四,其他有关图表,主要有展馆在该城市中的位置及交通图、展馆内部交通图、展馆内各服务网点的分布图等。参观指南的编写一切都是从观众的需要出发,为了方便观众到会参观,因此,参观指南一定要编写得实用,简单明了,条理清楚,一目了然。

参观指南主要是为指引与会者参观而编印的。在与会者进入展馆之前,为了收集专业观众的有关信息,展会一般还要对专业观众进行登记,为此,展会还要编印观众登记表。

观众登记表是用来收集专业观众信息的一种问卷调查表,专业观众需要填写它才能取得可以进入展馆参观展会的"专业观众证"。展会通过观众登记表收集到会观众的信息,这些信息是展会今后调整展会经营思路、进行观众系统分析和进行展会客户关系管理的重要依据。观众登记表主要包括两部分的内容,一是问卷调查的问题,一是观众的联系办法。

问卷调查的问题一般至少包括以下五个方面：一是调查观众所在单位的业务性质，二是调查观众感兴趣的产品和技术种类，三是调查观众参观本展会的主要目的，四是调查观众在产品购买中的角色，五是调查观众从什么渠道得知本展会的信息。调查的前两个问题主要是想了解观众对本展会展品范围的态度如何，了解本展会的展品范围是否符合市场的需要，以便今后据此作出适当的调整；第三个问题主要是想知道观众为什么来参观本展会，以便今后更好地调整展会的功能；第四个问题主要是想了解观众的质量如何；第五个问题主要是想检测展会宣传推广的效果以便今后适当调整宣传推广策略。

观众联系办法部分主要包括：观众的名字、职务及其所在单位的名称、地址、联系办法等。在设计"地址"一栏时，往往把观众来自的国家/地区、省和城市单列出来，这样更能了解观众的地域来源构成。了解到观众的地域来源构成，展会就可以更好地调整和执行其宣传推广和招商策略。

7.3.2　展会证件

展会开幕以后，展会一般要实行证件管理：有展会认可的证件才能进入展馆参观。实行证件管理的目的在于维持展会现场良好的秩序，保证展会的安全和参展商取得较好的展出效果。根据实际需要，展会一般要印制八种证件：

（1）参展商证。供展会参展商进出展馆使用。

（2）筹（撤）展证。供展会在布展和撤展时，承建商和参展商的相关工作人员使用。筹（撤）展证在展会展览期间一般不能使用，在展会展览期间承建商和参展商的相关工作人员不能凭此证进出展馆。

（3）专业观众证。供展会的专业观众使用。专业观众在填写上述"专业观众登记表"后取得本证，凭本证可以进入展馆参观展会。

（4）贵宾证。也叫 VIP 证，供到会参观的嘉宾使用。

（5）媒体证。供各新闻媒体的记者及摄影等工作人员使用。

（6）工作人员证。供办展机构的有关工作人员使用。

（7）车证。供参展商、观众和到会嘉宾在展馆停车场停车之用。

（8）门票。有些展会对普通观众开放并出售门票，专业观众凭"专业观众证"进馆参观，普通观众凭门票进馆参观；还有一些展会对所有的观众都出售门票，所有观众都凭门票进馆参观。

为了便于展会现场管理，展会一般要求所有进馆人员都必须将有关证件佩戴在胸前，并自觉配合展会保安人员的查验。所有的证件一般都不许涂改、不许转让，也不允许一证多用。

7.3.3　会刊的编印与发放

展会会刊是本届展会所有参展商的有关信息的汇编。它是展会为参展商提供的一项宣传服务，可以补充参展商在展会上接触的信息的不足，为参展商架起一座走向市场的桥梁。展会一般会通过多种渠道将会刊分发到所有参展商、专业观众、行业协会和商会、外国驻华机构等手中，借此帮助参展商扩大宣传，扩大参展商的知名度。专业观众及有关机构也可以凭该会刊寻找自己需要的产品供应商。

展会会刊一般要收录参展商的以下信息:单位名称、地址、联系人、联系办法如电话、传真、E-mail 和网址,单位及产品简介,产品主要面向的市场范围等,同时还会标明该参展商在本届展会里的展位号以便观众寻找。除了上述信息以外,展会会刊还会附上展会展区和展位划分平面图。一些著名展会的会刊发放的范围很广,宣传效果很好,除了提供会刊收录的上述信息外,很多参展商还在会刊里专门刊登企业或产品广告。

会刊的编印是一项十分细致和琐碎的工作。首先,展会应要求所有的参展商必须在规定的时间内提供登录会刊的有关信息,这样展会才有时间及时汇编印刷;其次,各参展商提供的资料必须真实可靠并且文责自负,展会只负责照样刊登;再次,展会必须对所有参展商的信息仔细核对,不能出现与参展商提供的信息不符的错误,例如,不能出现参展商的地址、联系电话和传真等任何信息的印刷错误。

展会会刊一般通过两种方式对外发放:一是免费赠送,二是定价出售。免费赠送主要是赠送给行业协会和商会、外国驻华机构等组织以及所有的参展商,有些展会也部分赠送给展会的专业观众;定价出售主要是出售给展会的专业观众,在展会展览期间,展会可以在专业观众登记柜台附近设一个专门的会刊出售(或赠送)点来出售(或赠送)会刊。对于参展商,展会一般都会免费赠送一定数量的会刊。

7.3.4 观众登记及应注意的问题

展会可以在展馆的序幕大厅或者专门的观众进馆大厅内设立专业观众登记柜台来进行展会的专业观众登记工作,与此相对应,展会还要设立观众登记通道。展会可以根据方便观众登记和展会的需要,对观众登记柜台和通道进行分类管理。

展会可以根据先前对专业观众发放邀请函的情况,将专业观众登记柜台和通道分为"持有邀请函观众登记柜台"和"无邀请函观众登记柜台"。前者负责登记那些持有展会邀请函的观众,后者负责登记那些没有展会邀请函的观众。将观众登记分为"持有邀请函观众登记柜台"和"无邀请函观众登记柜台"有以下好处:第一,减少观众登记现场工作量,提高登记效率。有展会邀请函的观众一般在登记前就在邀请函的附表上填写了展会需要的信息,在现场不必再填写"专业观众登记表"。这可以节约大量的时间,能极大地提高现场登记的效率。第二,由于登记效率提高,观众不必长时间排队等候登记领证。第三,展会录入观众资料更容易,也更准确,更有利于展会进行客户管理。

有些展会在向观众发放观众邀请函时,就将观众一一编号,赋予每一位观众一个客户号码,并将该号码印在给观众发放的邀请函上。一旦观众到会参观,展会只要读取该客户号码就可以知道该客户的有关信息而不必现场录入该信息。这种办法也可以极大地提高展会现场观众登记的效率,也有利于展会进行客户关系管理。

有些展会还会在专业观众证上打印条形码,观众进出展馆时都要用读码机读一次条形码,展会以此来掌握观众进出展馆的次数和他们在展馆里停留的时间的长短。用这种方法,展会还可以控制展馆里的人流量。例如,如果展馆里人流量太大,展会可以适当控制入馆的人数以保证展馆里不至于太过于拥挤。

不管观众登记是由展会自己负责还是委托给专业公司负责,在进行观众登记时都应处理好以下几个问题:

(1)要有专人负责管理观众登记的现场事务,观众登记现场要保持秩序井然,不杂乱。

（2）观众提交的资料要尽量完整。如果观众没有填写好观众登记表的相关内容，现场工作人员要提醒观众填写，并在观众按要求填写后才给其办理进馆手续。

（3）工作人员现场录入的观众信息要力求准确，尽量少出错误。

（4）如果现场来不及录入观众的所有信息，可以录入其中主要的信息，其他信息在展会后期录入。

（5）观众提交的填写好的观众登记表、邀请函和名片等资料要妥善保管，分类整理，以便以后对录入的观众资料进行核对。

（6）现场工作人员的工作态度要好，动作要迅速，并对展会有一定的了解，能回答观众提出的关于展会的一般问题。

观众登记工作为展会"把守门户"。观众登记工作有条不紊地进行，展会现场秩序也会井然有序；如果观众登记出现混乱，展会现场秩序也会受到严重的干扰。观众登记所获得的资料还是展会客户资料数据库重要的信息来源，这些资料不仅可以及时准确地更新和补充客户数据库的信息，还是展会进行客户分析的第一手资料，对展会改善客户关系管理办法和调整宣传推广策略有重要的作用。

7.4　展会现场工作方案

展会现场工作是指展会从布展开始，包括展会展览期间到最后展会闭幕这一段时间对展会布展、展览和撤展等事务的组织管理工作。展会现场工作是展会与参展商和观众等有关方面最直接的面对面的交流。它所包含的事务很多，需要多方面的协调配合，某一方面的工作疏忽或失误就可能会对展会造成严重影响。

7.4.1　布展管理

当展会招展和招商工作已经接近尾声、展会开幕日期临近时，展会就要在所租用的展览馆里迎接参展商进馆进行布展。所谓布展，从参展商的角度看，是指参展商为准备展览而在展会开幕前对展位进行搭装、布置和将展品陈列在展位上的系列工作；从展会的角度看，是指对展会现场环境进行布置和对参展商的有关工作进行协调和管理。

展会布展是展会开幕前的现场筹备工作，一般在展会开幕前几天进行。不同题材的展会需要的时间长短不同。有的展会布展时间很长，如汽车展和大型机械展，布展的时间往往需要一个星期；有的展会布展的时间很短，如消费品展布展时间常常只需要两天。展会布展时间的长短主要取决于展览题材及展品的复杂程度。展会规模的大小对布展时间也有一定的影响，展会规模越大，其需要的布展时间往往越长。对于一般的展会，布展时间常常在 2～4 天。

根据国内对展会的管理规定，展会在组织布展前需要到工商、消防、安保和海关等部门办理有关手续，办理好有关手续后展会才能开始布展。需要办理的手续分别是工商报批、消防报批和备案、安全保卫报批和备案、海关报批和备案。另外，如果展馆位于城市的中心地带，有些城市还需要办理外地车辆进城证以方便外地企业运送展品到展会现场布展。

展会布展正式开始后,展会要对布展工作进行全面协调和管理:

1. 展位画线工作

按照各参展单位租用的场地面积和位置画好每一个展位的地域范围,确定每一个展位的具体位置,方便参展商在自己租用的地方搭建展位和陈列展品。展位画线工作涉及每一个参展商租用展位的具体位置和面积大小,办展机构要认真仔细,一丝不苟,要按照事先对参展商的承诺如实办理。

2. 展馆地毯铺设

在展馆计划铺设地毯的地方按计划铺设地毯,如展馆的公共区域、某些标准展位等。地毯铺设一定要紧贴地面,要美观,不能妨碍行人通行。

3. 参展商报到和进场

各参展商凭合同及其他有关证明到展会现场报到,付清各种款项,领取相关证件,办理入场手续。

4. 展位搭建协调工作

除了一些特装展位由参展商自己搭建以外,展会一般还要负责搭建一些标准展位。不管是标准展位还是特装展位,展会要监督所有的承建商都按展会要求搭建;对于展位搭建中出现的各种问题,要及时协调处理。

5. 现场施工管理和验收

展会要派出专门人员管理各承建商的现场施工,如现场用电、用火、噪声、展位高度控制、电线线缆的安装和走向、灯光的设计和使用、搭建展位的材料的防火性能、展位之间通道宽度的控制、重型机械的地面承重控制、标准展位的标准配置等要及时查验,避免施工现场秩序混乱和出现安全隐患。

6. 海关现场办公

对于海外参展的展品要及时办理海关通关手续,如果海外参展比例较大,可以邀请海关现场办公。对于所有海外参展展品,展会要陪同海关进行现场抽样查验。

7. 展位楣板的制作、安装和核对

各参展商展位的楣板上标有参展商的单位名称和展位号,有的还有参展商的企业标志或展品商标。这些内容是参展商的门面,对参展商非常重要,一定不能有丝毫的差错,展会要派出专门人员认真核对。

8. 现场安全保卫工作

布展期间,现场人员众多,各单位布展施工涉及用水用电,有一定的危险性。展会要负责展会的一般安全保卫工作,但对参展商的展品丢失、损坏和人员以外伤亡等不负责任。为保护自己的展品和人员安全,参展商一般还要为自己的展品和员工投保。

9. 消防和安全检查

所有的展位布置完毕以后,展会还要陪同消防和安保部门对所有的展位进行一次全面系统的检查,保证展会符合消防和安全要求,彻底清除展会现场可能存在的安全隐患。

10. 现场清洁和布展垃圾的处理

展会布展往往会产生大量的布展垃圾,对这些垃圾要及时收集和运出展馆并进行处理。

上述布展工作结束以后,展会的现场布置就已经基本就绪。在布置好展会的开幕现场、序幕大厅、观众登记处、展会相关活动现场和其他各服务网点以后,展会就可以按计划举行开幕式,对外正式宣布展会开幕。

7.4.2　展览期间现场工作

展会开幕以后,展会就进入了展览期间的现场工作阶段,这是展会最重要和最关键的阶段,展会前期的所有准备工作都是为了这一个时期的工作能顺利进行。展会的办展目标、参展商的展览目标和观众的参观目标主要是在这一阶段得到实现,这一阶段的工作直接决定展会举办得成功与否。展会展览期间的现场工作主要包括:

1.参展商现场联络和服务

展览期间,所有的参展商都亲临展会,展会一般都会抓住这一机遇,亲自到各参展商的展位拜访参展商,或者邀请参展商座谈,与他们联络感情,了解他们的需求,征求他们对展会的意见和改进建议,及时为他们提供其需要的各种服务。

2.观众登记和服务

观众通过登记进入展会会场以后,展会要对观众参观、观众信息咨询、中场休息场地和设施的选择、观众与参展商贸易谈判等提供便利和服务。

3.公关和重要接待活动

展会展览期间,展会往往会安排一些重要的公关活动,如邀请重要领导参观和视察展会、接待外国参展和参观代表团、接待行业协会和商会的考察、接待外国驻华机构代表的访问等。这些公关和接待活动对扩大展会影响、树立展会良好形象有重要作用。

4.媒体接待与采访

展览期间,展会还会安排一些媒体对展会进行参观和采访,一些著名的展会媒体还会主动申请采访,如前所述,接待媒体与安排媒体采访对扩大展会宣传推广有重要作用,展会要认真对待。另外,展会还可以通过展会的新闻中心有意识地对外发布一些展会方面的新闻以进一步扩大展会的影响。

5.展会相关活动的协调管理

对于展览期间举办的会议、比赛、表演和其他相关活动,展会要积极安排和协调,如第十章的相关论述。

6.现场安全保卫工作

展览期间的安全保卫工作主要是防止可疑人员进入展会、防止展品丢失和被盗、展会消防安全保护、协助参展商处理一些安全保卫方面的工作等。和布展时一样,展览期间展会也只负责提供一般的保护工作。

7.现场清洁

展会一般要负责展场公共区域如通道等的清洁卫生工作,展览期间以及每天闭馆后派出相关人员清洁和打扫这些区域;展会一般不负责各展位里面的清洁卫生工作,这些区域的清洁卫生工作由各参展商自己负责。

8.有关信息的收集整理

展会展览期间,各种信息汇集于同一个展馆里,展会要抓住这一时机收集有关信息,如对参展商和观众进行问卷调查,了解他们对展会各方面的看法和意见等。展览期间收集的信息是改进展会办展策略的重要参考资料,展会要认真收集、分析和整理。

9. 与场地部门结算工作

展会要派出专门人员与展馆场地部门核对展会租用面积、参展类别和各服务收费,准备相关资料和数据,为展会闭幕后与场地部门结算做准备。

10. 与有关方面商谈下一届展会的合作与代理事宜

展览期间,展会的各合作单位和招展、招商代理一般都会亲临展会,这时,要与他们商谈下一届展会的合作与代理招展、招商等事宜,为下一届展会提前做准备。

11. 为下一届展会招展预订展位

展览期间,行业内企业和人员大量汇集,展会可以在大会现场设立专门"招展办公室",负责为参展商预订下一届展会的展位。

展会展览期间的现场工作涉及的面很广,展会一定要事先周密布置,仔细安排,责任到人,确保每一项工作都有专人负责,使每个工作人员分工合理、责任分明、分工协作,共同管理好展会的现场各项工作。

7.4.3　知识产权保护

展会开幕前后,展会往往会邀请有关知识产权保护部门在展会现场设立专门的"知识产权保护办公室",负责处理参展商有关知识产权方面的侵权投诉,处理可能出现的侵犯知识产权的事件。对于被投诉侵犯了知识产权的展品,展会一般会暂时禁止其展出;如果该产品被证明是侵犯了知识产权,展会将禁止其展出。展会一般只负责配合各参展商保护自己的知识产权,负责协助解决知识产权方面的纠纷;但对于某些参展商的知识产权被另一些参展商侵犯,展会不负具体责任,侵犯知识产权的责任由具体参展商自己承担。

【经典案例】

第101届广交会保护知识产权的新举措

广交会是我国最早设立知识产权保护机构的展会之一,为加大知识产权的保护力度,第101届广交会采取了四项新举措:

一、全面修订《涉嫌侵犯知识产权的投诉及处理办法》。新办法规定,交易团和参展企业签订《广交会展位使用责任书》,把各交易团、商会平均涉案率与下一届参展的展位数量挂钩,涉案率超过一定比例的交易团,扣减一定数量的下一届参展展位。

二、与境外参展商和组展单位签订互不侵犯知识产权承诺书,加强巡查。

三、展会开幕前,将前两届涉嫌侵权投诉次数较多的知识产权目录和图案下发到各交易团、商会,做好展前自查自纠工作,并对列入黑名单的企业及展品重点检查。

四、展会承办单位与广东省知识产权局联合举办以"保护知识产权,促进创新发展"为主题的知识产权日宣传活动。

7.4.4　撤展管理

当展会按计划的天数进行展览完毕以后,展会就要准备闭幕,展会闭幕标志着本届展会正式结束。然而,展会闭幕并不意味着展会现场工作就此结束。展会闭幕后,展会的撤展工作还需要展会的大力介入和进行必要的管理。

展会的撤展工作主要包括:展位的拆除、参展商租用展具的退还、参展商展品的处理和回运、展品出馆的控制、展场的清洁和撤展安全保卫等工作。

1. 展位的拆除

展览完毕,各参展商的展位要安全拆除,让展览场地恢复原貌。展位的拆除工作一般在展品取下展架后才进行。如果参展商使用的是标准展位或者委托施工的展位,展位的拆除工作一般由承建商负责;如果参展商使用的展位是自己施工搭建的,展位的拆除工作就要由参展商负责。展位的拆除工作有时比布展时更为复杂,也更为危险。展会要监督各参展商或承建商按规定的程序进行展位的拆除工作。

2. 参展商租用展具的退还

展览完毕,各参展商临时租用的展具要及时退还展馆服务部门或者各承建商。如果参展商在退还展具时和展馆服务部门或承建商之间出现问题,展会可以从中协调。

3. 参展商展品的处理和回运

展览结束后,参展商的展品有四种处理办法:出售、赠送、销毁和回运。有些展会不许现场出售展品,这时,参展商就不能在展览结束后将展品卖给观众;参展商可以将展品赠送给客户、当地代理商或其他有关人员。如果某些展品不便赠送或者参展商不愿出售和赠送,往往就地销毁;对于一些价值较大又无法现场售出的展品,参展商往往要将他们运回去。展品回运的相关事宜请参见前面有关章节的论述。

4. 展品出馆控制

为了保证所有出馆人员带出展馆的展品是他自己的物品,在展会展览期间及展会结束后,展会要对所有的出馆展品进行查验后才给予放行。展会对出馆展品实行"放行条"控制,对于需要出馆的展品,相应的参展商要向展会申请"放行条",展会在查验展品与"放行条"一致时才准许其出馆。

5. 展场的清洁

展会撤展时往往会比布展时产生更多的垃圾,对于这些垃圾,展会或其指定的承建商要及时处理。不要在展会结束后在展馆留下大量的垃圾,也不要弄脏展场地面和其他有关设施。

6. 撤展安全保卫

展会撤展时往往比较杂乱,展会不要松懈撤展现场的安全和消防保卫工作。

展会的撤展工作是在展会闭幕后才进行的,但展会撤展管理的准备工作要在展会撤展前就准备就绪,这样才能保证展会撤展工作有条不紊地进行,不然,撤展工作就可能会出现混乱。

⏵【复习思考题】

1. 简述进行展会服务的策略及如何进行服务质量管理。

2. 如何策划好展会的开幕方案?

3. 如何举办展会的开幕酒会?

4. 进行专业观众登记应注意哪些问题?

5. 在展会布展和撤展时应注意哪些问题?

第8章

展会时间管理方案策划   ≫ ≫ ≫   ≫

☞【本章要点】

> 本章是从展会策划的整体角度回过头来讲述如何对展会筹备进行时间和进度控制的问题。主要包括：展会时间管理的基本方法；展会招展时间管理；展会招商时间管理；展会宣传推广时间管理；展会服务及筹展撤展时间管理；展会整体进度时间管理等。

"不能管理时间，便什么都不能管理。"展会作为一种涉及多个行业的综合性大型活动，不管是策划、筹备、营销，还是开幕，无不要求在时间安排上有高度的协调性和适应性。要使展会成功举办，一定要对展会的招展、招商、宣传推广、筹展撤展等各个环节进行严格的时间管理，并在整体进度上进行统筹。

8.1 展会时间管理的基本方法

在时间进度上对展会的各项工作进行合理的安排，是成功举办展会的前提条件之一。展会筹备工作涉及方方面面，在举办展会时应对展会各筹备工作在时间进度上进行合理安排，并在具体执行时进行严格的时间管理，展会的各项筹备工作才能按要求齐头并进，展会才能按预定的时间如期举行。

8.1.1 展会时间管理的含义

会展业是一种"与时间赛跑的行业"。一旦展会的开幕日期确定并对外宣布，在该日期之前，一切筹备工作必须准备就绪，否则，届时展会就无法顺利开幕。这意味着展会的各项筹备工作必须"和时间赛跑"，并最终要跑赢时间。在会展业，时间已经和成本、规模与品质一样，成为影响展会成功运营的基本要素。

展会时间管理，是指将时间看成是和市场、客户、质量与成本等一样重要的展会成功运营的基本要素，在安排各项工作时充分考虑时间方面的需要以及它们彼此在时间上的协调性,以时间为基础形成快速反应和协调能力,促进展会工作的全面展开。办展单位对展会的各项筹备和组织工作在时间上要通盘考虑、统筹安排,使各项工作在时间安排和进度上符合展会整体筹备和组织工作的需要,在时间上保证展会最终如期举行。对展会进行有效的时间管理是现代会展业发展的必然要求,也是保证展会成功举办的重要条件之一。

基于会展业的特殊性,对展会进行时间管理,不仅要对展会整体筹备和组织工作进行管理,还要对各重要组织环节进行管理。具体来说,展会时间管理的内容主要如表 8-1所示。

表 8-1　展会时间管理的主要内容

主要内容	描　　述	追求的目标
招展时间管理	对招展工作在时间上进行合理安排,对招展进度进行有效监督和控制	在展会预定开幕时间以前圆满完成招展任务
招商时间管理	对展会招商在时间上进行合理安排,在进度上进行有效监督和控制	使展会开幕后有足够数量的有效观众到会参观
宣传推广时间管理	使宣传推广在时间安排上与招展、招商和品牌建设要求相适应	促进招展、招商和品牌建设
展会服务时间管理	在时间上合理安排展会的展前、展中和展后服务及其各个环节	保证客户得到快速、及时、高效以及规范的展会服务
筹撤展时间管理	使展会筹展和撤展在时间和程序上安排合理	使展会筹展和撤展工作井然有序;缩减展会成本支出
展会整体时间管理	站在展会整体的宏观角度对各项工作在时间上进行合理规划和安排	使各项工作符合展会整体进度的要求和需要

对展会进行时间管理,不仅要求有关管理人员必须要具有全局的眼光和整体的视角,能从时间上对展会的整体安排和进度进行监督与把握;还要求负责展会招展、招商、宣传推广、展会服务以及筹展撤展等工作的具体工作人员要有强烈的时间观念和团队精神,既要在时间上合理安排自己所负责的工作,也要使自己的工作在时间上与其他有关工作相配合,这样才能保证展会的整体时间进度按既定计划进行。

8.1.2　展会时间管理的基本原理与步骤

展会时间管理是充分考虑到时间因素在展会筹备及正式举办过程中的重要性,从时间方面对展会筹备及正式举办过程中的各项工作进度及其整体协调性进行管理,在时间方面保证展会成功举办。

1. 基本原理

对展会进行时间管理,要遵循以下七个基本原理,如表 8-2 所示:

(1)时间性原理。会展业的一大显著特点是:事先确定一个展会将要开幕的日期并对展会的各项工作进行策划和安排,然后在这个日期到来之前按预定的计划陆续完成展会的各项筹备工作。这一特点使展会筹备给自己定下了一个最后期限,在这个期限之前必须圆满完成各项既定的筹备工作;一旦这一开幕日期确定下来,以后的工作"是在与时间赛跑"。因此,对展会进行时间管理,首先要充分重视时间因素的作用。

(2)系统性原理。举办展会是一项涉及面很广的系统工程,展会筹备本身的各项工作,和其外围配套工作都聚合在这个大系统之中,这使展会工作具有以下三个特点:第一,聚合性。展会的各项工作可以分成若干个子系统,展会举办工作是这些既相联系又各自独立的子系统的大聚合。第二,层次性。展会举办工作是有很强的层次的。第三,相关性。展会的各项筹备工作互相配合、彼此影响、相互关联,各项工作具有很强的相关性。所以,对展会进行时间管理,要将展会看成一个大系统,以系统的眼光来管理展会的各项工作。

(3)人本原理。会展业是现代服务业的重要组成部分,在现代服务业中,提供和从事服务的人起到了重要的作用,服务质量的好坏和提供该服务的人的表现直接相关。对展会进行时间管理,要充分调动人的积极性,重视人的能动作用,实行人本管理。使客户得到最完美的展会专业服务是展会时间管理的追求。

(4)团队合作原理。会展业是一个依靠团队协作来获得成功的行业。展会筹备工作是多项工作的集合,各项具体工作又互相影响、彼此关联,一项工作的执行结果直接影响到另一项相关工作的展开,一项工作的滞后会使另一项相关工作更加滞后,展会成功举办是团队精诚协作的结果。

(5)责任原理。展会的工作分别由不同的部门去分工完成,要在既定的时间前完成各自的工作,展会管理必须在合理分工的基础上明确每个部门甚至每个人的任务和责任。责任不是一个抽象的概念,它是在数量、质量、效益、尤其是在时间方面有严格要求的行动规范,各部门或者责任人必须在规定的时间前完成各自的任务,只有这样,展会才能如期举行。

(6)效率原理。展会工作的时间性决定了该工作必须要非常讲究效率,"时间不等人",一旦展会的开幕时间确定下来,要在既定的时间前圆满完成各项筹备工作,工作不讲究效率是不行的,工作拖拖拉拉是办不成展会的。

(7)创新原理。会展业要有很好的计划性、系统性和协调性,展会的很多程序和活动都是事先策划好了的,届时只要按策划方案具体实行就可以了。但是,计划性强并不就是说会展业就可以因循守旧,一旦策划方案确定了就不能更改。其实,没有十全十美的策划方案,一旦环境改变,策划方案的某些内容也必须跟着改变,否则,守旧的脚步永远跟不上市场变化的翅膀,会展业不注重时刻和环境保持协调就难以圆满成功,不跟上市场需求的变化就会被市场所抛弃。创新是会展业永恒的主题,举办展会不能没有创新。

表8-2　展会时间管理七原理及其对应策略

原理	展会时间管理可采取的对应策略
时间性原理	1.在各项工作开展之前就确定其完成的具体期限。2.合理安排展会的筹展、开幕、闭幕和撤展时间及各项相关活动。3.合理安排各项筹备工作的进度,使其能按展会的整体进度要求进行。4.各项筹备工作本身要在时间上进行合理规划,把握工作开展的最佳时机。5.有应急方案,要定期检查,有补救的余地。
系统性原理	1.整体性思维。展的各项工作要统一服从于展会筹备的整体需要,不能有轻全局重局部的倾向。2.要不断适应变化着的各种环境,努力改善自身的内部环境,使展会与社会大环境以及办展单位内部小环境相适应。3.要有综合性的策略。
人本原理	充分重视人的因素,重视对客户需求的追踪和研究,重视充分调动员工的积极性,尊重人、依靠人、发展人,为实现客户的参展(参观)目标而进行。

原理	展会时间管理可采取的对应策略
团队合作原理	1.重视团队精神的发挥。2.充分考虑各项工作的可并行性,不要使并行的工作以串行的方式执行。3.要充分考虑各项工作的后续性和关联性,不要使彼此相关联的工作无以为继。
责任原理	1.规范业务流程,明确分工,使各部门和个人各负其责。2.使相关部门和个人的工作彼此配合,不互相脱节。3.制订相应的监督和控制办法及相应的补救措施。4.制订相应的奖惩办法,使责任与利益挂钩,将责任落到实处。
效率原理	1.展会的各项筹备工作要抓紧时间,合理安排和利用时间,尽量以最高的工作效率来完成。2.有开放的胸怀,善于吸收好的建议,开放地对待客户意见。
创新原理	1.及时捕捉客户不断变化的需求、把握行业变动的脉搏以改进和规范办展业务流程。2.以动态的眼光面对急速变化的市场和客户需求,使展会的各项工作"以变应变""变"中求胜。

2.步骤

在上述原理的指导下,展会时间管理一般分为五个步骤:

(1)目标选择。目标选择就是采用 MBO(目标管理)的管理办法,确定自己在某一段时间内计划要达到的目标,各目标必须在什么时间内达到。这些目标构成了展会在这段时间内的行动指南。

(2)目标排序。并非所有的目标都是同等重要和要同时实现的,给予限定的时间,并按照目标的重要性和紧急性排出优先次序,分清主次,计划好哪些目标必须优先在限定的时间内加以实现。

(3)行动列表。采用 MBO 的管理办法,列明为实现上述目标所需要的各种行动,预计好各行动完成的结果和所需要的时间,将工作进行分解。

(4)行动优化。按每一个计划目标,对实现各目标所需要进行的各种行动分配优先级;对在这段时间内将要采取的各种行动进行合理排序,分清主次,计划好哪些行动需要优先执行,哪些行动需要授权别的部门配合执行,哪些行动可以在有空的时候再执行。

(5)过程控制。过程控制就是对各行动的具体执行过程进行优化控制,尽量合理规划业务流程,使各执行过程流畅。

综上所述,对展会进行时间管理,必须遵循上述七大原理、五个步骤,只有这样,才能从时间上确保展会能按期举行。以下各节,我们就在这七大原理和五个步骤的指导下,对展会时间管理的具体问题进行论述。

8.2　展会招展时间管理

招展是展会筹备的一项极其重要的工作,确保在展会开幕时间以前完成展会的各项招展任务,是保证展会能按期举行的重要前提条件之一。对展会招展进行时间管理,是确保展会成功招展的有效手段。要对展会招展进行有效的时间管理,就要求展会招展的启动时间安排要合理,预留的招展时间要充足,招展进度要受到密切控制,重点招展时间要很好地把握。

8.2.1　展会招展工作的时间性

一般来说,除非有重大变故发生,否则,展会的各项日程安排一旦确定下来并正式对外公布就具有不可更改性,展会的各项筹备工作就要按照该日程计划来规划自己的工作进程。由于展会从开始策划筹备到正式开幕一般有1～3年的时间,如果说展会筹备的其他工作在展会筹备刚开始还可以缓一缓的话,那么,展会的招展工作就绝对没有缓一缓的余地。在展会的招展工作还没有圆满完成之前,都必须抓紧进行,否则,到展会开幕时就可能还有展位没有销售出去。

要圆满地完成展会的招展任务,就必须使展会的招展工作满足时间性方面的要求。展会招展工作的时间性要求具体表现在:

1. 展会开幕时间要符合展览题材所在行业产品的产销时间特点

很多行业在销售时间上会形成产品销售的"旺季"和"淡季",各行业的产品订货季节也相对集中和固定。例如,棉袄在深秋季节和冬季旺销,家具经销商往往在年初就开始订货等等。为此,展会的开幕时间原则上要与展览题材所在行业产品的产销时间特点相适应,要尽量将开幕时间安排在该行业产品订货和销售的"旺季"。这样更能调动企业参展的积极性,更能为以后的招展工作创造良好的条件。

如果展会开幕时间定在该行业产品订货和销售的"淡季",企业参加展会的积极性将大打折扣,因为:第一,企业可能已经有大量的订单,全年的生产日程可能因此而已经排满,企业没有必要再去参加展会争取更多的订单;第二,行业新产品的发布时间可能已经过去,企业参加展会很难了解行业产品发展的新动向和新潮流,企业的参展积极性因此而受挫;第三,很多行业龙头企业可能是将在别的展会上已经亮相的产品再转移到本展会参展,本展会的行业号召力和行业代表性因此而受到影响,其他企业参加展会所能获取的行业信息也较为有限,很多企业可能因此而不参加展会。可见,如果将展会开幕时间定在该行业产品订货和销售的"淡季",可能是为展会的招展工作设置了一个看不见的障碍。

2. 展会招展的启动时间安排要合理

现代企业一般都是根据本行业产品的订货和销售时间特点,并结合自己的新产品开发和生产计划,提前制订自己下一年度的营销、产品推广和企业形象广告计划。如果没有特殊情况发生,这一计划一旦制订就不太容易改变。对展会招展来说,目标参展商们制订其上述各计划的时间非常重要,展会招展的启动时间最好是安排在该计划的制订时间之前,这样,就可以使该企业在制订营销计划时将参加本展会也考虑在内。如果展会招展启动时间被安排在企业制订该计划的时间之后,展会就可能没有机会进入该企业的视野,这时,即使该企业想参加展会,但要它为参加展会而再额外增加年度营销预算往往也有一定的困难。

3. 预留的招展时间要充足

通常,策划举办一个新展会,从展会筹备工作的启动到展会正式开幕需要1～3年的时间,如果少于这个时间,展会的筹备工作就有些仓促,展会招展的时间就不太充裕。因为,从信息传播和决策的角度来看,目标参展商从最初得知该展会举办的消息到逐步认识该展会需要一个过程,从了解该展会到逐步接受该展会需要一定的时间,而从接受该展会到最终决定参加该展会更需要展会不断的营销努力。所以,策划举办一个新展会,要尽量考虑到展会招展在时间方面的需要,要给展会招展预留充足的时间,这样展会成功举办的可能性才更大。

对已经举办过的展会来说,很多展会是一年一届,有些甚至是一年两届,这些展会可利用的招展时间较短。由于可利用的招展时间较短,这些展会的招展工作更不能拖延,否则,展会有限的筹备时间就会很快耗尽,展会的招展任务就难以完成。为了给展会争取尽可能多的招展时间,大多数展会从上届展会开幕伊始就开始了下一届展会的招展工作:很多展会在本届展会现场专门为下一届展会设立"招展办公室",为下一届展会进行现场招展。

4. 重点招展时间段要很好地把握

根据展会举办的历史和它所在行业的特点,每一个展会都有自己的"招展黄金时间",展会招展对这段黄金时间尤其要注意重点把握。对于新策划的展会来说,由于刚开始市场对该展会还不太了解,展会必须通过大量的营销活动才能让市场逐步了解自己,所以,尽管付出了很大的努力,但在招展工作刚启动时的招展效果往往并不理想。通过一段时间的招展和展会营销工作,目标客户逐步了解和接受了该展会,展会招展的效果才会慢慢好起来。因此,新展会的"招展黄金时间"一般出现在展会招展工作的中后期,例如,计划12月开幕的展会,招展效果最好的时间往往是8~10月份,在这段"招展黄金时间"里,签约最多,客户反应最快;同时,这段时间对展会招展来说也最为关键,因为展会计划开幕时间临近,如果这段时间招展效果还不理想,那展会能否按期举行就成了大问题。

对于已经举办过的展会,"招展黄金时间"一般有两段:一是和新展一样的在展会招展的中后期,二是在上届展会现场和结束后的招展时期。由于目标客户密集,在上届展会现场招展成本小,效果好,有些展会在本届展览现场就能为下一届展会招展50%以上。

5. 要密切监控展会的招展进度

从展会招展工作启动开始,招展的有关负责人就要开始密切监控展会的招展进度,及时了解目标客户的反应,针对市场情况的变化及时调整招展策略,完成每一段时期的重点招展任务,从总体上把握招展进度。监控展会的招展进度对展会的招展工作非常重要。由于这个问题比较复杂,我们将在下一节作详细论述。

总之,一旦展会开幕日期确定下来了,展会的招展工作就是在"和时间赛跑",展会招展工作安排要充分注意适合招展的时间性要求,这样,展会的招展工作才能事半功倍。

8.2.2　展会招展进度管理

对展会的招展进度进行有效的监控,是展会招展时间管理中最为重要和最为复杂的工作,它直接关系到展会招展工作的成败。

所谓招展进度,是指展会在招展工作启动前为展会招展工作所制订的工作计划,它通过科学的客户信息分析,规划好在什么时段将进行什么样的招展工作,到什么时段将要完成什么样的招展任务。展会招展工作启动以后,招展进度计划就成为招展工作的指南针和参照系。

由于市场情况在不断变化,客户信息在不断更新,展会的招展工作一般很难如当初计划的那样一帆风顺,因此,对展会的招展进度进行有效监控和及时调整就非常必要,否则,展会的招展工作就可能失去控制,招展任务就可能难以完成。

对展会招展进度进行有效监控的方法很多,有些比较简单,只需要按日期列明招展工作和注明招展效果,然后定期与招展进度计划进行对比即可;有些比较复杂,不仅要按日期列明招展工作及其效果,还要注明各工作的负责人和工作顺序等,办展单位可以根据自己的实际情况,制定一个合适的招展进度监控流程。

在实际操作中,一般有三种最为流行的监控方法:一是按目标参展商招展效果进行监控,二是按展位划出数量进行监控,三是将上述两者结合起来进行监控。

1.按目标参展商招展效果进行监控

这种方法是以目标参展商是否已经参展为主要监控对象,招展人员将有关目标参展商的名单一一列举成表,将每次与各目标参展商的联系及对方的信息反馈情况记录在案,再结合展会的宣传推广等营销活动,定期或不定期地将招展效果与招展进度计划进行对比,分析招展任务完成的情况,并对暂时还没有参展的客户进行原因分析以采取进一步的招展措施吸引他们参展。

按目标参展商招展效果进行监控的优点在于能直观地了解哪些客户已经参展,哪些客户还没有参展,能够直接了解客户对招展的反馈意见,便于针对有关客户进一步采取有针对性的措施招展。这种办法的不足之处在于,难以对所有的目标参展商进行列表监控,列入监控表内的往往是一些大的目标参展商,对小客户的兼顾常常不够,并且,这种办法对展馆展位的划出情况难以确切把握,不利于对后续招展的展位分配。

2.按展位划出数量进行监控

这种方法是以展馆展位是否已经划出为主要监控对象,招展人员将展馆所有展位绘成"展位分布平面图",将已经被有关参展商租用的展位用不同的颜色标出,并注明租用该展位的参展商名称。随着展会招展工作的进展,监控人员能很清楚地了解到招展任务已经完成了多少,还有多少没有完成。

按展位划出数量进行监控的优点在于能及时了解展会招展任务已经完成的比例,了解哪些展位已经划出,哪些展位还没有划出,并能根据目前展位划出的情况合理安排后续招展的展位分配。但这种监控办法也有缺点:它难以直接掌握具体目标参展商对展会的意见反馈,不能了解哪些目标参展商已经参展,哪些还没有参展,不利于针对不同的目标参展商采取进一步的招展措施。

3.同时按参展商招展效果和展位划出数量进行监控

这种办法是将上述两种监控办法结合起来对展会招展进度进行监控,它既将目标参展商名单一一列表监控,也绘制"展位分布平面图"对展位划出情况进行监控,同时掌握目标参展商是否已经参展的情况和展位已经划出的情况,再根据这两种情况制定进一步的招展策略,争取获得更好的招展效果。

同时按参展商招展效果和展位划出数量进行招展进度监控,能够充分发挥"按参展商招展效果监控"和"按展位划出数量监控"两种监控方式的优点,尽量避免它们的缺点,同时了解目标参展商参展情况和展位划出情况,有利于同时结合展位划出情况和目标参展商参展情况来调整下一步的招展策略,对促进展会招展十分有利。

上述三种监控方法在展览业的招展实践中使用得十分广泛,其中,尤以第三种办法最为实用,监控效果最好,在实践中最为流行。

8.2.3　给参展商以参展时间指引

为了使展会招展效果最好,使参展商顺利参展,展会在对招展进度计划进行监控的同时,还要对已经报名参展的参展商进行参展时间指引,帮助他们进行参展时间管理。

从参展商报名参展开始,他们筹备参展的时间有时看起来可能很充足,但实际上是十分紧张的。为了参展,参展商要设计展位搭装、选择参展展品、挑选展台人员、安排展品运输,所有这些参展筹备工作不能拖延,越拖延以后的工作越被动。在展会上,经常看到参展商抱怨展会主办者给他们预留的时间不够,其实,"时间不够"有70％以上是参展商本身造成的。因此,为了展会整体展出顺利,办展单位还要帮助有需要的参展商进行参展时间管理。

除了参展商本身不可更改的日程安排以外,从展会主办者的角度,帮助参展商进行参展时间管理主要从以下几个方面入手:

1. 在让参展商理解展会日程具有不可变更性的基础上,协助参展商制订筹展工作计划

展会的很多日程安排具有不可变更性,例如,展会的开幕日期、布展时间和撤展时间等,展会主办者要让参展商理解,他们只能按照这些既定的时间日程来安排自己的参展工作计划,不能寄希望于展会的"特别照顾"。展会要将上述不可变更的展会日程安排明确无误地告诉参展商,并对参展商安排参展计划提供咨询帮助,使他们合理安排参展计划,把握参展筹备时间。

2. 将一些事务性的日程安排以表格的形式通知参展商,帮助参展商及时安排相关事宜

参展商参加一个展会有很多事务性的工作要与展会在时间上进行协调,展会可以将这些事务规定统一的日程安排,并以表格的形式通知参展商,使他们在规定的日期内完成有关工作。例如,将展览场地租用截止期、展会会刊登记申请截止期、额外用电申请截止期、用水申请截止期、展台设计报送审批截止期和有关参展人员证件申请截止期等分别制成相关表格,帮助参展商及早选择确定各有关事项的完成日期。由于多数展会奉行"先到先得"的原则,按申请先后顺序安排和分配有关事项,参展商为获得较好的安排,一般会配合展会日程安排的。

3. 让参展商确定本次参展的具体负责人或联络人名单,使展会和参展商能保持及时的沟通

有些时候,展会的某些日程安排可能和一些参展商的工作日程相冲突,或者,参展商由于特殊的原因造成工作日期延误,不能按展会的时间规定完成有关事项。这时,展会必须与参展商及时沟通,了解原因,共同研究补救措施,促使参展商顺利参展。为此,展会能及时找到参展商负责本次参展的有关人员就十分重要,这是双方保持沟通畅通的良好手段。

展会的筹展工作是由一个个参展商的筹展工作所组成的,每一个参展商的筹展工作进度对展会的整体筹展进度都有影响。参展商筹展工作是否顺利直接影响到展会整体筹展是否顺利,展会帮助参展商进行参展时间管理实际上就是在帮助展会自己。所以,"你顺利,我快乐。"如果所有参展商都筹展顺利,都按展会既定日程安排进行,展会必将喜笑颜开。

【经典案例】

×××展会参展商时间指引

各位尊敬的参展商：

为协助您顺利参展，现将本展会的一些重要时间安排通知如下，请各位参展商了解有关时间计划，并与展会筹备相关部门联络以免错过时机：

展会的开幕时间：2009年11月8日9：30

展会布展时间：2009年11月4日至7日，每日8：00—21：00

展会撤展时间：2009年11月12日至13日，每日8：00—21：00

展览场地租用申请截止日期：2009年10月1日

展会会刊登录申请截止日期：2009年10月20日

展台额外用电申请截止日期：2009年10月25日

展台用水申请截止日期：2009年10月25日

展台设计报送审批截止日期：2009年10月8日

有关参展人员证件申请截止日期：2009年11月1日

……（以下略）

×××展会

2009年×月×日

8.3 展会招商时间管理

观众是展会的一个重要组成部分，确保展会开幕后有足够数量和质量的观众到会参观，是展会主办者要努力的主要方向之一。展会招商的任务就是要为展会邀请到足够数量和质量的观众，对展会招商进行时间管理，就是要从时间上促进展会招商工作顺利展开，使展会招商工作在预定的时间前达到既定的效果，从而保证展会有一定数量和质量的观众。

8.3.1 展会招商工作的时间要求

招展和招商是展会筹备工作的两翼，和招展一样，展会招商工作也具有很强的时间性。展会招商工作必须确保展会开幕后能有足够数量和质量的观众到会参观，必须在展会开幕日期前完成招商任务。

展会的招展进度和招商进度互相影响、彼此促进。随着展会招展工作的进展，展会招商工作日益重要。有些企业在决定参加展会展出前，会向展会探询将有哪些观众到会参观。如果这时展会招商效果显著，展会招商的成效对展会招展工作就会有很大的促进作用。所以，虽然展会招商工作可以稍微延迟启动，但迟缓的时间也不能太长，否则，不但招商任务完不成，对招展还会产生不利的影响。展会招展工作的时间性使展会招商工作也必须具有较强的时间性。

因此,要圆满完成展会的招商任务,在安排展会的招商工作和制订展会的招商计划时就必须注意展会招商工作的时间性,使展会招商计划及工作安排符合招商时间性方面的要求,具体为:

1. 展会招商计划及工作安排要有统一的时间规划

展会招商与招展工作有很大的不同,不论是新创立的展会还是已经举办的展会,展会招展工作一般都有较为具体的目标,招展工作围绕这些目标客户而展开。展会招商工作则不同,除了一些已知的观众名单,不管是新创立的展会还是已经举办过的展会,招商的具体目标对象都没有招展工作明确,而且,招商工作不能给展会带来直接的经济收益,所以,有些展会对招商工作不很重视,对招商工作也没有一个统一的规划,往往到发现其他工作需要招商效果来支持时才临时采取措施,"头痛医头,脚痛医脚",结果展会招商效果很不理想,参展商怨言很多。

其实,展会招商工作和招展一样,也要有统一的时间规划,并且,由于目标观众往往不对展会招商工作直接作出是否决定参观的回应,展会的招商效果往往更难把握。因此,展会的招商工作一定要符合时间性的要求,统一规划,分步实施,使招商活动的展开和招商信息的传播符合认识规律和信息传播规律,逐步加深目标观众对展会的了解,促使他们届时积极到会参观。

2. 把握好展会招商工作的启动时间

尽管展会招商工作可以比招展工作稍晚一些启动,但不是说招商工作的启动时间就可以一拖再拖。对于那些路程较远的观众,如国外的观众,如果招商工作启动得太晚,他们要么是根本没有时间来得及作出参观本展会的计划,要么就是已经决定参观其他展会了;如果招商工作启动得太早,由于时间太长,有些目标观众会把本展会早期的招商活动遗忘。招商工作启动得太早和太晚都不利于展会取得较好的招商效果。

展会要注意把握招商工作的启动时间。一般专门的招商工作可以在招展工作已经有一些效果时才开始大规模地进行,这样做有以下好处:第一,节省招商费用支出。如果招商活动启动太早,早期的招商活动一般效果不大,但费用较高,展会可以将这些费用集中起来在合适的时间使用。第二,能取得更好的招商效果。观众一般在知道有哪些企业参展后才决定是否来参观,如果展会招展还不见起色就启动招商工作,展会将很难回答"有哪些企业参展"这样的问题;招展有效果以后,展会就可以轻松地回答这样的问题,目标观众也更有理由要来参观。

3. 招商进度要与招展进度相协调

展会的招商效果与招展效果既互相影响,又彼此促进。一方面,观众多了参展商自然更愿意来参展,招商的效果好可以促进展会更顺利地招展;另一方面,参展企业多而且质量好,观众也自然愿意来参观,招展的效果好也可以促进展会更顺利地招商。反之,如果招商的效果不好展会的招展就会很困难,如果招展的效果不好展会的招商也不会很顺利。

所以,展会在制订招商计划时,不仅要考虑自身的时间性,还要充分考虑到它与展会招展计划在时间上的协调性,要在时间和进度上对这两个计划进行通盘考虑,使两者相互促进,不能让它们彼此拖后腿。

4.要善于把握展会招商工作的"黄金时期"

和展会招展工作一样,展会的招商工作也有"黄金时期"。在这段"黄金时期"里,展会的招商活动最能对目标观众的参观决策产生影响,展会的招商活动对观众的影响最大,招商的效果也最好。

展会招商的"黄金时期"一般也在展会筹备工作的中后期,展会要努力抓住这一时期,尽量提高招商效果。由于这一时期临近展会开幕时间,如果展会招商工作没有把握好这一招商重点时期,展会的招商效果将再也没有时间来弥补了。

5.要密切监控展会的招商进度

展会的招商工作一旦开始就不能停止,各项招商工作必须按计划展开,稳步推进。为保证招商工作按计划执行并取得良好的效果,负责展会招商工作的人员必须对招商进度进行密切监控,随时跟踪招商进度,分析新情况,发现新问题,及时调整招商策略,使招商效果达到最好。由于对展会招商进度进行监控比较重要,也比较复杂,我们将在下一节专门针对这一问题作详细的论述。

总之,展会的招商工作也具有较强的时间性。展会招商工作的这一特性要求办展单位对展会招商工作要有统一规划,要合理安排招商工作进度,并对该工作进度进行密切监控。

8.3.2　展会招商进度管理

在展会策划和营销的实践中,目标观众往往对展会的招商活动不作出自己是否决定参观的回应,这使展会较难把握招商活动的效果。为了确保展会开幕后有足够数量的观众到会参观,展会必须掌握展会招商的进展情况,了解展会的招商效果。

一般展会专业观众数量少的有数千人,多的有数万人,有的甚至达十几万人。面对如此庞大的客户群,展会很难像了解每个参展商那样清楚地了解每个观众,并且,由于目标观众往往对展会的招商活动不作出自己是否决定参观的回应,这使展会招商的目标对象不仅数目庞大而且还具有很大的不确定性,也使对展会招商进度的监控不能像对展会招展进度的监控那样进行。对展会的招商进度进行监控一般有以下三种办法:

1.按既定的招商进度计划进行监控

按既定的招商进度计划进行监控就是事先根据市场分析情况和已经掌握的目标观众数据信息,结合展会招展工作的需要,参照展会的实际情况,制订一个合理的招商进度计划。展会招商工作启动以后,如果没有特殊情况出现,就严格按该计划实施展会的招商工作。负责展会招商监控的有关人员就以该计划为主要参考标准,对展会的招商进度进行监控。

按照这种办法对展会招商进度进行监控,要求展会的招商进度计划必须符合展会的需要,能产生良好的招商效果,并切实可行,否则,即使对展会招商进度进行监控,招商工作也难以取得较好的效果。另外,按照这种办法来监控招商进度,展会的招商进度计划还必须制订得有一定的弹性,能在一定条件下对进度计划进行必要的调整,否则,一旦特殊情况出现,招商工作就可能会停顿下来。

2.按观众参观申请登记情况进行监控

总会有一部分目标观众会对展会的招商活动提前作出自己是否决定参观的回应,尽管这些回应一般只占最后真正到会观众数量的很小的比例,但展会还是可以根据自己以往的招商经验,结合自己本次的招商目标,根据目标观众参观申请登记情况对展会招商进度进行监控。

　　这种监控办法对监控国外招商进度比较有效。由于国外观众对参观异国展会的很多情况不熟悉,他们在很多方面需要展会的协助,如帮助入境签证、帮助安排交通和食宿等,因此,他们往往乐于提前进行参观申请登记。通过对参观申请登记情况进行监控,就可以大致了解招商的效果,知道在哪些地方需要加大招商力度,知道哪些招商策略需要调整,这样,就可以对招商进度进行有效的监控。由于目前国内观众一般不习惯预先进行参观申请登记,所以这种方法不太适用于国内招商监控。

　　3.同时按既定招商进度计划和观众参观申请登记情况进行监控

　　当然,展会还可以将上述两种办法结合起来使用,以按既定招商进度计划监控的方法为主来监控国内招商情况,以按观众参观申请登记情况监控的方法来监控国际招商情况。也有一些展会将这两种方法结合起来,同时用于所有地区的招商进度监控。

　　不管采用哪种招商监控办法,除非有重大意外,展会一般不要随意删减招商预算,有些展会因招展不理想就将预定的招商预算大幅削减,结果导致招商也不理想,而招商不理想又使招展更难,如此往复,形成恶性循环,对展会发展很不利。

【经典案例】

×××展会的招商进度管理计划

序号	渠　道	时间计划	预先登记的观众		
			数　量	来　源	构　成
1	专业媒体				
2	大众媒体				
3	直接邮寄邀请函				
4	电子邮件邀请				
5	网站				
6	相关或同类展会推广				
7	合作营销(含战略合作伙伴)				
8	参展商邀请				
9	微信				
10	其他移动互联网				
11	推广活动				
12	其他				
合　计					

8.3.3　给观众以参观时间指引

和参展商数量相比,观众的数量要大得多,一些展会的观众少则数千人,多达十几万人,例如目前每届广交会仅海外观众就有 20 万人之多。如此数量庞大的人群如果过于集中在展会开幕的某几日参观展会,不仅展览现场将过于拥挤,展会主办者也没有能力很好地接待。另外,有些观众可能对展会的具体日程安排记忆不清,有些可能连展会的正式开幕时间都记不住;并且,很多观众需要事先知道展会日程安排以便预先安排交通、住宿等事宜。所以,为了使观众能更顺利地参观展会,展会有必要协助观众进行参观时间管理。

展会协助观众进行参观时间管理的办法是给观众以参观时间指引,将一些与观众参观有关的展会日程安排明确地通知观众,为观众提供参观日程安排咨询,协助观众安排一个合理的参观日程计划。

给观众以参观时间指引,展会可以采用以下办法:

1.将展会的一些重要日程安排明确通知观众

为了帮助观众安排合理的参观日程计划,展会可以将一些重要的日程安排明确通知观众,这些日程安排包括:展会正式开幕日期和具体时间,展会闭幕日期和具体时间,展会期间每天对观众开放的具体时间,一些重要的相关活动的日程和时间安排等。如果展会分专业观众参观时间和非专业观众参观时间,展会也要将它们明确地通知观众。对于这些日程安排,展会可以列在"观众邀请函"上通知观众,也可印在展会门票上提醒观众,还可以通过E-mail、网站等方式通知观众。

2.在展会现场布置展会重要日程安排表

尽管有上述方式通知观众有关日程安排,可是,每次展会开幕,总会有很多观众不带观众邀请函等有展会日程安排的资料,也有很多观众记不住这些日程安排,这时,展会不应该去抱怨观众的"失误",更不应该对观众的"困境"置之不理,而是应该采取补救措施来帮助这部分观众。在展会现场适当的地方布置"展会重要日程安排表",是帮助这部分观众安排和把握参观日程的有效办法。展会可以在展览现场的主要入口或通道适当的地方布置这些"展会重要日程安排表",使观众了解有关事宜。

3.在展会现场设置咨询台

每当展会开幕,除了上述观众以外,总还会有另外一些观众,他们既不携带观众邀请函等有展会日程安排的资料,也注意不到展会现场的"展会重要日程安排表",还记不住展会有关日程安排。对于这些观众,展会可以采用在展会现场设置咨询台的办法,使他们有渠道了解展会的有关日程安排。

一旦观众完全了解了展会的有关日程安排,他们将会尽量合理地安排自己的参观日程计划,这对展会维护良好的展览现场秩序和提高客户服务水平有重要的帮助。和参展商一样,观众也是展会的重要客户,展会帮助观众顺利参观也就是在帮助展会自己,办展单位对此一定不能忽视。

8.4　展会宣传推广时间管理

展会宣传推广担负着协助展会招展和招商,帮助展会建立良好品牌形象等重要任务,对展会宣传推广进行时间管理,是确保展会宣传推广能完成这些重要任务的有力手段。要对展会宣传推广进行有效的时间管理,关键是要使展会宣传推广计划符合时间性方面的要求,并能从时间方面对展会宣传推广进度进行有效管理。

8.4.1　展会宣传推广的时间性

展会宣传推广是与展会招展和招商既相对独立又有密切联系的一项工作。一方面,展会宣传推广有自身的规律,其工作计划的制订和工作进度的安排要符合信息传播的规律要求,使它相对独立于展会的招展和招商工作;另一方面,展会宣传推广又是为展会招展和招商等服务的,它必须配合展会招展和招商而进行,不能自行其是,要使它和展会招展与招商工作密不可分。展会宣传推广和展会招展与招商的上述关系,使它也具有很强的时间性,具体表现为:

1.展会宣传推广要符合展会招展的时间进度安排

前面提到,展会招展工作具有很强的时间性,展会宣传推广的中心任务之一就是为展会招展服务,促进展会招展。要完成这一任务,展会宣传推广的进度计划就必须要符合展会招展的时间进度安排,给展会招展以宣传推广上的支持,否则,展会宣传推广的这一任务就会落空。宣传推广的进度要考虑到展会招展进度的需要,在展会招展需要有宣传推广支持的时候,展会宣传推广不能不见踪影。

2.展会宣传推广要符合展会招商的时间进度安排

尽管展会招展和招商是两项不同的工作,但实际上,这两项工作很难截然分开:在进行展会招展的时候实际上也是在进行展会招商,因为很多不来参展的目标参展商可能会来参观;在进行展会招商的时候往往也是在进行展会招展,因为很多观众参观展会以后往往会决定下一届前来参展。不仅如此,展会招商和展会宣传推广这两项工作也很难截然分开:展会招商的同时也在宣传推广展会,展会宣传推广的同时其实也在进行展会招商。鉴于展会宣传推广和展会招展与招商工作的上述关系,使得展会宣传推广进度和工作安排不仅要符合展会招展的时间进度需要,也要符合展会招商的时间进度安排。否则,展会招商工作就可能得不到展会宣传推广的支持,就有可能因孤军奋战而效果不佳。

3.展会宣传推广要从时间上考虑建立展会良好形象的需要

促进展会对外建立良好的品牌形象是展会宣传推广工作的另一中心任务,而展会良好品牌形象的建立和传播绝对离不开展会宣传推广的有效支持。建立展会良好品牌形象的最高境界,是在市场上形成展会"品牌产权",使本展会因拥有相当的客户认知度、知名度、美誉度和忠诚度而相对垄断某一题材的展览市场,但这需要一个时间过程,需要按品牌形象建立的时间规律而循序渐进。为此,展会宣传推广要从时间上考虑建立展会良好形象的需要,要为展会良好品牌形象的及早建立提供强有力的支持。

4.展会宣传推广要配合展会业务代理的工作时间进度

几乎所有的展会都有自己的业务代理,如招展代理、招商代理、展位指定承建商、指定展品运输代理、指定旅游代理和指定接待酒店等。为顺利开展自己的工作,这些业务代理的工作进度安排要符合展会整体时间进度方面的需要,不能与其相背离,否则,业务代理的工作将走向失败。展会宣传推广要考虑到展会业务代理安排工作进度的需要,要对他们工作的展开提供支持。例如,对招展代理的招展工作提供宣传推广支持等。

展会宣传推广工作的时间性特征,使办展单位在制订展会的宣传推广计划时必须注意其在时间进度上的合理性,只有这样,才能使展会宣传推广工作更好地履行自己的职责。

8.4.2　展会宣传推广的进度管理

随着展览业竞争的日益加剧,市场情况瞬息万变,即使展会宣传推广计划在制订时已经很符合其在时间性方面的要求,也难以确保它能很好地达到预期目标。因为,随着市场情况的变化,展会的市场竞争条件也在发生变化,展会宣传推广必须要把握这些变化,不能环境变了,宣传推广计划却还照旧执行,一成不变。并且,展会宣传推广计划一开始很难制订得十全十美,随着计划的具体执行,可能会发现这样或那样的问题,这时,就有必要对该计划进行调整。所以,要使展会宣传推广满足展会招展招商等工作的需要,使展会宣传推广能适应市场的变化,就必须对其进度计划进行有效的时间管理。

对展会宣传推广进度计划进行时间管理可以按以下三种方法进行:

1.按展会既定的宣传推广进度计划进行监控

展会的宣传推广工作是一项计划性和时间性都很强的工作,专业媒体推广、大众媒体推广、展会现场推广、公共关系推广等多种推广方式不仅要在口径上协调一致,还要在时间先后上有统一规划。如果没有规划,展会宣传推广将极为混乱,并且效果不佳。所以,先制订一个协调一致的展会宣传推广进度计划,然后再按该计划对展会宣传推广进度进行监控是当务之急,也是一种可行的办法。

当然,按照这种办法来监控展会的宣传推广进度,展会既定的宣传推广进度计划就必须要制订得较为科学,要符合展会的实际情况和实际需要,否则,情况将会更糟。

2.按展会宣传推广预算监控

有些展会主办机构在制订展会宣传推广计划时,先给定一个宣传推广费用额度,然后以这个费用额度为主要标准去考虑如何具体安排各项宣传推广活动。对于这种展会,按展会宣传推广预算的使用情况对宣传推广进度进行监控不失为一种有效的办法。

用这种办法对展会宣传推广进度计划进行监控,不仅要考虑展会宣传推广预算在展会筹备各阶段如何分配,还要考虑该预算在宣传推广的不同地域和不同媒体之间如何分配等问题,并且,用这种办法对展会宣传推广进度计划进行监控,还要有较为切实可行的展会宣传推广进度计划的配合,否则,只监控费用支出而不知道其使用方向,监控也是徒劳。

3.按展会整体筹备进度的需要来监控

根据展会筹备进展情况的不同,展会筹备工作可以分为几个不同的工作阶段,如筹备工作的启动阶段、宣传造势阶段、重点招展阶段、重点招商阶段、开幕筹备阶段和展会正式开幕阶段等,各阶段都有自己的工作重点。在展会筹备的不同阶段,展会宣传推广工作的重点往往也不同。因此,明确展会筹备工作每一阶段的重点,并使展会宣传推广对这些重点工作加以支持,对顺利完成展会筹备各阶段的任务大有好处。所以,明确展会筹备每一阶段的工作重点,并按展会整体筹备进度的需要来对展会宣传推广进度进行监控,对于充分发挥展会宣传推广的作用、及时发现既定宣传推广计划的不足、并按展会整体进度的需要对其加以调整十分有利。

在具体使用以上三种监控办法时,办展单位还可以结合展会宣传推广的效果来执行。但由于展会宣传推广的效果具有一定的时滞性,对某项具体宣传推广活动的效果的准确测量又较难,所以,在使用时,要注意对所获得的"宣传推广的效果"进行必要的分析和适当的调整,否则,监控就会出现偏差。

8.5　展会服务及筹展撤展时间管理

展会服务伴随着展会从筹备到开幕到闭幕的整个过程,也随着展会招展和招商工作的进展而不断深化,展会服务要跟得上展会客户工作进展的步伐,要跟得上市场和客户需求的变化;展会筹展和撤展工作主要集中在展会开幕之前和闭幕之后,在那两段短短的时间里,展会的筹展和撤展工作必须安全、迅速并有秩序地完成。因此,展会服务和展会筹展与撤展工作不能忽视时间因素的影响,要有极强的时间观念。

8.5.1　展会服务时间管理

根据时间的不同,展会服务可以分为展前服务、展中服务和展后服务三种。展前服务是在展会开幕前为客户提供的服务,展中服务是在展会期间为客户提供的服务,展后服务是在展会闭幕后为客户提供的服务。展会的展前服务和展后服务具有相对性,本届展会的展后服务其实就是下一届展会前服务的开始,很多展会对展中服务极为重视,但在展前服务和展后服务方面却做得很不够,更有一些展会甚至根本没有展后服务。其实,对于这三种服务,展会不能忽视其中任何一种,忽视任何一种对展会都是很有害的。

不管是展中服务,还是展前和展后服务,它们都有一定的时间性。由于展中服务基本都是发生在展会的现场,服务提供时展会与客户基本都是面对面地直接接触,服务提供起来比较方便,也容易被展会主办机构所想起,所以,很多办展单位对展中服务的时间性理解深刻,一旦有客户需要服务,展会就会尽量尽快提供。但是,在展前和展后,展会与客户没有面对面的接触,服务提供起来有一些困难,有些单位因此就忽视了它们在时间性方面的要求。对于展前服务,如果展会相关服务迟迟不到,客户的参展(参观)筹备工作就会遇到困难,如果展会服务拖延的时间超出了客户容忍的范围,展会就可能失去这个客户。对于展后服务,它可以帮助客户及时评估参展(参观)效果,如果服务迟迟不到,客户对展会的整体印象就迟迟难以形成,客户对展会的最后评估就可能变形。

对展会服务进行时间管理,就是不管该服务是展前、展中还是展后服务,都要努力使该服务做到:

1. 及时

展会要充分考虑客户对各种展会服务的实际需要,在服务内容、服务流程和服务时间等方面切实为客户着想,努力在客户需要的时候提供他们所希望的展会服务。服务提供的及时性对客户来说很重要,锦上添花的事当然令人高兴,但雪中送炭的事往往更受人欢迎。

2.快速

展会在提供服务时及在服务提供过程中不能拖拖拉拉,要以最快的速度将客户所需要的服务提供给客户,尽量缩短客户等待服务的时间和过程。

3.有求必应

不论做得到还是暂时做不到,对于客户所提出的各种展会服务要求,展会都要一一作出善意的回应。对于能够提供的服务,要尽量明确能够提供的时间;对于暂时不能提供的服务,要跟客户作出合理的解释,如果有可能的话,可以推荐一些替代服务方案,不能因为该服务暂时不能提供或者认为该客户所提的服务要求"很无理"就对他置之不理。当然,对于能够提供的服务,如果按规定需要收费,还要跟客户讲清楚价格等相关事宜。

4.信守承诺

展会信守服务承诺对客户来说很重要,因为对于客户来说,展会的服务承诺往往决定了他们参展(参观)的有关准备内容。例如,如果展会承诺展览现场有电脑出租,那么,即使有需要,客户在参展(参观)展会时也可能不准备携带电脑,因为他们相信在现场可以租用。但如果展会不守承诺,他们到现场却发现没有电脑可租用,这势必给他们的参展(参观)计划造成极大的不便,严重干扰他们参展(参观)的日程安排。展会信守服务承诺,其实就是让客户现在就对未来的某些服务项目放心,让客户安心地去准备其他参展(参观)事项。

当然,注重展会服务的时间性,并不是不注重展会服务的质量;恰恰相反,任何高质量的服务都离不开其在时间性方面的要求,注重展会服务的时间性正是提高展会服务质量的一个重要方面。

8.5.2 筹展时间管理

展会筹展是在规定的筹展期里进行的。从时间上看,筹展期在含义上有广义和狭义之分。广义的筹展期是指展会开幕前所有为展会开幕进行准备的筹备期;狭义的筹展期是指从参展商开始搭装展位和向展馆运输展品到展会正式开幕之间的这一段时间。在本节里,我们所讨论的筹展期是指狭义的筹展期。

在展会开幕前,展会往往会给参展商一段时间供其搭建展位和布置展品。这个时间一般不长,短的可能只有一天,长的也很少超过五天。在这一段时间里,参展商必须将自己的展位搭建好,将参展的展品布置好,超过这段时间,展会一般不再允许参展商在其展位上"大兴土木"。

参展商和展会双方都要很好地把握这段筹展时间。对于参展商来说,在这段规定的时间内完成展位搭建和展品布置工作,就可以在展会开幕后以最好的姿态迎接观众,为展览取得好的效果提供条件;对于展会来说,所有的参展商在规定的时间内完成其布展工作,可以为展会正式开幕提供一个良好的现场环境,使展览现场保持良好的秩序。如果某个参展商在这段时间里还不能完成布展工作,例如,展位还没有搭建好或者展品还没有布置好,那么,对该参展商来说,他就不能正常展出了;对展会来说,该展位的不整齐必然影响到展会的整体形象。

所以,不管是参展商方面还是展会方面,对这一段时间的管理都显得尤为重要。从展

会的角度出发,对这项工作进行时间管理可以从以下几个方面入手:

1. 将筹展的确切起止时间准确地通知参展商

为方便参展商进行布展准备,展会要将展会筹展的确切起止时间准确地通知参展商;如果参展商的展位搭建工作不是由参展商自己负责,而是由其他承建商负责,展会就要将该时间同时通知参展商和该承建商。由于该时间极为宝贵,在通知该时间时,展会要尽量将时间精确,这样更有利于参展商安排布展时间。参展商知道这个确切的时间以后,就可以合理地安排展品的运输时间和方式,使展品在合理的时间里到达展览现场。至于通知方式,展会可以在《参展商手册》中注明,也可以在布展通知中明确,或用专门的信函来通知,展会还可以在布展现场以广播的形式对参展商加以提醒。

2. 提醒参展商尽快提供展位搭建备审材料

为了保证展会展出的安全,展会以及有关安全和消防部门往往要求参展商对一些较复杂的展位搭建计划提交设计图纸,以审查其展位设计是否符合安全和消防方面的要求,通过了审查的展位设计才允许搭建。为了使各参展商的展位设计能在规定的时间内通过审查,展会要尽快通知各参展商需要提交审查的设计材料和应该提交的时间,让参展商做好准备。

3. 让参展商理解筹展截止时间的不可变更性

很多展馆的展期安排很紧张,展会一个接着一个,一个展会的展期一旦确定下来,到展会临近开幕时再对它进行临时调整往往比较困难,并且,即使可以对其进行临时调整,展会往往也要额外增加成本支出,所以,展会的筹展期一旦确定下来,展会一般就不再对其加以调整,对于筹展的截止时间就更是如此。对于个别情况,展会可以在不破坏总体规定的前提下个别对待,例如用个别增加加班时间等方式来解决时间不足的问题。不过,如果在筹展的截止时间前还没有完成布展工作,展会就无法再延长其布展时间了,因为明天展会就要开幕了。所以,展会要让参展商理解筹展时间尤其是截止时间的不可变更性,尽量争取他们对展会规定的配合,使他们在时间上科学地规划自己的布展工作。

4. 加强布展现场管理

尽管每个参展商都规划好了自己的筹展工作和时间计划,但如果筹展现场秩序混乱,各参展商的布展工作互相影响,他们的筹展工作进程必将大受影响,展会的整体筹展进度必将被拖延。所以,展会还有必要对展会布展现场进行有效的管理,通过现场管理,维持良好的现场秩序,使参展商在布展时尽量互不影响,尽快完成各自的布展工作。

对展会筹展进行有效的时间管理,需要展会、参展商和展位承建商等方面的通力合作和密切配合,他们之中任何一方的工作延误都会对展会的整体筹展工作带来不利影响,为此,在展会筹展期间,保持展会、参展商和展位承建商等有关方面的联系畅通就显得极为重要。

8.5.3　撤展时间管理

展会撤展是在展会规定的撤展期里进行的。所谓撤展期,是指展会闭幕以后参展商撤除展位和将展品运出展览现场的这一段时间。这一段时间一般也不会很长,短的往往只有一天,长的也很少超过四天。

由于本展会闭幕以后,展馆可能还安排有其他的展会在此展出,所以,和筹展期一样,撤展期一旦确定下来,往往也不容易更改。在短短的撤展期内,众多的参展商要将各自的展位撤除和将展品运出展览现场,各参展商无疑要对自己的撤展工作事先做好规划,展会无疑也要加大对撤展现场的管理力度,否则,现场秩序一片混乱,任何事情都可能被延误。

为维护撤展现场秩序,使各参展商安全、快速和顺利地撤展,展会有必要对撤展进行时间管理。

1.将撤展的确切起止时间准确地通知参展商

为方便参展商进行撤展规划,展会要将展会撤展的确切起止时间准确地通知参展商;如果参展商的展位撤除工作不是由参展商自己负责,而是由其他承建商负责,展会就要将该时间同时通知参展商和该承建商。展会可以将该时间在《参展商手册》中注明,也可以在撤展通知中明确,还可以用专门的信函来通知,让参展商心中有数;在展览的最后一天,在展览现场,展会还要以广播的形式提醒各参展商,让他们做好准备。

2.让参展商理解撤展开始时间的不可变更性

在很多展会现场,由于种种原因,参展商常常不遵守展会对撤展时间的规定。例如,有些参展商由于展会末期观众较少而想及早离开,他们因此而提前撤展;有些参展商因为展品已经处理完毕而提前撤展;还有一些参展商由于参展效果太好,即使到展会末期观众还是络绎不绝,他们因此而拖延撤展,如此等等。对于拖延撤展的参展商,只要他们能在规定的时间内完成自己的撤展工作,展会对他们可以不加干涉;对于那些提前撤展的参展商,由于规定的撤展时间未到,他们的提前撤展行为对展会的正常展出形成严重干扰,展会应加以阻止。所以展会要让参展商理解撤展开始时间的不可变更性,让他们在展会规定的时间内撤展,尤其不要提前撤展。

3.加强撤展现场管理

和筹展一样,撤展的现场秩序对保证各参展商顺利撤展也很重要。例如,尽管每个参展商都规划好了自己的撤展工作和时间计划,但如果撤展现场秩序混乱,各参展商的撤展工作互相影响,他们的撤展工作进程必将大受影响,展会的整体撤展进度必将被拖延。所以,展会还有必要对撤展现场进行有效的管理,通过现场管理,维持良好的现场秩序,使参展商在撤展时尽量互不影响,尽快完成各自的撤展工作。在必要时,展会还可以对有需要的参展商提供协助。

对展会撤展进行有效的时间管理,需要展会、参展商、展位承建商和展品运输代理等方面的通力合作和密切配合,还要有展场清洁公司的协助,他们之中任何一方的工作延误都会对展会的整体撤展工作带来不利影响。为此,展会要保持和参展商、展位承建商以及展品运输代理等有关方面的联系畅通。

【经典案例】

合理安排展会的布展和撤展时间

展会规模越大,对展会布展和撤展在时间安排合理性上的要求就越高。上海国际汽车展创办于1985年,是全球规模和影响力最大的汽车展之一,一届的展出规模已经达到28万平方米。上海国际汽车展对布展和撤展工作非常重视,对相关时间的安排非常细致和具体:具体到每天的几点钟到几点钟,哪些展厅的展商可以进行布展/撤展。以下是2013年4

月举办的第十五届上海国际汽车展的布展和撤展日程安排：

内　容	时　　间	安排布展/撤展的展厅
布展	4 月 14 日 8:30—22:00	室内展商:E1～E7、W1～W5、N1 展厅
	4 月 15 日 8:30—18:00	室内展商:E1～E7、W1～W5、N1 展厅;室外展商:商用车展区
	4 月 16 日 8:30—18:00	室内展商:E1～E7、W1～W5、N1;N4～N5 展厅;室外展商:商用车展区
	4 月 17 日 8:30—18:00	室内展商:E1～E7、W1～W5、N1～N5 展厅;室外展商:商用车展区、零部件展区
	4 月 18 日 8:30—18:00	室内展商:E1～E7、W1～W5、N1～N5 展厅;室外展商:商用车展区、零部件展区
	4 月 19 日 8:30—18:00	室内展商:E1～E7、W1～W5、N1～N5 展厅;室外展商:商用车展区、零部件展区

展出时间:4 月 20—29 日 9:00—18:00(其中 20 日为新闻日,21 日和 22 日只对专业观众开放)

内　容	时　　间	安排布展/撤展的展厅
撤展	4 月 29 日 19:30—22:00	室内展商:E1～E7、W1～W5、N1(乘用车)、N2～N5 展厅(零部件);室外展商:商用车展区、零部件展区
	4 月 30 日 8:30—18:00	室内展商:E1～E7、W1～W5、N1(乘用车)、N2～N5 展厅(零部件);室外展商:商用车展区、零部件展区
	5 月 1 日 8:30—22:00	室内展商:E1～E7、W1～W5、N1 展厅(乘用车)
	5 月 2 日 8:30—15:00	室内展商:E1～E7、W1～W5、N1 展厅(乘用车)

8.6　展会整体进度时间管理

以上对展会的各具体事项如招展、招商、宣传推广、展会服务以及筹展撤展等进行时间管理,能确保各具体事项的进展顺利。但是,作为一项大型的公众性活动,各个具体筹备事项还必须保持彼此协调,在进度上能彼此配合,展会的整体筹备工作才能顺利进行。所以,展会还必须对其整体进度进行必要的时间管理。

对展会的整体进度进行必要的时间管理,要求展会必须对招展、招商、宣传推广、展会服务以及筹展撤展等事项进行统筹规划,合理安排各自的时间进度,注意处理好展会整体筹备进度与各具体事项进度之间的关系,使它们彼此之间以及它们与展会整体进度之间保持协调。

具体来说,对展会的整体进度进行时间管理要注意处理好以下几点:

1. 要有全局的观念和动态的眼光

对展会的整体进度进行时间管理必须要有全局的观念,要能从展会总体进展的需要出发,对招展、招商、宣传推广、展会服务以及筹展撤展等具体事项的进度进行监控;能站在展会整体的角度,对各具体事项进展中可能出现的偏差进行调整,使各具体筹备事项彼此配合,齐头并进。对展会的整体进度进行时间管理还必须要有动态的眼光,要能以变化的视角来监控各具体筹备事项的进展情况,既不能死守原有的进度计划,也不能对原有的进度计划进行随意改动,而是要根据展会的整体进展需要,根据市场环境的变化,以动态的眼光来看待各具体筹备事项的进展,能以新策略应对新问题,以新手段面对新情况。有了全局的观念,管理才不会"一叶蔽目,不见泰山";有了动态的眼光,管理才不会僵化。

2.展会服务要跟得上展会招展和招商的需要

在现实中,很多办展单位常常只重视展会的招展和招商,他们往往在招展和招商上倾注全力,却将必要的展会服务晾在一边,使展会服务和展会的招展与招商严重脱节。对展会的整体进度进行时间管理,要特别注意对展会服务、展会招展和招商三项工作的工作进度进行监控,要使展会服务能跟得上展会招展和招商的需要,使各参展商和观众能得到及时和快速的展会服务,不要因为展会服务的延迟而拖其他工作的后腿。

3.展会宣传推广进度要能配合展会招展和招商的进度

在筹备举办展会时,由于展会宣传推广和展会招展与招商常常是由不同的部门负责,它们之间常常配合不畅,在进度上经常脱节。例如,在展会招展和招商需要宣传推广的大力支持时,展会的宣传推广却跟不上;在展会宣传推广正大张旗鼓地进行时,展会招展和招商却认为没有必要。为了避免展会宣传推广和展会招展与招商在进度上的脱节,在对展会的整体进度进行时间管理时,还要特别注意对展会宣传推广和展会招展与招商的进度进行监控,努力使它们互相配合,彼此协调。

4.展会的后勤工作要跟得上展会的整体进展步伐

展会后勤工作常常被办展单位所忽视,后勤工作经常跟不上展会整体进展的步伐。例如,参展商需要对参展工作进行认真准备,可《参展商手册》却还没有编印好;观众急于了解参观的时间安排及其他事项,可观众邀请函和入场券却还在印刷中,如此等等。后勤工作跟不上展会整体进度的需要,是很多展会筹备过程中的通病,为此,在对展会的整体进度进行时间管理时,还要特别注意对展会后勤工作的时间管理,使展会的后勤工作跟得上展会整体筹备进度的需要。

【经典案例】

展会整体时间管理甘特图

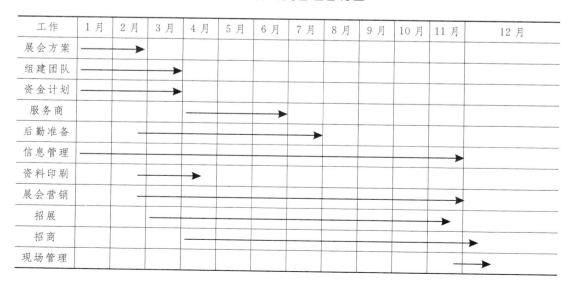

　　总之,对展会进行时间管理,不仅要对展会的招展、招商、宣传推广、展会服务以及筹展撤展等具体事项进行管理,还要从总体上对展会的整体进度进行管理,这样,展会的各项筹备工作才能在总体上协调,在全局上互相配合,共同使展会整体筹备进展顺利进行。

▷【复习思考题】

　　1.简述展会时间管理的基本原理。

　　2.展会招展工作的时间性体现在哪些方面?

　　3.如何给展会观众以参观时间指引?

　　4.如何进行展会宣传推广的进度管理?

　　5.如何进行筹展和撤展时间管理?

　　6.如何进行展会整体进度时间管理?

第9章

展会危机管理方案策划

≫ ≫ ≫　≫

☞【本章要点】

　　本章主要讲述当展会出现意想不到的突发事件时如何进行应对的相关内容。主要包括:展会危机的种类和特点,展会危机管理的基本原理;在展会危机风险评估的基础上建立危机预警机制和进行危机预防;在危机中的沟通管理办法;危机中的媒体管理办法;对展会危机如何进行反应;危机发生后如何进行恢复管理等。

　　会展业是一种很容易"受伤"的行业,往往经受不住一些突发危机事件的冲击。一些突如其来的国际国内政治、经济和社会事件会严重地干扰甚至阻碍展会筹备工作的正常进行;在展会举行期间,展会现场以及来自社会的一些突发事件可能将前期的所有筹展努力都毁于一旦。在举办展会时,要能对这些"危机"进行有效的管理。

9.1　展会危机管理的基本内容

　　展会筹备耗费时间长、举办时人流高度集中,在展会策划伊始就要有强烈的危机管理意识,否则,一旦危机事件在展会筹备或举行期间突然发生,要么是被迫放弃筹办展会,要么是提前终止正在举办的展会,这都可能导致办展单位血本无归。要对危机进行有效管理,就必须了解举办展会要面对哪些危机,以及对这些危机应该采取怎样的管理办法和管理措施。

9.1.1　展会危机的种类和特点

　　展会危机管理,是办展单位为了预防危机的发生或者减轻危机所带来的损失并尽快从危机的打击中恢复过来而对危机事件进行的管理。危机管理的对象是那些可能发生的危机事件,危机管理的目的是尽量避免危机的发生,或者是当危机难以控制地发生后尽量减少危机造成的损失。

　　所谓危机,是指一些突然发生的或者是可以预见要发生的事件,这些事件会对有关人员和资源构成严重威胁,会使局面失去控制,对展会的正常举办造成严重影响。危机经常和"灾难""紧急情况"或者"突发事件"等联系在一起,它们也常常成为危机的代名词。一般来说,举办展会所面临的危机事件主要有市场危机、经营危机、财务危机和合作危机四种,如表 9-1 所示。

表 9-1　展会危机的种类

危机种类	描　述	举　例
市场危机	由市场和社会宏观环境所产生的对所有展会都造成影响的危机	战争、自然灾害、瘟疫、经济衰退、通货膨胀、政治法律因素、国际恐怖袭击等
经营危机	因展会经营方面的原因而给举办展会带来的危机	展会现场火灾、展位坍塌、饮食不卫生、公众健康受到威胁、参展商"闹展"或"罢展"等
财务危机	包括展会自有资金投入和举债筹措办展资金给财务成果带来的不确定性	展会资金安排跟不上展会筹备工作对资金投入的需要、投入筹办展会的各种资金难以按期如数收回
合作危机	展会合作各方在合作条件、目标和合作事务各环节上出现的不协调、不一致和其他不确定性而对展会产生的严重影响	办展单位之间、各合作单位之间、办展单位与展馆之间、办展单位与展会各服务商以及各营销中介之间产生严重矛盾而导致的危机等

以上四种危机,市场危机和合作危机主要来源于展会外部,经营危机和财务危机主要来源于展会内部。对于外部来源的危机,展会一般很难控制,只能预防和规避;对于内部来源的危机,展会可以提前采取有效措施避免危机发生,或者即使危机发生也可以将它消灭在萌芽状态。

展会面临的危机具有以下一些基本特点,如表 9-2 所示。

表 9-2　展会危机的基本特点

基本特点	描　述	应对措施
突发性	危机事件发生突然,人们处于一种必须立刻采取行动来控制危机进一步发展的紧急状态中	做好危机的预警工作,做到有备无患
破坏性	如果没有得到有效的预防和控制,危机会给展会造成巨大损失,严重的还会造成人员伤亡	尽可能地控制事态的发展,尽量把损失控制在一定范围内,过后能尽快恢复
紧迫性	危机不但突然发生,而且很快蔓延,如果没有得到有效控制,危机所造成的损失将会越来越大	在最短的时间内对危机做出正确的反应,必须在尽可能短的时间内控制住危机
确定性	很难判断危机发生的时间和地点,也很难预测危机的规模和危害有多大,范围有多广	对危机进行科学的预警和有效的监控十分重要

续表

基本特点	描　述	应对措施
信息不充分	危机对现场的分割使原来正常的沟通和联系渠道被破坏，危机事件中的各种信息真伪难辨	内部信息和外部信息、有关管理人员之间进行有效的信息沟通非常重要
资源缺乏	用以控制危机蔓延的物资严重缺乏，可以调动的人员寥寥无几	合理调度物资和安排人员

9.1.2　展会危机管理的基本原理

不管是哪种危机，一旦遇上，就必须正确对待；要正确对待危机并保证展会能如期安全举办，展会就必须学会危机管理的办法。对危机进行管理，一般可以遵循以下原理：预警（readiness）、沟通（communication）、反应（response）和恢复（recovery），也就是说，在危机发生前对危机进行有效预防，在危机发生时进行及时有效的信息沟通，同时对危机作出正确的反应，控制危机蔓延和减少损失，使危机得到有效控制，然后尽快使展会等受危机影响的事物恢复到原来的正常状态。我们可以将这种办法称为展会危机管理的"RCRR模式"，如图9-1所示。

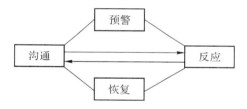

图 9-1　展会危机管理的 RCRR 模式

1. 预警

预警就是在危机发生前对可能发生的危机事件进行预测和预防，通过捕捉危机可能发生的蛛丝马迹，分析危机事件发生的可能性，针对危机可能发生的概率制定不同的预防措施，做到防患于未然。如果预警正确，不仅可以使展会将一些危机消灭在萌芽状态，还可以使展会对一些不可避免的市场危机早做准备，减少损失。

2. 沟通

为了阻止危机事件的发生，或者在危机发生以后为了有效地进行危机管理，办展单位内部的信息交流和沟通以及他们与外部的沟通十分重要，没有很好的信息交流和沟通就没有有效的危机管理。在危机管理中，在与众多部门和人员的沟通中，尤其要重视与媒体的沟通。

3. 反应

反应就是危机事件发生以后不惊慌失措，能按计划和实际情况对危机采取必要的应对措施并作出快速而正确的反应，使危机能得到控制，使危机所造成的损失能减低到最低限度。

4.恢复

恢复就是在危机持续期间和危机得到控制以后,办展单位能采取切实措施,使受危机影响的客户、展会、设施和有关人员等尽快恢复到危机发生前的正常状态,能抓住危机中的机会,化不利为有利,使展会得到更好的发展。

9.2　展会危机预警

每个办展单位都不希望有危机事件在自己举办的展会上发生,也不希望有影响自己展会的危机事件存在。很多办展单位在管理危机时,首先考虑的问题就是如何尽量不让危机事件在自己的展会上发生,如果有些危机事件的发生是不可避免的,就要想方设法减少危机带来的影响和损失。因此,对危机进行预警,并通过建立危机预警机制来对可能发生的危机事件进行预防就成为展会危机管理的第一步。

9.2.1　展会危机的风险评估

危机预警是展会危机管理的基础。危机预警的任务就是通过对展会可能面临的危机进行风险评估,找出展会可能面临的危机有哪些,分析这些危机发生的概率如何,并确认这些可能发生的危机的性质,以便展会采取有效的管理措施来管理这些危机。如果没有危机预警,危机一旦突然发生,展会对危机进行管理就会非常被动。

进行危机预警,首先就要对展会进行危机风险评估,找出展会可能面临的危机有哪些。对危机进行评估的方法一般有三种:定性分析评估、定量分析评估和定性定量结合评估。

1.定性分析评估法

很多危机事件是突然发生的,人们有时候很难用一套数量指标来准确地分析危机发生的概率到底如何。这时,人们往往用定性的方法来对危机发生的可能性加以评估。定性分析评估的方法很多,其中被使用得较多的主要有头脑风暴法、德尔菲法和名义群体法三种。

(1)头脑风暴法。邀请一些专家或者办展单位内部的有关人员,就该展会可能发生哪些危机进行分析和评估,要求大家对可能发生的危机及其可能发生的原因提出自己的意见。当把每个人的评估意见都记录下来以后,在稍后的时间里再仔细分析讨论这些意见,并从中总结出可能发生的危机及其原因,为下一步采取适当的预防措施提供依据。头脑风暴法鼓励大家畅所欲言,尽量发现问题。

(2)德尔菲法。基本步骤如下:第一步,确定参加评估的人员,并让每个人独立地对可能发生的危机及原因提出自己的意见;第二步,汇总每个人的评估结果,并对所有的结果进行分类、整理、编辑和再汇总,将经过上述处理的第一次评估结果通知到每一个参加评估的人员,但不揭示任何一个评估结果是谁提出的;第三步,参加评估的人员在阅读了上述处理过的汇总评估意见后重新对可能发生的危机及其原因进行评估,第二次提出自己的看法;第四步,汇总第二次的评估结果,并重复第二步的过程……如此循环往复,直到大家的意见基本一致为止。德尔菲法避免了评估成员之间的相互影响,评估较为客观,但是却费时长久。

（3）名义群体法。要求每个参加评估的人员在正式讨论之前，独立地写出自己对可能发生的危机及原因的看法。在经过一段时间以后的正式讨论中，每个成员将自己的看法告诉其他所有参加评估的人，在记录下所有成员的意见后，讨论才开始，此前对任何成员的评估意见都不发表评论。经过充分的讨论以后，各成员独立地对各种评估意见进行排序，综合各成员的排序，排序最高的评估意见就可以选择为最终的评估意见。名义群体法的优点在于在成员之间的充分讨论中，可以了解每个成员提出每一个意见的真正意图，并能让其他成员对该意见进行全面评估。

定性评估很大程度上是借助于参与评估的有关人员的经验和专业知识来实现的。因此，它往往难免带有一定的主观性，这会影响到评估结果的准确性。所以，客观性较强的定量评估方法也常常被人们所采用。

2.定量分析评估法

定量分析评估是用数量的方法来评估展会危机可能发生的概率，它一般是通过设定一套数量指标或通过统计分析来进行的。

通过设定一套数量指标来评估，就是用数量指标来对引起危机产生的主要征兆设立"临界点"，一旦这些征兆达到或超过该临界点，就立即启动危机反应机制来管理危机。

通过统计分析来评估，就是根据过去的历史统计资料来判断未来危机发生的概率大小，有一点"前事不忘，后事之师"的味道。例如，某一个展馆里举办展会经常发生人群拥挤而影响展览秩序的事件，或者发生断电次数较多等，那么通过分析历史资料，就应对过去经常发生的危机事件加以特别留意，注意加强预防。

【经典案例】

用定量方法来评估危机

2003年5月，SARS疫情在中国得到初步控制但还不稳定，很多展览机构对8月份以后的展会是否还能按期举办没有把握。×××展览公司根据SARS疫情的情况设立了这样的一套数量指标，如果到6月20日：第一，中国没有新的SARS病情确诊报告；第二，世界卫生组织将中国从"限制旅行的国家和地区"名单中除名；第三，多数参展商愿意继续参展且部分参展商退预订展位的数量少于一定的比例；第四，预先登记参观的观众多数表示将继续来参观。该公司决定，如果满足上述条件，展会就按期举行，否则，展会就延期举行或取消。

定量分析评估的好处是直接明了，一旦有关事项达到指标临界点，就意味着危机来临，就可以启动危机反应机制。但是，完全依靠数量指标来评估危机发生概率的大小有时候是很不准确的。鉴于定量分析评估的不足，人们就经常将定量分析和定性分析结合起来，取长补短，共同来评估危机发生的概率如何。

3.定性定量结合评估法

定性定量结合评估法就是将定量分析和定性分析结合起来共同来评估危机发生的概率如何的一种方法。例如，将数量指标法和头脑风暴法、德尔菲法和名义群体法分别结合起来使用，或者将统计分析法和它们结合起来使用等。用这种方法来进行评估，可以避免单独使用定量分析或定性分析的不足,可以更准确更全面地分析危机发生的可能性。

危机评估是为危机预防和危机反应做准备的。通过危机评估并建立危机预警机制,就可以对可能发生的危机事件进行预防,并制订危机反应计划,一旦危机真的发生,就可以立即采取行动,有效控制危机的蔓延,将危机影响降低到最小。

9.2.2　建立危机预警机制

危机的发生不是毫无征兆的,很多危机的发生事先都有一些蛛丝马迹可寻。危机预警就是要通过危机评估来发现这些蛛丝马迹,建立起一套感应危机来临的信号,并通过对这些信号的不断监测来对有关人员及时发出危机来临的警报。

危机预警机制的建立对危机管理具有重要的意义。第一,它有利于展会及时采取措施预防危机事件的发生,有利于将可能发生的危机事件消灭在萌芽状态;第二,它有利于展会及时发现危机并迅速采取措施对危机事件作出快速反应;第三,它可以大大降低展会危机管理成本,确保展会按期安全举行。

危机预警机制的建立是通过建立危机预警系统来完成的。危机预警系统有两种类型:指标性预警系统和电子预警系统。

1. 指标性预警系统

指标性预警系统,是将判断危机是否发生的信息转化成一系列较容易识别的指标,并根据指标的变化情况来进行危机预警的系统。

建立指标性预警系统,关键是要选择合适的预警指标体系,否则,不仅危机预警的有效性将大打折扣,而且还可能发出错误的预警。所以,为保证预警指标对危机进行预警的有效性,预警指标应满足以下要求:第一,指标能反映危机的进展程度,能抓住引起危机发生的主要因素。第二,指标的内涵要有稳定性,且可以持续观测。指标的含义不能因为环境改变而改变,也不可以长期不能从有关方面得到必要的信息。

2. 电子预警系统

电子预警系统主要是通过有关电子装置对可能引起危机的信息进行收集、分析和监视并发出危机预警的系统。电子预警系统有的是一种自动装置,如预警火灾的烟雾报警器等,有的是自动装置与人员监视相结合,如闭路电视监视系统等。电子预警系统主要用于那些可以通过电子技术来收集的危机信息,而且这些信息与可能发生的危机之间的因果关系明显。

电子预警系统可以根据需要做成很多种不同类型,如动态移动系统、动态固定系统、静态移动系统、静态固定系统和混合系统等。动态系统的费用较为昂贵,但它们可以灵活地对较大范围的区域进行监控,有利于及时发现问题;静态系统常常较便宜,但它们缺乏机动性,只能对某一固定区域进行监控,不利于大范围地收集信息。

不管是使用哪种预警系统,在进行危机预警时要避免出现两种情况:一是有关人员对危机预警信号反应迟钝而错失进行危机预防和危机反应的良机;二是危机预警系统本身失灵,不能及时对即将到来的危机进行预警。如果危机预警失败,往往会带来可怕的后果。为避免出现这种后果,一方面,展会必须对负责危机预警的人员进行严格的培训,提高他们对危机预警信号的反应能力;另一方面,展会还必须对各种预警设备进行经常性的检查,确保各种设备能正常运作。这样,引起危机发生的信号才会被很好地捕捉到,预警才能成功。

9.2.3　展会危机的预防

其实,在进行危机预警时危机预防就已经开始,换句话说,危机预警也可以看成是危机预防的一个组成部分。例如,当展馆里发现火灾信号而发出火灾警报时,展会也同时进入了危机预防阶段。可见,危机预警和危机预防在现实中往往很难截然分开,我们在这里将它们分开讲述,是为了将问题阐述得更加清楚。

危机预防不仅仅是指为了避免和阻止危机的发生而采取一系列措施。因为,在现实生活中,有些危机即使展会能够进行准确的预警,但还是无法阻止它们发生,也无法对它们完全回避。所以,我们这里所说的危机预防,是指尽量避免危机的发生,尽量减少危机发生的可能性,或者是尽量降低危机发生后所造成的损失。

进行危机预防,首先要弄清楚与危机发生有关的五个因素,如图 9-2 所示:第一,危机源。就是导致危机发生的各种主要原因,如火灾的危机源可能是电线短路起火。第二,环境。就是危机源赖以存在和危机得以形成的各种情况,如大量的可燃物体构成火灾的环境。第三,交互作用。就是危机源与环境的相互影响过程和影响程度,如电线短路引燃大量的可燃物体,大量可燃物体的燃烧又引起更多的电线短路。第四,损失。就是危机可能造成的各种损失。第五,影响。就是危机带来的短期和长期影响。只有弄清楚这五个与危机发生的有关因素,对危机的预防才会更有效。否则,对危机的预防就可能会不着边际。例如,如果不知道是什么原因引起火灾,那么,对火灾的预防就难以有成效。

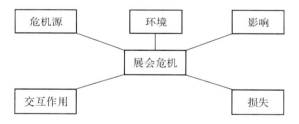

图 9-2　与危机发生有关的因素

弄清楚了与危机发生有关的上述因素以后,在危机预警系统的帮助下,我们就可以采用四种应对措施来对可能发生的危机进行预防,这四种应对措施是:阻止(prevent)、回避(evade)、转移(transfer)和接受(accept),我们称之为危机预防的"PETA 方法"。

1. 危机阻止

危机阻止,是指根据危机预警,在危机发生前采取有效的措施阻止危机的发生。例如,在观众入场参观前就合理地安排好参观通道以避免过度拥挤等。实行危机阻止策略,有效和及时的危机预警非常重要。如果没有及时和准确的危机预警,尤其是如果不能及时地发现引起危机发生的危机源,有效地控制危机引起的交互作用,及时清理危机赖以存在的环境,危机阻止策略就难以真正实施。

危机阻止策略是展会用来预防危机的一种极为有效的策略,也是展会最常用的危机预防策略之一。它简单易行,可以彻底地消除危机,或使危机在萌芽状态就被消灭,对保证展会安全举行具有重要作用。

但是,由于引起危机发生的各种因素比较复杂,危机阻止策略在使用过程中也有其局限性:它只对展会或有关部门可以控制的危机事件有效,对一些危机如市场危机等行业性危机就显得无能为力。并且,如果危机阻止的成本很大,大到超过阻止危机发生而获得的收益时,采用这种危机预防策略也很不经济。所以,对于类似这样的危机,展会就应该采用其他的危机预防策略,如危机回避策略等。

2.危机回避

危机回避,是指根据危机预警发出的危机信号,展会在危机发生前就主动地远离危机而避免危机给自己带来更大损失的一种危机预防策略。危机回避策略也是展会经常用到的一种策略。

危机回避策略在现实中也较为简单易行,这种策略对于那些不可控制的危机,以及在危机阻止成本大于危机本身带来的损失时较为有用。但是,采用这种策略时,也会有一些局限性,例如,回避了一种危机可能会引起另一种危机的发生,如展会提前闭幕可能会导致大量参展商索赔的危机发生。另外,回避危机的同时也就完全放弃了相关收益,如取消举办展会就意味着放弃了举办展会的收益。

【经典案例】

有效回避展会危机

危机回避策略在具体实施时有两种,一种是先期回避,另一种是中途放弃。

先期回避:2003 年春天,一场突如其来的 SARS 疫情使我国会展行业面临严重的危机。5 月份,疫情达到高峰,全国各地 98 个大型展览会(其中有国际展 55 个)全部取消。6 月份,疫情开始缓解,但北京地区的 79 个展览会(其中 34 个国际展)还是取消了,这些展会都以停办当年的展会来先期回避 SARS 疫情带来的危机。

中途放弃:2003 年 SARS 疫情期间,中国三大汽车展之一的上海国际汽车展览会因为全国 SARS 疫情日益严重而被迫提前 3 天闭幕。

和先期回避策略相比,中途放弃的成本较高,有时候也较难处理中途放弃后与各方面的关系和有关利益补偿等问题。

3.危机转移

当捉摸不定有些危机是否发生,或者是进行危机回避很不经济时,展会可以采取危机转移策略来预防危机的发生。所谓危机转移策略,是指展会通过合理的途径,将危机风险或危机可能造成的损失转移给其他有关机构承担的一种策略。

危机转移策略在具体使用时可以分为两种,一种是危机控制型转移策略,另一种是危机财务型转移策略。前者是将危机风险及其潜在损失和危机控制等一起转移的策略,如上面提到的指定展品运输代理转移运输风险的策略。后者是将危机风险的潜在损失从财务上转移到相关机构的一种办法,如前面提到的向保险公司投保等。

【经典案例】

有效转移展会危机

危机转移策略的两种办法在展览业的实践中经常被使用。例如,办展单位通过与指定展品运输代理签订协议,将展品运输过程中可能出现的各种风险转移给展品运输代理,这是典型的"危机控制型转移策略";办展单位通过向保险公司投保"展品险""公众责任险"以及"第三者责任保险"等险别,将展览期间的展品损坏、失窃和参展人员可能伤亡等风险转移给保险公司,这是典型的"危机财务型转移策略"。

向保险公司投保以转移危机的做法在中国会展业界已经逐步发展起来,经过摸索,保险公司已经逐步开发了一些适合展会的险别,办展单位也开始逐步接受向保险公司投保是转移风险和危机的一项有效举措的观念。例如,中国北京国际科技产业博览会(以下简称科博会)是一项行业盛会,展会参展人数众多,海外来宾规格高,影响范围大,波及面广。2006 年,博览会的组委会对展会实施全面的危机管理。为防范风险、减少损失、确保安全,第九届科博会组委会委托中盛国际保险经纪公司对于 5 月 23 日至 27 日举行的科博会的主会场以及场馆安全现状进行了全面查勘和评估,对可能出现的各类突发事件编制了紧急预案。在此基础上,组委会为本次科博会所有参观人员投保了高达 2000 万元的公众责任险。

需要注意的是,不管是哪种危机转移策略,它都不能转移危机对展会带来的不利影响。例如,如果展品没有按期运到展览现场,尽管参展商可以依法追究运输商的责任,但由于展品没有到位使展览现场有大片展位"空置"而受到影响的展会形象却没有办法转移。所以,在使用这种危机预防策略时,一定要同时采取一些配套措施来消除危机可能带来的不利影响。

4. 危机接受

对展会来说,由于危机预警延迟或不准确以及其他许多原因,有些危机是无法或来不及阻止的,也有些危机是无法或来不及回避的,还有些危机是无法或者来不及转移的,对于这些危机,展会如果采取逃避的态度是极不负责任的,也是极为有害的。这时,展会将这些危机风险勇敢地接受下来不失为一项较为明智的选择。

但是,展会接受危机风险并不就是眼看着危机发生而对危机无所作为。实际上,危机接受策略是主张在危机风险无法或来不及阻止、回避或转移的情况下,展会要勇敢地承担起自己的责任,主动地接受危机风险,并通过采取一系列有效措施来尽量降低危机发生的可能性,降低一旦危机真正发生所带来的不利影响和损失,使展会能顺利渡过难关。

在危机风险接受策略下,展会有四种应对措施来努力消除危机造成的损失和带来的不利影响,这四种措施是:损失预防、损失减少、不利影响掌控和财务对策。由于这四种措施都与危机反应管理有关,我们将在本章后面"危机中的沟通管理"和"危机反应管理"等节详细讲述。

9.3　危机中的沟通管理

危机管理能否成功,有赖于危机管理者的信息交换能力和根据信息制订行动计划的能力如何,而危机管理者的信息交换能力和根据信息制订行动计划的能力又有赖于其与各方面有效的沟通。沟通是危机管理的重要手段,如果没有有效的沟通,任何管理行为都不可能取得成功。

9.3.1　沟通在危机管理中的作用

一旦得到危机预警或者危机一旦发生,展会就需要在有限的时间内迅速了解事情的有关情况,及时落实危机管理计划,这时,如果没有良好的沟通,管理工作就可能会陷入一片混乱,危机就可能进一步蔓延,损失就可能进一步扩大。危机发生的突然性、危机反应的时间紧迫性和危机事件的破坏性,需要危机管理团队之间进行良好的沟通,这样,危机管理团队之间才能互通信息,团结协作,共同管理好危机。可见,有效的沟通在危机管理中起着十分重要的作用:

1. 良好的内部沟通有助于一致行动并尽快控制危机

良好的内部沟通对危机管理的每一个环节都是必不可少的,有时,即使危机的征兆已经非常明显,但由于沟通不畅,管理者也感觉不到危机的来临。错失良机、对危机反应迟钝等往往是因为沟通不畅所引起的。沟通不畅使信息难以被快速和准确地交流,而信息的堵塞又使决策产生困难,决策的延误导致危机反应措施的滞后,这会使危机持续的时间更长,造成的损失更大。

2. 良好的外部沟通有利于获得有关方面的协助和支持

危机事件发生以后,与外部进行及时和有效的沟通就显得更为重要。例如,与客户的沟通、与其他利益攸关者的沟通、与媒体的沟通、与政府主管部门的沟通、与消防安全等职能部门的沟通等,保持这些沟通渠道的畅通和信息传递的及时与准确,是取得这些机构和部门的理解和支持的重要手段。没有他们的理解和支持,危机管理有时候是寸步难行的。

3. 良好的整体沟通有助于提高危机管理水平

危机管理既有赖于充分发挥大家的智慧,又有赖于大家团结协作,共同努力。良好的整体沟通可以使内外部信息得到充分交流,及时了解全局,发动群众,群策群力,集中集体的智慧处理危机事件。交流可以碰出思想的火花,沟通可以带来管理的创新。通过整体沟通,可以使危机管理计划更完美、更全面、更科学。

9.3.2　危机中的沟通技巧

信息是沟通的载体,如果信息没有被传递和接收,就意味着沟通没有发生;沟通还有赖于理解,如果信息没有被正确地理解,沟通也就没有成功。可见,良好的沟通不仅要发出信息,还要想办法使信息的目标受众能接收到该信息,并能准确地理解该信息。

在危机管理中,有效的沟通不是强行要求沟通的双方意见一致,而是要求双方能准确地理解对方发出的信息的含义,因为,"意见一致"往往是妥协的产物,而妥协的结果在危机管理中可能会导致更大的危机。例如,消防部门与展位搭建者就展位搭建方案形成的"妥协"就有可能埋下安全和火灾的隐患。

在危机预警和危机反应中,可以采用多种渠道来进行沟通,例如,通讯的方式、口头的方式、书面的方式和电子媒介的方式等。不管采用哪种方式,都必须确保成员之间沟通的通道畅通。例如,如果采用通讯的方式,就可以将所有成员的电话号码编成一张表并让所有成员人手一份。

和日常沟通相比,危机管理中的沟通具有一定的特殊性。例如,情况紧急、时间紧迫、

场面复杂、干扰因素多、资源短缺、大量的信息需要快速传递等等。危机管理中沟通的特殊性,要求我们对沟通加以特别关注:

1.使用合适的沟通渠道

第一,沟通渠道的选择因不同的危机事件而不同。例如,观众的过分拥挤使人员难以快速通行,这时使用口头沟通的方式就非常不可取。第二,沟通渠道的选择还要因不同的沟通对象而不同。例如,紧急情况最好用无线电通讯的方式,那样更直接和快速。第三,沟通渠道的选用要具有一定的抗干扰能力。要考虑危机环境和交互作用对沟通渠道的影响,做到有备无患。第四,要尽量简化沟通渠道的层次。层次太多,不仅会使信息走样,还会错过最佳时机。第五,沟通渠道要有一定的代偿性。不能因为一个渠道遭到破坏或者被堵塞就没有可用的替代渠道。不管怎样,选择合适的沟通渠道是保持沟通畅通的基础。

2.使用规范化的沟通方式

使用规范化的方式进行沟通,可以节省大量的沟通时间,提高沟通的准确性,在危机管理中经常被使用。规范化的沟通方式可以从多个方面对危机中的沟通进行规范,例如,沟通程序的规范化、沟通内容的规范化和沟通渠道的规范化等。

3.培养信息收集和分析的技能

危机管理中,确保被传递的信息的真实性和准确性是非常重要的,所谓"失之毫厘,谬以千里"就是这时的真实写照。在危机中,能否对有关信息进行准确的判断并及时准确地向有关方面传递出去,往往关系到危机反应措施的成败。所以,危机管理者要培养所有管理成员的信息收集和分析技能,充分发挥集体的智慧,不能仅仅只是依靠管理者一人。

4.公开地与外界进行交流

危机一旦发生,除非能很快地消除和控制,否则,主动公开地与外界交流比隐瞒和躲躲藏藏要好。因为,公众和专家不同,公众是感觉危机风险,而专家是理解危机风险。如果能以坦诚的态度与公众交流,就能更多地获取他们的理解和支持,而公众的理解和支持是危机管理的一个重要力量来源。

5.重视与媒体的沟通

如下文"危机中的媒体管理"一节所述,媒体在危机管理中可以发挥重要的作用,媒体是危机管理者与外界进行沟通的重要渠道,重视与媒体的沟通,对危机预警、危机反应和危机恢复都大有好处。

6.避免沟通不当引起冲突

危机一旦发生,情况就已经十分混乱了,如果因为沟通不畅或沟通不当而再引起冲突,那可真是"乱上加乱"了。在危机管理中,要尽量避免因沟通不畅或沟通不当而引起冲突。

9.3.3 沟通与形象管理

一场危机过后,有些办展单位和展会可能在行业内声誉扫地,在社会上的形象一落千丈;而通过有效的管理措施,有些办展单位和展会的声誉和形象可能不仅没有受到损害,反而有所提升。危机是"危险"和"机遇"的统一体,在危机管理中,管理者要努力消除危险,把握机遇。

危机对办展单位和展会的声誉和形象的损害,很多是因为危机中的沟通不当或不畅所引起的。如果因为沟通方面的问题而使有关方面对危机事件缺乏客观和理智的认识,并使形势最终演变成为对办展单位经营能力和展会存在的合理性的怀疑时,形象管理就必须提上议事日程。

形象管理是用来保护和恢复办展单位和有关展会的声誉和形象的各种能力和技能的管理活动,它关注的是有关方面对办展单位和有关展会的看法,并通过内部文化的认同和沟通以及外部公共关系的处理和协调来达到管理的目标。

在危机管理中,外部沟通的效果对办展单位和有关展会的声誉和形象的影响尤其显著。一旦危机发生,外部沟通渠道如媒体报道、社团关系、利益攸关者的口碑等都成为外部世界了解危机的主要途径,这时,危机管理者要么及时采取有效的形象管理措施,努力维护自己和有关展会的正面形象,要么就不得不承受该形象受损的严重后果。

为了使危机不对自己和有关展会带来形象危机,危机管理者应该注意努力做好以下工作:

1. 注意及时处理外部关注的焦点问题

很多危机管理者在处理危机事件时只关注组织的内部,只关注减少物质利益的损失,这会使外部世界对组织产生"不负责任"和"漠不关心、没有人情味"的印象。这种印象一旦产生,对组织的形象损害就不可避免。所以,在危机管理时,管理者不仅要关注内部事务,还要注意及时处理外部关注的焦点问题,使组织免遭外部舆论的攻击。

2. 反映组织的真实态度和行为

与外界的沟通要畅通,意思传递要准确,一旦因为沟通原因而引起误解,不良形象就会很快产生。为此,危机管理者在与外界沟通时,要尽早提出某种有利于自身组织形象的观念或概念,要为人们描述未来行动的计划,并在随后的行动中加以验证。

3. 与危机发生前的态度和行为保持一致

如果办展单位在危机发生前有一个良好的形象,那么在危机发生后,千万不要因为一时忙乱而改变了以前的态度和行动原则,要一如既往地善待客户和其他利益攸关者,要密切注意外界对危机的现有看法;危机过后,不要因为危机已经被消除了而中断了危机中所作的各种承诺,要使危机中的各种行动承诺和公开态度在危机消除之后还继续保持。

4. 协调与利益攸关者的关系

危机之中,办展单位在努力控制危机的同时,还要努力协调与各方面的关系,其中,因为涉及利益问题,与利益攸关者的关系很难协调;而一旦协调不好,他们经常会将办展单位已经受损的形象危机放大。危机中,要倾听利益攸关者的呼声,了解他们的看法,重视他们的利益,如果有必要,可以让他们选派代表参与危机管理,使他们了解管理者的难处和处境,争取他们的合作与支持。

声誉和形象是一个展会重要的无形资产,它和展会的有形资产一样宝贵,保护无形资产不受损害也是危机管理的重要任务之一。在危机中,危机管理者不能对其漠然视之,更不能以牺牲无形资产为代价来保护眼前的有形资产。

9.3.4　危机中的媒体管理

媒体是展会与外界进行沟通的重要媒介。媒体对危机沟通管理和展会危机管理的最终成效具有重要影响,它既能够成为帮助展会进行危机管理的有力武器,也可以成为妨碍展会进行危机管理的定时炸弹。展会本来就是一件容易引起社会兴趣的大型公众活动,如果在展会期间不幸发生了一些危机事件,它马上就会成为全社会关注的焦点;这时,如果展会没有良好的媒体管理计划,媒体铺天盖地的报道可能会拖垮该展会,并进而拖垮该办展单位。

1.调控媒体在危机中的作用

媒体在危机管理中的作用是双重的,既有积极的一面,也有消极的一面,如表9-3所示。如果管理得好,就可以尽可能地减少媒体在危机事件中的负面作用,增加它们在危机事件中的积极作用。

表 9-3　媒体对展会危机管理的作用

作用	具体作用	描　述	应对措施
积极作用	帮助传递信息	传播信息的范围和速度是其他手段达不到的	避免谣言并终止谣言的流传,使所有相关者了解危机的真相
	维护展会形象	危机事件的发生会极大地破坏展会和该办展单位的形象	通过媒体的报道来维护和恢复展会的良好形象
	提供社会支持	帮助社会了解危机的现状,为危机管理获取社会的支持	争取社会和各利益攸关者对危机事件的理解
	帮助危机预警、反应和恢复	提醒展会小心预防、引以为戒、提醒办展单位及时改进处理危机的办法	关注媒体的有关报道和经验总结
	协助沟通	积极的沟通使复杂的问题简单化,缺乏沟通使简单的事情复杂化	利用媒体及时与客户及其他利益攸关者进行沟通
消极作用	可能成为危机的制造者	一些放大性报道及对一些敏感性问题的报道会造成危机	充分与媒体沟通
	可能使危机进一步恶化	一家媒体的报道可能被多家媒体转载,随着信息的传播,危机会变得更加严重	有效管理媒体
	妨碍危机管理	媒体的某些行为常常会妨碍更好地对危机进行管理	多沟通,适当限制媒体的活动范围

媒体对危机管理的消极作用,很多不是媒体故意造成的,而是媒体促使信息广泛传播的行业特点的必然。为此,有效地发挥媒体在危机管理中的积极作用并尽量减少它们在危机管理中的消极作用,是危机中对媒体进行管理需要完成的首要任务。

2.危机中的媒体管理办法

在危机事件中,危机管理者和媒体是一对矛盾的统一体。一方面,媒体出于行业的需要,对突发的危机事件有全面、准确、及时和自由报道的兴趣;另一方面,危机的管理者出于危机管理的需要,对媒体的一些报道方式、报道时间和报道内容往往有一定的选择要求。这样,在危机事件中,危机管理者与媒体常常会产生矛盾和冲突。

在危机事件中,危机管理者与媒体之间之所以产生冲突,很大的原因是因为彼此都认为对方是在故意干扰自己的工作。与媒体产生冲突对危机管理是极其有害的,危机管理者要努力了解媒体在危机事件报道中的相关兴趣和需求,并设法调控这些兴趣和需求,不盲目地设置障碍和排斥媒体,使媒体报道向着有利于危机管理的方向发展。

(1)将媒体作为一个重要的管理对象纳入展会危机管理计划。很多展会在对危机进行预警和其他管理时,往往都将注意力集中在对危机源、环境和交互作用的管理和控制上,往往都不重视对媒体的管理,或者干脆就忽视了对媒体的管理,结果酿成大错。其实,进行展会危机管理一开始就应该将媒体纳入管理的主要对象,并依此制订相应的媒体管理计划。这样,一旦危机发生,展会才不至于措手不及。将媒体纳入危机管理的对象,可以通过主动地引导媒体报道和采访,主动地向媒体提供信息来有计划地引导媒体为危机管理服务。

指定与媒体沟通的负责人或成立相应的管理部门,是展会将媒体纳入管理对象的一项重要举措。在危机事件中,展会不可以多头对外发布信息,更不可以发布相互矛盾的信息,否则,混乱的信息将使外界对危机的理解更加混乱。所以,将与媒体的沟通和信息发布集中到一个人(即新闻发言人,如办展单位没有常设的新闻发言人,则应该在展会危机管理方案里设置一个)或一个部门,可以有效地避免信息的混乱和前后矛盾。

(2)多渠道地与媒体保持沟通和密切联系。危机发生后,多渠道地与媒体保持沟通十分重要。因为,如果媒体无法从危机管理者那里获得信息,它们就可能听取谣言和道听途说,而这些信息又往往是不真实的,并且,如果媒体不能从危机管理者那里获得信息,它们就可能将关注的重点转移到危机的受害者那里,而过多地报道危机受害者对相关机构的控诉却无益于危机的解决。所以,与媒体保持沟通对促进危机管理十分有利。

危机管理者可以通过多种渠道与媒体保持沟通和联系,例如新闻发布会、媒体会议、现场采访、随机或秘密采访等。对于新闻发布会和媒体会议,要注意介绍四个方面的信息:危机在本会议召开时的情况如何、人们的兴趣所在、当前事态的进展怎样、将来会如何发展等;在发布形式上,要注意做到以下四点:第一,简明清晰地介绍信息发布的动机和内容;第二,作一个本事件给人们带来的影响的简要评论;第三,清楚地陈述自己已经、当前和将要采取的危机管理措施;第四,给媒体留下如何继续获取信息的时间、地点和途径。

对于各种采访,危机管理者要有一定的准备,要使被采访者能镇静应对,不要陷入猝不及防的尴尬状态;被采访者对外提供的信息要口径一致,不要随意发挥。

(3)适当地控制媒体在危机中的活动范围。在危机中,几乎所有的危机管理者都不容许媒体无限制的活动和无限制的采访。因为,一旦媒体的活动范围不受控制,一方面,他们无限制的活动和采访可能干扰危机管理者决策,影响他们工作的展开,使某些危机管理措施执行受到影响;另一方面,媒体由此可能会获得一些危机管理者暂时还不想对外发布的信息,因为这些信息如果此时公布可能会导致危机局面更加混乱,使危机更加扩大。所以,在危机管理中,媒体的活动范围都是受到一定的控制的。

控制媒体的活动范围,可以通过划定媒体可以进入的区域和限定媒体不能进入的区域的方式来实现。需要提醒的是,适当地控制媒体在危机中的活动范围,并不是拒绝媒体对危机现场进行采访和报道,更不是对媒体搞封锁。实际上,通过控制媒体在危机中的活动范围来达到封锁消息的目的是行不通的。所以,在对媒体活动范围进行适当控制时,还要对媒体说明原因,取得媒体的理解和配合,同时,还要积极给媒体提供必要的信息,这样,范围控制才会有效。

另外,不容许媒体进入的范围也可以是动态的。随着危机被逐步控制,受限制的范围可以逐步缩小,到危机完全被控制,就可以取消范围限制,给媒体活动的自由。

3.进行媒体管理的注意事项

为了更好地进行危机管理,危机管理者在进行媒体管理时要注意运用一些技巧和策略:

(1)不要和媒体发生冲突。任何时候与媒体发生冲突都是一种不明智的选择,因为一旦机构与媒体发生冲突,媒体就可能联合起来共同捍卫行业的整体利益,这时,媒体可能发布一些不利于危机控制的信息,媒体就可能成为危机的制造者和危机控制的妨碍者。

(2)不要责怪其他组织和个人。任何对其他组织和个人的指责都会给人一种逃避责任的印象,会破坏危机管理团队的团结。在危机管理期间,核心的任务是如何有效控制和消除危机而不是追究究竟该谁负责任。

(3)尽量提供真实的信息。一旦媒体发现危机管理者提供的某条信息不是事实,他们就会有一种被欺骗的感觉,他们就会对危机管理者提供的其他信息也产生怀疑。要尽量向媒体提供真实的情况,对一些暂时还不明确的情况不要进行主观臆测。如果发现已经提供的某些信息与事实有出入,或者彼此之间出现不一致,要主动地承认这种情况,并就出现这种情况的原因对媒体作出合理的解释。

(4)保持冷静并表现得坦率和诚实。不论媒体的采访提问如何尖锐,危机管理者都要保持冷静,要避免情绪化;对一些敏感的问题,只要不影响危机管理的效果都可以公开,这样以坦率和诚实的方式与媒体交往,有利于在彼此之间形成一种和谐和友好的气氛。

(5)要富有责任心和同情心。对于一些涉及危机的受害者和其他利益攸关者的问题,危机管理者要表现得富有责任心和同情心,不要表现得漠不关心,否则,就容易引起媒体和社会公众的反感。

(6)注意运用应对采访的技巧。例如,在安排新闻发布会时,要安排危机管理的主要负责人出场,这样就给人一种较负责任的印象;在其他场合,如果不是非常必要,就尽量不要安排危机管理的主要负责人出场,因为一旦他将有关情况说定,与媒体进行再协调的机会就少了,危机管理工作就可能陷入被动。

9.4　危机反应管理

有些危机事件,人们根本没有意识到它时,就突然爆发了;有些危机事件,尽管有预警,但人们却没有时间来阻止它的爆发;还有一些危机事件,尽管有预警,但由于种种原因,人们还是没有能力来阻止它的爆发。不管哪种情况,当危机爆发并进入持续阶段以后,人们就不得不面对危机并对危机作出反应。适当的危机反应能有效地控制和消除危机,不良的危机反应往往会助长危机的蔓延并造成更大的损失。

9.4.1　危机反应管理的目标

从广义上讲,危机反应管理包括积极维护办展单位和有关展会的声誉和形象,保护各利益攸关者的利益,积极与媒体和外界进行沟通。对于这些,我们在前面有详细论述。所以,在本节,我们所讨论的主要是狭义的危机反应管理,也就是除对危机中的媒体管理、沟通和形象管理以外的其他危机反应的管理。从这个意义上讲,危机反应管理的主要目标,就是努力减少危机造成的直接和间接损失并为危机恢复创造条件,具体为:

1. 迅速消除危机或阻止和延缓危机的蔓延

危机突然爆发以后,当务之急是尽快采取有效措施迅速地消除危机或阻止和延缓危机的蔓延,否则,危机的破坏将进一步扩大,危机将变得一发不可收拾。

2. 阻止和减少危机的交互作用

危机的交互作用会引起一系列的连锁反应,如果反应不当,一个危机突然爆发后可能会导致其他危机的爆发。危机反应管理的任务之一就是要努力阻止和减少危机的交互作用,使一个危机不至于引发另一个危机。

3. 阻止或减少危机对人、财、物的伤害

危机爆发以后,危机管理者要尽快对危机作出反应,尽快采取有效措施,尽量阻止或减少危机对人、财、物所造成的伤害。在危机反应中,确保人的安全应该放在首要位置,要贯彻"人员优先,财物其次"的安全原则,努力阻止和减少危机对人身造成的伤害,在确保人员安全的前提下,积极保护财物的安全。

9.4.2　危机反应管理的措施

为达到上述目标,在接到危机预警后,危机管理者必须马上对危机作出反应,立即弄清可能引起危机发生的危机源是什么及其分布情况,了解清楚危机发生的环境,分析危机可能会引起的交互作用,评估带来的影响;同时,还必须立即采取措施,迅速消除危机或阻止和延缓危机的蔓延,并阻止和减少危机对人、财、物造成的伤害。

1. 迅速成立危机管理机构或危机反应小组

一旦发出了紧急危机预警或者危机真的爆发了,原有的正常秩序就会立即被打乱。在危机的压力下,正常的沟通渠道和职责系统发生扭曲,危机发生现场存在很大的危险性和不确定性,这时,特别需要有一个危机管理机构来指挥大家对危机作出正确的反应。没有这样一个机构,大家就会六神无主和人心惶惶,危机就没办法得到及时控制。

对展会来说,可以常设一个危机管理机构来负责展会的危机管理,也可以在接到危机预警或危机爆发后立即成立一个危机管理临时小组来负责危机管理。如果是常设机构,这个机构一定要是一个富有弹性的和适应性很强的机构,一旦危机发生,它可以按需要进行扩展和延伸;如果是临时小组,这个小组一定要责任明确、分工清楚、人员到位。

不管是常设危机管理机构还是临时危机反应小组,它都应该做到:第一,它的成员都要富有代表性,能符合危机事件的性质的需要。第二,它需要有一个既权威又民主的决策程序,能在紧急环境中作出富有力度而又有弹性的决策。第三,责任和管理目标必须层层分解,责任到人,避免出现"只管不理"的现象发生。第四,管理层次的设立要尽量简洁,要避免层次过多而引起信息传递不畅和沟通困难。

危机管理机构对危机反应来说非常重要,它是危机反应的中枢神经,有了它,就可以全面而协调地对危机采取各种有效的应对措施了。

2. 弄清危机源,评估环境,防止发生交互作用

对危机反应来说,在接到危机预警或危机爆发消息的最初几个小时至关重要,在这段时间里,如果采取的反应措施得当,危机就可能被很快阻止或控制;如果采取的反应措施不

得力,危机就可能爆发或进一步蔓延。把握了这最初的几个小时就是把握了危机反应的主动权。

要很好地把握这几个小时,就要在这段时间里努力处理好这样几件事:一是要立即弄清引起危机发生的危机源是什么,并提出控制或清除这些危机源的可行办法;二是要评估危机发生的周边环境,并采取措施阻止危机的进一步蔓延;三是防止发生交互作用,避免发生连锁反应。

3.获取信息和保持内外部的沟通畅通

获取信息和保持内外部的沟通畅通,是危机反应能有效进行的保证。如果在危机反应中获取不到充分的信息,就很难作出有效的危机反应决策和进行有效的危机反应行动,一旦信息缺失,面对谣言和挫折所导致的冲突就可能不断升级,危机所导致的损失就会进一步扩大,危机反应就会顾此失彼。

在危机反应中,管理机构的所有成员既有收集信息的责任,也有分析信息的要求,还有传递信息的义务。收集信息是为了弄清楚事情的真相,分析信息是为了给决策提供依据,传递信息是为了保持内外沟通的畅通。不过,在收集和处理信息时,要注意将内部信息流和外部信息流分开,这样更有助于对整个危机事件保持清醒的认识;并且,在收集和处理信息时,要注意将交流和控制的场所相对分开,因为如果它们没有相对分开,就会彼此影响而使决策受到干扰。

4.按轻重缓急对行动进行排序

接到危机预警或危机发生以后,由于危机反应的时间和资源极其有限,危机管理者不能对危机的各个方面平均地使用力量,因此就会漏失危机中急需解决的主要矛盾而招致重大损失。为避免更大损失,危机反应行动应有轻重缓急和主次先后之分。

危机管理人员可以根据以下几个标准来分清危机反应行动的主次先后和轻重缓急:第一,危机继续造成损失的严重程度。第二,危机各部分继续蔓延的可能性。第三,危机各部分是否会引发连锁反应。第四,危机中是否存在这样的因素:它影响到展会的生存和办展单位的可持续发展,影响到危机的尽快恢复。如果有,就要及时采取应对措施。

对危机反应行动的上述评估,有赖于当事人对危机的熟悉度、对危机发展的预见性和专业技术能力。另外,在危机反应中,要避免主要管理者过分介入具体事务细节工作,因为一旦他们介入应如何做每项具体工作时,他们就可能失去了对危机全局的看法,失去了对全局的把握能力,这不仅无益于危机的有效控制,还可能将其下属成员置于危险的境地。

5.重视对人的管理

危机爆发以后,人的作用至关重要。如果管理危机的有关人员出现混乱,危机将很难得到控制,严重时还可能会出现人员伤亡。在危机反应中普遍存在的一个问题是,大家的注意力都被危机事件所吸引而很少去关注正在为控制住危机而奋斗的人。危机管理者应该跟踪这些人员的部署情况和精神状态,监控每个人所处的最新位置和最新情况,在确保每个人职责分明的同时,让每个人都有一定的应变权利。这样,他们在处理突发事件时才会更加积极主动。另外,危机管理者要精干,如果管理者太多,令出多头,大家就会感到无所适从,危机管理工作就会出现混乱。

6.牢记法律义务

无论是在刚接到危机预警时,还是在危机爆发以后,在进行危机反应时,危机管理者要牢记自己的法律义务,如法律对安全方面的要求、对有关方面进行照顾的义务等。不遵守法律义务而一味地蛮干,将会导致一系列的后遗症。

对危机进行反应,是进行危机管理的决定性阶段。如果危机反应及时而正确,危机就可能很快被控制和消除;如果反应延迟或失误,危机就可能蔓延和扩大。所以,在危机反应中,要尽量避免出现:第一,对危机预警麻木不仁,没有危机意识,缺乏预见性;第二,沿用惯性思维,缺乏应变能力,决策不果断,措施不坚决;第三,信息沟通不畅,报喜不报忧;第四,三心二意,分不出轻重缓急,措施不到位;第五,言而无信,做表面文章,不以诚相待;第六,盲目乐观,分不清是危机还是机遇。

为了能对可能发生的危机尽早作出科学的反应,有些办展单位在策划展会筹备方案时,往往对可能发生的危机提前提出危机反应和恢复计划,通过这个计划,节约进行危机反应的决策时间,指导人们对危机事件作出科学合理的反应和恢复工作。这个危机反应和恢复计划该如何制订? 我们将在下一节里详细论述。

9.5　危机恢复管理

对于危机已经造成的损失,危机反应管理往往无力顾及。这样,对于危机已经造成的损失只有靠危机恢复管理来解决了。展会危机恢复的范围包括三个方面:人的恢复、物和系统的恢复、形象和声誉的恢复。在本章"沟通与形象管理"一节里,我们已经对有关形象和声誉的恢复工作进行了论述,在本节里,我们主要对人、物和系统的恢复管理问题进行论述。

9.5.1　危机恢复管理的任务

危机一旦得到控制或消除,危机管理人员就要着手开始危机的恢复工作,尽量将办展单位以及展会的财物、工作流程和工作人员恢复到危机前的正常状态。危机恢复管理的主要任务如表 9-4 所示。

表 9-4　展会危机恢复管理的主要任务

主要任务	面临形势	应对措施
保持展会的连续性	危机会给展会造成毁灭性打击使之被迫终止或取消	迅速进行危机恢复工作,使展会不至于因危机而终止或被取消
维持生存并改进业务流程	危机造成的损失及它所引起的连锁反应带来严重的财务危机和生存危机	对引起危机的不合理的业务流程进行改革,使展会渡过财务和组织的生存危机
恢复声誉和形象	危机给办展单位及有关展会的声誉和形象带来严重损害	恢复因危机而遭受损害的声誉和形象

续表

主要任务	面临形势	应对措施
恢复有关人员的信心	危机对客户、社会和展会内部人员信心的打击大,"谈虎色变"式的阴影长期笼罩	消除危机对人们的心理影响,恢复人们对有关展会及办展单位的信心
获得新的发展	如果不能超越危机以前的水平,很难恢复社会和客户对展会的信心	危机是"危险"和"机遇"的结合,要抓住危机中的机遇

危机恢复工作是危机反应工作的继续。因为一旦危机发生,危机管理的首要任务是尽早控制和消除危机,如果危机反应不能有效控制和消除危机,危机恢复工作就无从谈起。另外,危机造成的有些损失的恢复成本很高,有的甚至根本就不可能被恢复,所以,阻止危机造成破坏比等危机造成破坏后再恢复更重要。尽管如此,危机恢复工作在危机管理中还是必不可少的,这从危机恢复工作的上述任务就可以得到很好的证明。

9.5.2　危机恢复管理的措施

危机恢复工作在危机已基本得到控制时就应该全面展开,也就是说,当危机已经不再继续造成明显的损害时,危机恢复工作小组就应该开始投入工作,尽快将展会和办展单位恢复到正常状态。当然,如果危机规模较大,危机是被一部分一部分地逐步控制,危机恢复工作也可以紧跟着一部分一部分地展开。

一般的,危机恢复工作可以按如下方式进行:

1.成立危机恢复小组

危机恢复小组可以在危机管理的最初就成立,也可以在危机基本得到控制之后成立。危机恢复小组的主要任务是进行危机恢复的信息收集、制订恢复计划和进行恢复决策。成立了危机恢复小组,可以使危机恢复工作按计划有条理地进行,使展会尽快恢复到正常状态。

2.及时沟通

在危机恢复时,保持及时有效的沟通仍然十分重要。通过及时有效的沟通,外界知道办展单位正在做什么,展会也知道外界期望自己去做什么,有关恢复人员也知道自己应该做什么,这对于尽快使事情恢复到正常状态十分必要。如果沟通中断,受害者就会感到被抛弃和孤立无援,利益攸关者就会觉得展会对他们的利益漠不关心,社会公众会觉得办展单位缺乏人性关怀,这样可能引起新的冲突甚至新的危机,危机的恢复工作就难以进行。

3.对需要恢复的对象进行排序

在进行危机恢复工作时,首先要明确需要恢复什么,然后要区分需要恢复的对象的重要性,按轻重缓急决定恢复工作的优先次序。一般的,如果在危机中有人员伤亡,那么,对人的恢复应该放在最优先的次序;如果没有人员伤亡,那么,对核心业务的恢复工作应该优先考虑。支持业务和延伸业务也是危机恢复的对象,但其优先次序比不上上述两者的重要。

4.对人的恢复

对人的恢复包括对有关人员的生理恢复和心理恢复。这里所说的"人",包括明显受危机影响的受害者、与危机相关的各利益攸关者、进行危机反应的人、那些关注危机进展情况的人以及办展单位的内部员工,这些人的生理和心理状态至少都需要恢复到危机前的状态。人是危机影响的最终承担者和评价者,从某种意义上讲,除非有关人员感到他们的需求和忧虑正在被妥善地解决,否则,恢复工作做得再好也是徒劳。

5.整合资源寻求新发展

危机恢复的目标,不是使遭受危机打击的有关展会及办展单位在危机过后劫后余生而勉强维持生存,而是要努力恢复到危机发生以前的水平并尽量超过该水平。危机的爆发会暴露展会及办展单位薄弱的一面,危机恢复工作可以对之加以改正和提高,使有关展会和办展单位获得新的发展。例如,改进业务流程中不合理的一面而提高工作效率,重新对展会进行定位以求新的发展等。

另外,对有关展会和办展单位的声誉和形象的恢复也是危机恢复工作的重要手段之一,有关内容请参看前面有关章节。

在进行危机恢复工作时,要防止出现追究责任式的恢复工作。危机已经形成,尽管危机已经得到基本控制,但影响还远未消除,这时还不是追究责任的时候,此时,关键还是要努力保持内部团结,使大家齐心协力,努力进行危机的恢复工作。如果此时就大张旗鼓地追究责任,可能会给危机恢复工作带来很大的危害。所以,危机责任的追究是要进行,但绝不是在危机恢复之时进行。

9.5.3　展会危机反应和恢复计划

危机预警和危机真的爆发以后,可供危机管理者作出危机反应决策的时间非常有限,在如此短的时间里要了解危机真相并制订出科学的反应计划往往很难。如果在接到危机预警和危机真的爆发以前就有一个备用的危机反应和恢复计划,那么,届时的危机反应和恢复效率必定会大大提高。

危机反应和恢复计划是指导有关人员在危机发生时对危机采取有效反应和恢复措施的行动计划,也是协调各种危机反应和恢复行动的指导方针。很多危机反应和恢复计划是在接到危机预警以前就拟订好了的,就像消防工具一样,它具有很强的备用性。

有一个备用的危机反应和恢复计划,一旦危机真的发生,它可以极大地减少危机反应和恢复的决策时间,减轻人们的心理紧张情绪,合理配置进行危机反应和恢复的资源,使危机反应和恢复工作安排更加科学。

危机反应和恢复计划主要是用来指导危机反应和恢复工作的,具有备用性、非营利性、指导性和一定的柔性等特点。所谓备用性,是指该计划在危机发生后才真正实施。如果危机不发生,该计划就不会被执行。非营利性是指该计划没有营利的要求。该计划最大的目标就是尽快控制危机和得到恢复。指导性是指该计划是危机反应和恢复工作的行动指南,规定了一旦危机发生,各有关人员的职责和工作要求。柔性是指该计划只规定大的原则、职责和工作流程,对于危机中的一些具体细节,则需要有关人员的灵活处理。

危机反应和恢复计划一般包括以下一些主要内容:

(1)制订本计划的原因、目标和任务。

(2)本计划的启用条件。

(3)危机反应和恢复机构(小组)的成员构成及权责。

（4）危机预警办法。

（5）危机中的沟通策略。

（6）媒体管理办法。

（7）形象管理措施。

（8）危机反应的措施及指挥、协调与控制办法。

（9）财务与法律支持办法。

（10）危机恢复的措施及指挥、协调与控制办法。

（11）对计划本身的更新、维护和修订的管理办法。

（12）有关附件。包括各种表单，如危机预警、专业协助、所有成员以及有关领导的联系方式表；危机反应和恢复所需的资源、设备和技术表；业务单元行动程序表；后勤和供应表，等等。

【复习思考题】

1.展会一般会发生哪些危机？特点是什么？

2.简述进行展会危机管理的基本原理。

3.如何建立有效的展会危机预警机制？

4.如何进行展会危机预防？

5.危机中如何对媒体进行管理？

6.展会危机反应和恢复计划包含哪些内容？

第 10 章

会议及活动策划 ≫ ≫ ≫ ≫

⬅【本章要点】

　　本章主要讲述如何策划独立举办的会议和如何策划在展览会期间举办的各种会议和活动。主要包括：从确定会议主题、落实会议经费与赞助、准备会议方案、落实会议主讲人员、组织会议的听众、场地布置和会议召开、制订会议危机管理方案、会后总结等环节来策划独立举办的会议；如何策划行业会议、技术交流会、专业研讨会、产品发布会、产品推介会、投资洽谈会、表演、比赛和招投标活动；如何策划在展览会期间举办的会议和活动等。

　　展览和会议是"会展经济"的两翼，除展览外，会议也是现代"会展经济"的一个重要构成部分。现在，很多办展单位的经营范围往往包括展览和会议两个方面，会议策划、组织和管理因此也是很多办展单位的必修课。尽管同为会展经济的重要构成部分，会议和展会在策划上有很多相似之处，但也有很大的不同。

10.1　会议的一般流程

　　在具体实践中，会议的名称繁多，如行业会议、专业研讨和技术交流会等，各种会议在策划上尽管一些差异，但还是有很多相似之处。在这里，我们集中讲述它们相通的地方，对于它们各自有差别的地方，我们将在下一节里再分别讲述。会议策划的一般流程如下：确定会议主题、落实会议经费和赞助、准备会议方案、落实会议主讲人员、组织会议听众、会议召开、布置会议场地和制订会议危机管理方案、会后总结等。

10.1.1　确定会议主题

　　会议策划的第一步是要为会议确定一个明确的主题。会议主题是会议的灵魂，会议的各种议题是紧紧围绕会议的主题来进行的；没有主题，会议就会成为一个无所依归的幽灵，各种会议议题将会变成一盘散沙，整个会议就会变得杂乱不堪。

会议主题的确定是一件耗费心机的艰苦的工作。一个好的会议主题往往是经过千锤百炼和千挑万选才从众多的选项中脱颖而出的。会议主题的"脱颖而出"不是凭空得来的，而是在经过对相关信息的广泛收集和深入分析的基础上才得来的。

1.收集相关信息

为了使会议的内容有的放矢，是广大听众所切实关心的话题，在准备召开有关会议以前，会议的主办机构要多方收集相关信息，并对有关信息做深入的研究，努力抓住听众的心理和有关热点问题，为下一步确定会议主题提供翔实的背景资料和参考依据。

2.确定会议主题

会议一定要有能紧紧把握时代脉搏、能切实反映某一领域发展动态的鲜明的主题。会议的主题是会议的灵魂，一个好的主题能对会议的目标听众产生强大的号召力；如果会议主题不能被会议的目标听众所接受，会议将会名存实亡。会议失败的原因可能很多，但主题确定不当一直是众多会议失败原因中最致命的一个。

会议的主题要有创意，并且要具备以下特征：前瞻性、总结性和时尚性。所谓有创意，是指会议主题要能高度浓缩、精练并对会议的内容高屋建瓴；所谓前瞻性，是指会议的主题要高瞻远瞩，要针对某一领域的发展现状和发展趋势适度超前，对该领域的热点问题要看得更远、更深，不能只局限于眼前情况；所谓总结性，是指会议主题要能对该领域的发展有所总结，不仅能系统地反映该领域的过去，还能体现该领域发展的特点和趋势，不能脱离该领域的发展，泛泛而谈；所谓时尚性，是指会议的主题要能有的放矢，紧扣该领域的热点和难点问题，不能远离现实。会议主题可以不同时具备上述三个特征，但它至少应该具备其中的一个，否则，会议的主题将会失去号召力。

【经典案例】

博鳌亚洲论坛的主题

博鳌亚洲论坛是第一个将永久会址设在中国的国际性论坛，这个论坛每年在海南博鳌召开。每年在这个论坛召开的时候，来自世界各地尤其是亚洲各国的政要、学者、著名企业家以及众多媒体都济济一堂，共同探讨各自关心的问题。如此多的知名人士会集博鳌，其中一个突出的原因是博鳌亚洲论坛的主题选择适当和富有吸引力。作为一个国际的、民间的和以经济话题为中心的常年定期举办的会议，博鳌亚洲论坛有一个永恒的主题："亚洲寻求共赢"，在这一主题的指引下，论坛每年根据当年的实际情况设立年度主题。

博鳌亚洲论坛的主题

论坛举办时间	主　题
2002 年 4 月 12—13 日	新世纪、新挑战、新亚洲：亚洲经济合作与发展
2003 年 11 月 2—3 日	亚洲寻求共赢：合作促进发展
2004 年 4 月 24—25 日	亚洲寻求共赢：一个向世界开放的亚洲
2005 年 4 月 22—24 日	亚洲寻求共赢：亚洲的新角色

续表

论坛举办时间	主　题
2006 年 4 月 21—23 日	亚洲寻求共赢：亚洲的新机会
2007 年 4 月 20—22 日	亚洲制胜全球经济：创新和可持续发展
2008 年 4 月 11—13 日	绿色亚洲：在变革中实现共赢
2009 年 4 月 17—19 日	经济危机与亚洲：挑战与展望
2010 年 4 月 9—11 日	绿色复苏：亚洲可持续发展的现实选择
2011 年 4 月 14—16 日	包容性发展：共同议程与全新挑战
2012 年 4 月 1—3 日	变革世界中的亚洲：迈向健康与可持续发展
2013 年 4 月 6—8 日	革新、责任、合作：亚洲寻求共同发展
2014 年 4 月 8—12 日	亚洲的新未来：寻找和释放新的发展动力
2015 年 3 月 26—29 日	亚洲新未来：迈向命运共同体
2016 年 3 月 22—25 日	亚洲新未来：新活力与新愿景
2017 年 3 月 25—28 日	"一带一路"：亚欧战略对接
2018 年 4 月 8—11 日	开放创新的亚洲，繁荣发展的世界

这些富有吸引力的主题使博鳌亚洲论坛年年有新意、届届有活力，并吸引各国和地区重要士人前往参加，论坛也取得了极大的成功。

为了更好地确定会议的主题，会议主办机构可以征询相关科研机构、大专院校有关专家的意见，也可以对该领域中的各有关方面展开调查，让它们提出一些建议，在此基础上，会议主办机构再综合各方面的意见，并结合当前的实际情况，确定会议的主题。

10.1.2　落实会议经费与赞助

召开会议往往需要邀请一些国内外著名的专家、学者、著名企业领导人或者是行业主管部门的官员到会演讲，还要租用会议场地，进行适当的会议现场布置，这都需要一定的费用。对于会议所需要的各项费用，会议主办机构在召开会议前就要事先做好预算，对会议的各项费用开支要心里有底，并安排必要的资金以使会议成功召开。

召开会议所需经费有三种主要解决办法：第一，可以设立专门的会议筹备资金用以满足会议的需要；第二，可以向与会人员收取一定的会务费；第三，可以寻求企业赞助。不管经费以何种方式筹集，为确保会议成功，在会议召开前，都应该为会议编制详细的会议预算，为会议的各项开支和收入作出预算，合理安排会议的各项费用，如表 10-1 所示。

表 10-1　会议预算样张

类别	项　　目	金　额/万元	占总收入的比例/%
收入	赞助费		
	冠名权费		
	门票或参会费		
	广告收入		
	发言费		
	其他相关收入		
	总收入		
成本费用	场地租金		
	会场设备及布置费用		
	宣传推广费		
	主讲人和嘉宾演讲及接待费		
	翻译费用		
	各种资料的费用		
	办公和人员费用		
	税收		
	其他不可预测的费用		
	总成本费用		
利　　润			

赞助是会议的一项重要资金来源。赞助有垄断性赞助、平摊性赞助和等级性赞助等几种形式。垄断性赞助是指会议所需要的各种费用由某个赞助企业承担,平摊性赞助是指所有与会企业都要对会议提供赞助,等级性赞助是将会议的各种赞助分等级,如主要赞助者、一般赞助者和有针对性的内定赞助者等。

如果会议办得出色,影响较大,很多企业愿意对会议进行赞助。如果会议接受企业赞助,就要考虑给予企业怎样的回报,企业对会议的赞助可以有很多种回报的形式,如转让会议的冠名权、允许企业在会议的某些特定地方做广告、允许赞助企业在会议期间做简短发言介绍自己的企业、让企业赞助会议现场使用设备、给予企业会议相关服务的行使权等。

10.1.3　准备会议方案

会议方案是有关会议召开的具体实施计划,要组织一个高水平的会议,会议实施计划一定要做到详尽周密、高效协作。除了前面讲到的会议主题和会议预算以外,会议方案一般包括以下几方面的内容:

1.会议的名称、时间、地点和规模

会议要确定一个名称才好对外宣传和发布,会议的名称要有一定的概括性和导向性。会议举办的时间要符合该领域的习惯,要注意结合会议各嘉宾和各主讲人到会的时间编制好会议各议题的场次和日程安排。会议的地点应尽量安排在一些设施较好、环境较好、有关与会人员容易到达的地方。会议的规模是指会议计划有多少场演讲或讨论,有多少听众,会议主办机构要事先对会议听众数量作出预测以便安排会议的场地。如果场地容量有

限,就要对听众数量有所限制,不然,会议现场有可能出现混乱。

2.会议的议题

上面确定的会议的主题不仅要明确地写进会议的方案中,还要根据该主题来确定会议的议题。会议的议题是会议将要讨论的具体内容,它是根据会议的主题而确定的。会议的议题要务实并富有吸引力。一个会议只有一个主题,但可以有多个议题。会议的议题确定以后,可以就该议题向社会广泛征集会议论文以扩大会议的内涵和影响。

3.编制会议议程

会议议程是会议实施计划的进度安排,它对会议的进程进行总体调控和安排,如何人主持会议、会议主持人是否致开幕词,是否邀请有关部门和企业的领导作为嘉宾出席会议,何人宣布会议开始,何人介绍主讲人及嘉宾的简历、会议的各项议题如何安排和展开等。会议议程的编制要科学合理,并适当安排中途休息时间。

【经典案例】

亚洲 CEO 峰会议程

以下是节选自 2005 年亚洲 CEO 峰会其中一天的会议议程(为保持示例的原始性,在这里仍用原议程语言英语示例):

07:00—07:10　Assemble at lobby of XXX hotel
07:10—08:00　Proceed to Conference by Shuttle Bus
08:00—18:00　Registration (Venue:YYY hotel)
08:05—08:10　Opening Address (by the organizer)
08:10—08:15　Welcoming Message (by Mr. A)
08:15—09:00　Breakfast (Sponsored by SSS Company)
09:00—09:35　Introduction of Participants
09:35—09:40　Move to Conference Hall
09:40—10:10　Keynote Address (by Mr. B)
10:10—10:50　Session Ⅰ:How to Optimize the Return of Investment
10:50—12:00　Panel and Case Study
12:05—12:55　Business Luncheon (Sponsored by KKK Company)
13:00—13:40　Session Ⅱ:Business Matchmaking
13:40—14:50　Panel and Case Study
14:50—15:05　Coffee Break
15:05—15:45　Session Ⅲ:How to Launch New Exhibiton
15:45—16:55　Panel and Case Study
17:00—19:00　Gala Dinner (Venue:YYY hotel)
19:00—21:20　See Traditional Fashion Show
21:20—22:00　Proceed back to XXX hotel by Shuttle Bus

4.会议的主讲人和听众

会议的主讲人对会议的成功举办有着举足轻重的影响。知名的专家、学者或者是企业家的演讲将会使会议光芒四射;政府主管部门的权威人士的演讲将更加提升会议的权威性。会议的主题和议题确定以后,要针对该议题邀请一些对该议题有深入研究的人士作为会议的主讲人,并及时向他们发出邀请。向会议主讲人发送的邀请函要明确会议的主题和该主讲人将分担的具体议题、会议日期和地点、演讲的时间安排和要求等,这样会更方便主讲人准备演讲材料。

会议不能没有听众,会议的听众也是会议的一个重要组成部分。会议方案要对会议的目标听众作出分析和预测,要确定听众的来源和范围、会议现场可以容纳的听众数量等。

5.会议的召开方式

会议的召开方式对会议的成功举办也有较大的影响,会议要根据其主题和议题、会议的主讲人以及听众的特点来确定究竟要采用何种具体方式召开。从听众的参与程度上看,会议的方式一般有开放式、半开放式和封闭式三种。开放式的会议是指那些不设置主讲人,只有会议主持人,听众能和所有的与会人员就某一议题展开自由讨论的会议形式;半开放式的会议是指有会议主讲人和主持人,会议主要由会议主讲人演讲,但听众在主讲人演讲完毕后有一定机会和时间提问的会议形式;封闭式的会议是指会议全部由主讲人演讲,听众在主讲人演讲完毕没有机会和时间提问的会议形式。这三种会议的组织形式各有利弊:开放式的会议比较自由,但往往议题难以集中;半开放式的会议研讨的问题能够深入,但听众发言的机会较少;封闭式的会议能集中议题,但没有听众参与的机会。由于半开放式的会议能很好地发挥主讲人和听众两方面的积极性和智慧,因此也较受欢迎。

6.会议资料的准备

会议有大量的资料需要事先准备,如会议的背景资料、会议须知、会议主讲人的简历、业绩以及本次会议演讲文稿或其摘要、会议入场证件和门票、会议的会标和引导标识等。会议资料的印制要美观大方,内容简洁明了。

【经典案例】

×××会议须知

(1)请按大会日程安排,带好代表证及大会资料准时出席各项会议和活动。未领取证件的代表请至×××处领取。

(2)请注意大会交通车辆安排(见附件),提前至集合点上车。需要使用出租车的与会代表请提前 20 分钟与组委会联系。

(3)大会期间,除酒店住宿和规定餐饮由大会统一结账外,其他消费自理。与会代表如需使用长途电话请自行到酒店前台开通并结算,使用其他服务或房间内的附加消费品的费用自理。

(4)用餐时间和地点为:早餐每天 7:30 于 YYY 酒店三楼;午餐和晚餐请按《会议议程》安排准时到达相应地点。

(5)酒店退房时间:中午 12:00,如果延迟退房至晚上 6:00 请多交付当日房租的 50%;如果不方便亲自退房,可以将房卡交大会组委会代为退房。

（6）请将您返程计划（含姓名、航班号或火车车次、拟抵达地点、时间等）及时反馈大会组委会。

（7）会议期间，如出现紧急情况和突发危机事件，请服从大会组委会工作人员安排和指挥，迅速撤离有关现场。

（8）大会组委会联系人及联系办法：联系人：×××，联系电话：×××，传真：×××，E-mail：×××。

7. 会议接待计划

会议嘉宾、主讲人、听众等确定后，要策划周到的会议接待办法。要在会议现场适当的地方设立接待台，安排适当的人员负责接待工作；要事先制定接待程序和接待方式，以免到时措手不及；要对会场现场调度有规划，使其能及时处理现场可能出现的拥挤和混乱。如果会议要事先征集论文，则要规划好论文的征集方式；如果要对论文进行评奖，则要事先成立评奖机构。在接待计划中，要妥善规划和安排会议嘉宾、主讲人、听众等各与会者的吃、住、行等基本需要。

10.1.4　落实会议主讲人员

前面已经提到，会议的主讲人员对于会议的作用是非常重要的，因此，会议的组织者必须花费一定的精力来邀请自己所期望的主讲人员到会。对于某主讲人员负责演讲的议题，会议的组织者至少应在会议开幕前的一个半月或更早通知他们以便其早做准备；一旦主讲人员与会得到落实，要妥善安排主讲人员的吃、住、行，对于一些重要的主讲人员，要安排专人陪同；如果会议的演讲者或者听众中有讲不同语言的，会议还要注意配备翻译人员，如有可能，可以事先让翻译人员了解一些演讲的内容以便其在现场更好地翻译。

10.1.5　组织会议的听众

要按照所确定的听众来源和范围组织会议的听众，要让听众清楚进入会场的资格和方式，同样，为了让会议的目标听众能事先知道会议召开的信息，会议主办机构也要对会议的目标听众发出邀请函，或者是通过广告、直接邮寄、网上宣传等其他方式让他们知道该信息。

10.1.6　场地布置和会议召开

当会议召开日期临近，组织者要妥善安排和布置会场以迎接会议的召开。组织者要落实会议召开的场地以及场地中电源、音响、投影、录音录像等相关设备，并备有后备的电源、音响等；要安排好会议现场的工作人员和技术设备维护人员，落实服务人员以及茶水的供应；要保障会议现场的光电、温度和通风处于正常状态；要制定会场纪律；要组织专业人员对会议现场进行安全检查，疏通通道，开启安全门。以上各项准备工作就绪以后，就可以按照前面计划好的会议议程和会议召开方式举行会议了。

10.1.7　制订会议危机管理方案

为防不测，会议要有危机管理方案，以便万一出现突发危机事件时有应对办法。会议危机管理方案包括两部分的内容:一是针对突发事件的管理方案,这与展会期间可能出现的危机事件的管理办法基本相同;另一是会议备用方案,即针对一旦原会议方案因故不能全部或部分实施而制订的替代方案。由于会议涉及面广,影响大,牵涉的人众多,一旦会议期间出现危机,影响将十分严重。对会议进行危机管理是一个值得主办机构充分重视的问题。会议的危机管理办法和展览十分相似,有关内容请参阅本书第九章,在这里就不再赘述了。

10.1.8　会后总结

会议结束以后,要及时对会议筹备及举办过程中的经验和教训进行总结,以便下一次举办会议时能使会议的水平得到进一步的改善和提高。对会议进行总结,首先,要对会议主题、议题以及主讲人和听众进行评估,要检讨会议的主题和议题是否适当,会议的主讲人是否合适,演讲的内容及效果是否达到原来的预期,分析听众的来源和构成。其次,要对会议的筹备和实施方案进行评估,考察会议的筹备各过程是否合理,会议的实施方案有无可以改进和调整的地方,会议的现场布置是否恰当,会议的工作人员是否称职。最后,对会议的收支情况进行评估,看看各项支出是否必要,是否可以进一步扩大收入来源等等。主办机构可以从以上各项评估中,找出好的经验,总结出不足之处,作为改进和提高下一次会议的参考依据。对会议进行全面的总结,对于继续开好下一次会议有着十分重要的作用。

以上是会议策划的一般流程。但在现实中,对于一些大型的或者是高标准的会议,可以专门成立会议秘书组、组织组和会务组等功能小组来分工负责会议的筹备工作,通过各小组的通力合作、相互配合,共同保证会议的顺利召开。对于一些超大规模的会议,还可以设置专门的会议筹备委员会和组织委员会等机构来促进会议的顺利召开。

10.2　各种会议的策划

上面介绍的是各种会议策划的一般流程。在现实中,由于侧重点不同,各种会议的形式和要求也千差万别,各种会议的流程也多多少少地有些差异,这使各种会议在策划上除有一般共同点外也微微有所不同。下面,我们将就一些常见的会议在策划上的一些不同展开讨论。这些常见的会议包括行业会议、技术交流会、专业研讨会、产品发布会和产品推介会。

10.2.1　行业会议

行业会议是由行业协会或者是政府主管部门组织举办、行业协会会员或者该行业有关企业参加的会议。行业会议的主办者一般在该行业都有较大的发言权和较强的号召力,会议的参加者一般都是该行业比较有影响力的企业,会议的影响力一般都较大。

随着世界各国经济自由化和市场化程度的提高,各国政府介入经济活动越来越少。目前,几乎每个行业都有自己的行业协会,这些行业协会越来越对本行业起着重要的规范、协调和管理作用,为此,它们一般隔一段时间就会召开行业会议,对本行业的一些重要议题展开讨论。如果某些行业暂时还没有成立行业协会,政府有关主管部门也会暂时起到行业协会的上述作用,担负起组织召开行业会议的职能。

1. 行业会议的分类

国际大会及会议协会(ICCA)将行业会议分为三类:科技会议、商贸会议和会员会议。科技会议是以技术推广、科技交流与合作为主要目的的行业会议;商贸会议是以传播商业和贸易信息、研讨行业贸易问题为主要目的的行业会议;会员会议是主要由行业协会会员参加的、旨在促进会员之间的相互了解和合作的行业会议。

2. 行业会议主题和议题的选择

在很多行业,行业协会一般每年都会举办至少一次行业会议,每次行业会议一般也都有一个主题。行业会议的主题一般都紧扣行业发展的脉搏,关注行业发展中发出的时代强音。所以,对于一些快速发展的行业和一些比较成熟的行业,其行业会议的主题几乎每年都是不一样的。

除了会议主题要具备前面提到的前瞻性、总结性和时尚性等特征外,行业会议的议题还要具备较强的行业号召力。不管是科技会议、商贸会议还是会员会议,会议的议题有号召力才能吸引行业内企业的参加,这对于会员会议尤其重要。科技会议和商贸会议由于会议议题导向明显,并且一般都很实用,对企业经营有一定的帮助,企业因此往往也乐于参加。但对于会员会议来说,如果会议议题对企业而言没有吸引力,企业可能就会因业务繁忙等原因而不出席会议,或者即使出席会议,也会派一些无足轻重的人员参加,会议的质量因此会大打折扣。

行业会议的议题一般极富行业特征和行业代表性,能针对行业发展中遇到的新情况和新问题展开研讨,能就某一问题组织行业大讨论。行业会议讨论的问题所得出的结论有时候不仅仅是学术上的,它往往带有政策指导倾向,会被有关部门作为制定解决某些问题的政策依据。

3. 行业会议筹备方案

很多行业会议都是每年举行的"例会",其策划流程已经非常成熟,因此,对于很多行业会议,除了每年要仔细策划会议的主题和议题外,有关会议的其他策划一般可以因循旧例。所以,对于那些每年都要举办的行业会议,管理的中心任务就集中在三个方面:会议的主题、会议的议题和会议的筹备方案。会议的主题和议题我们在前面已有介绍,下面我们主要讨论会议的筹备方案。

除了前面讲述的一般流程以外,和一般会议相比,行业会议的筹备方案也有一些特殊的方面:

(1)时间、地点和规模。有些行业会议的举办时间每年都比较固定,如固定在年初和年末等,会议的会期一般是 4~5 天,有的是 2~3 天,但一般不超过 6 天。行业会议召开的地点往往不固定,经常变换,有少数行业会议召开的地点比较固定。行业会议的规模一般在400 人以下,所以其要求的召开会议的场所的容量一般不会超过 400 人。

(2)主讲人和听众。行业会议的主讲人基本来自行业协会、政府主管部门或是协会会员,也有少数来自行业以外的科研机构。会议的主讲人一般由行业协会或政府主管部门确定和邀请。行业会议的听众基本都来自行业内的企业尤其是协会会员单位,听众一般都具有一定的职位,有些较有影响的行业会议,其听众甚至大部分都是企业的领导人。一些比较重要的行业会议,有时候还会专门邀请有关新闻媒体的记者到会旁听并进行现场采访。

(3)会议议程。和一般会议不同,行业会议一般都有政府主管部门和协会领导出席,会议议程因此也比一般会议多了一个领导人致辞和发言的程序,有的还要有新闻媒体对领导人的采访或者新闻发布会等。

(4)会议资料的准备。除了一般会议资料以外,行业会议一般还要准备会议纪念品和礼品,准备新闻稿和领导发言辞等。

(5)会议召开方式。行业会议的召开方式更多、更灵活,它可以采取一般专业研讨会和技术交流会的会议方式,也可以采取联谊会、座谈会、茶话会等方式,主要视会议的主题和议题而定。

(6)会议预算。行业会议预算的资金支出和一般的会议相似,但预算的资金来源更加丰富,会员的会费、协会的基金、政府拨款和企业赞助等都是重要的来源。

当然,除上面讲的一些问题外,行业会议也要经历收集市场信息、确定会议主题、准备会议方案、邀请会议主讲人员、会议召开、会后总结等诸多阶段。各阶段的主要内容可以参考前面有关论述。

10.2.2　技术交流会

技术交流会是以技术的交流和传播为主要内容的会议。技术交流会的策划基本也遵循本章第一节所讲的会议策划流程,但由于技术交流会是一种不同的会议,所以,在流程的各具体阶段,技术交流会有一些特别之处:

1. 在确定会议主题阶段

技术交流会侧重收集其所在行业的最新技术发展状况和发展趋势,了解该行业的实用技术发展状况。会议要多与该行业内的著名企业尤其是那些技术领先的企业联系,或者是与专业的科研机构沟通,以确定技术交流会需要包括哪些技术。会议主题要与技术问题密切相连,要务实,尤其是会议的议题,既要反映技术方面的内涵,也要通俗易懂,能为一般人所理解。

2. 在准备会议方案阶段

尤其要注意会议时间的安排、会议议程的确定和会议资料的准备工作。由于技术交流会的演讲内容是关于技术的话题,因此很多演讲都需要伴有现场演示,这就要求会议的每一个具体议题的时间安排都要合理;在安排时间时要考虑到有些演示在演示中途可能会出现一些细小的失误,所以,对于某一议题演讲时间的安排要留有一定的余地,在编制会议议程时不可太紧凑。技术交流会的资料比较复杂,准备时要小心,尽量不要出错。

3. 在邀请会议主讲人员阶段

主讲人最好要有一定的技术背景和经历,要能回答听众关于该技术议题的一些问题;如果会议需要现场翻译人员,要尽量让翻译人员事先熟悉该演讲所包含的一些技术专有名词,以保证翻译人员在现场能流利翻译。

4. 在会议召开阶段

要根据技术议题的特殊要求对会议现场进行布置,要能够提供和维护会议所需要的特殊设备,要安排懂技术设备操作和维护的现场工作人员,如果会议主办机构不能提供这些人员,可以要求演讲者提供。

5.在做会议预算和寻求会议赞助时

由于技术交流会常常是企业唱主角,因此,技术交流会往往会向有关企业收取一定的费用来作为会议经费的主要来源,企业赞助往往较少。

10.2.3　专业研讨会

专业研讨会是以研讨行业发展动态为主要内容的会议。相比较于技术交流会的"务实",这种会议在内容上要"务虚"一些。专业研讨会的策划基本也遵循本章第一节所讲的会议策划流程,在举办这种会议时,要注意处理好以下一些问题:

1.会议的议题

专业研讨会所讨论的议题往往是偏重理论性的话题,如行业发展的特点、行业未来的发展趋势,对行业发展进行总结,对行业热点问题进行研讨,对行业内企业的管理、营销等理念和思路作出富有前瞻性和启发性的研讨等等。

2.会议的目标

举办专业研讨会最主要的目标是给听众开拓思路,启迪思维,开阔视野,加深对行业发展现状、发展特点和发展趋势的了解。

3.会议的主讲人

由于专业研讨会涉及的议题往往是与宏观相联系的一些话题,是一些理论性较强的问题,所以,会议的主讲人往往是一些科学研究机构、大专院校和专业杂志的有关专家,有时候也有来自企业的管理人员。

4.会议的听众

专业研讨会听众的范围很广,他们可以是企业的管理人员、技术人员、一般工作人员,也可以是来自各种科学研究机构、大专院校和专业杂志的有关人员。

5.会议的复杂程度

由于设计的议题不同,会议需要准备和提供的设备和会议的复杂程度也不一样。专业研讨会涉及的议题较为抽象,不需要太多的设备和演示。

10.2.4　产品发布会

产品发布会是以发布新产品或者是发布有关新产品的信息为主要内容的会议,产品发布会的真正主办者一般是企业,其新产品和信息的发布功能强大。和其他会议形式相比,产品发布会有以下一些特点:

1.会议的标的是新产品或有关新产品的信息

产品发布会主要目的是推出新产品或者是有关新产品的信息,这些新产品可能是已经能够正式推向市场的最新产品,也可能是一些有关新产品的概念和信息,如汽车企业召开的概念车发布会,服装会议中发布的流行色等。产品发布会更多的是强调该产品"新"在哪里,有哪些技术进步,或者设计和款式上如何与众不同等等。

2.会议的最终目的是将产品推向市场

对于产品发布会来说,不管会议的标的是新产品还是有关新产品的概念和信息,其最终目的都是为了将产品更好地推向市场,只不过如果发布的是有关新产品的概念和信息,这种未完全成熟的产品还要经过市场的检验并改进成熟后才能推向市场。产品发布会有时候并不在乎产品是否能立即进入市场,但它绝对在乎新产品的新闻效应以及消费者对新产品的反应,为此,产品发布会往往会安排新闻媒体采访报道。

3.会议的形式类似新闻发布会

由于产品发布会标的的新颖性和新闻价值,这种一般采用类似新闻发布会的形式举行,或者干脆就是一次新闻发布会。产品发布会一般是发布新产品以引起市场对新产品的注意,它很多时候是在发布一种产品"概念",产品实物展示重在突出形象,因此,它对会议现场服务的要求相对较低,有时候甚至可以基本不需要现场服务,现场的各种事务基本都可以由会议的主办企业来完成。

4.会议的听众来源广泛

产品发布会的听众里一般有很多新闻记者、产品设计等技术人员和企业管理人员,他们往往希望得到最新产品信息、产品发展动态和趋势。

5.注重新闻宣传

很多产品发布会所发布的产品都是一些刚刚推向或准备推向市场的新产品,为了扩大该产品的知名度和影响,很多产品发布会都会事先邀请一些新闻媒体对会议进行现场采访报道,因此,在召开产品发布会时,要特别注意邀请有关新闻媒体参加,并为有关新闻媒体提供必要的安排和一定的服务,这样更有利于会议的成功举办。

6.对会议平台的展示功能要求高

产品发布会所发布的产品一般都是新产品,发布新产品的企业对它一般也寄予厚望,因此,产品发布会更加注重会议的环境布置,对会议平台的展示功能的要求因此也都较高,有些特殊的产品更特别在乎发布会现场的灯光、音响等布置。

10.2.5　产品推介会

产品推介会是以向特定的对象推广某一种或几种特定的产品为主要内容的会议。产品推介会的目的很明显,那就是将产品更好地推向市场,为此,产品推介会的产品展示和贸易功能很强。产品推介会的主办者一般是企业。和其他会议形式相比,产品推介会有以下一些特点:

1.会议内容以推介产品为中心

产品推介会主要是为了向市场推介一种或几种产品,这些产品一般都是可以正式在市场上出售的、可以大批量生产的商品。会议的策划重点在于采取何种方式或手段来推介产品,如何才能让听众更了解本产品,因此会议的主要内容是介绍产品的用途、性能和结构等实用性较强的、与最终用户关系密切的一些内容和知识,以求将产品尽快地推向市场。

2.对会议平台的要求以实用为主

产品推介会更在乎产品的最终用户是否了解该产品,因此,它对会议平台的要求基本上是以实用为主,对会议平台的设计和环境布置等的要求一般比产品发布会要低。会议更多地采用用户座谈、经销商会议等形式并伴以现场演示、示范等手段向人们推广产品。产品推介会的听众更多的是产品的经销商及其最终用户,他们更多地是想了解产品的实用性能和价格。

3.对会议的相关服务的要求较多

产品推介会由于有较多的实物展示,有的还有实物操作演示与示范,还有的会邀请现场听众亲自参与操作,因此,它的现场服务事项相对较多,也更需要相关协助。

10.2.6　投资洽谈会

投资洽谈会有时候也叫"投资项目招商洽谈会",它主要是为了招商引资而举办的。投资洽谈会的主办者很多时候是有关政府部门。举办投资洽谈会,要注意做好以下几点:

(1)精选投资项目。投资项目是投资洽谈会的主角,它直接影响到投资方参与投资洽谈会的兴趣,也影响到会议的成败。选择投资项目,既要结合引资地的实际需要,有一定的发展前景,又要符合潜在投资者的投资领域。

(2)做好投资环境和相关政策说明。潜在投资者除了关心投资项目本身以外,对项目所在地的投资环境和相关政策也十分关注。投资洽谈会要做好这方面的说明和解释工作。

(3)对投资方进行一定的资质审定。保证投资方的资质值得信赖,不会出现欺诈行为。

(4)要在市场经济的原则下,由项目招商方和项目投资方双方自愿洽谈,自愿签订合同,不可搞"拉郎配"。

10.3　活动策划

除了举办各种展览和会议以外,表演、比赛和大型招投标等活动常常也被纳入会展产业的范畴。其实,在实践中,表演、比赛和大型招投标等活动往往也以"会"的形式出现,如以表演为主要内容的演唱会,以比赛为主要内容的"运动会"等等。之所以在这里将它们列入"活动",是因为它们与前面所讲的各种"会议"在组织形式和内容上有较大的不同。

10.3.1　表　演

表演是一项观赏性比较强的公众性活动,一般观众较多,现场气氛也比较热烈。表演通常可以分为三种:一是文艺性表演活动,二是营销性表演活动,三是程序性表演活动。程序性表演活动往往已经有了一套大体成型的模式,例如运动会的开幕表演和闭幕表演,它们常常与其他活动融为一体。举办表演,常常要特别注意把握好以下几点:

1.落实组织机构

组织机构对表演的成功与否影响重大,例如,有些较有经验的机构能将表演组织得井井有条,而较缺乏经验的机构有时候在这里浪费很多时间和金钱;有些较权威的机构能将一些关键的表演人员邀请到位,但一般的机构却不能。

2.明确主题和创意

表演的主题和创意是表演的灵魂,表演的组织、形式和内容都是围绕它们而展开的,主题要鲜明、健康、积极向上,创意要新颖、独到、为人所接受。

3.策划好表演的内容

表演的内容围绕表演的主题和创意而展开,是表演的主题和创意的具体展现。好的表演内容不仅要紧扣主题,而且要为大众所喜闻乐见。

4.采用合适的表现形式

好的内容只有用好的形式表现出来才富有感染力,如果形式与内容不匹配,即使有最好的内容,表演也难以达到理想的效果。

5.精心布置表演舞台和场地

有些表演对舞台的要求很特别,有些表演对舞台上某项道具或布置要求很高,如此等等,表演一定要按表演主题的要求,表演内容的诉求和表演形式的需求布置好舞台。同时,表演的场地布置也要与表演的主题、内容和形式相一致。

6.落实演员、主持人和嘉宾

演员、主持人和嘉宾是表演要邀请的重要对象。演员是表演的主角,演员的好坏直接关系到表演的成败;主持人起到将各项表演内容有机串联起来的作用,好的主持人可以为表演锦上添花;有分量的嘉宾到场能增加公众对表演的关注度。

7.组织好观众

观众是表演应该重点考虑的对象之一,难以想象一场表演只有演员而没有观众或者观众很少是一种怎样的情景。

另外,由于表演是一项公众性的活动,有关部门对其管理很严格,在筹备表演时,一定要事先做好有关报批和审批工作;并且,由于表演的观众往往很多,人群大量聚集,在进行表演前和表演过程中,要做好有关危机管理方案。

10.3.2　比　赛

比赛也有多种形式,有些比赛公开进行,观赏性很强,如各种运动会;有些比赛只是比赛者参与、评比者评比,没有什么观赏性。不过,不管采用什么形式,比赛一般都要注意处理好以下几点:

(1)制定一个比赛范围和比赛规则,拟订一个评奖办法,并将其向所有的潜在参与者公开。比赛范围是指规定哪些人或物或特定的对象可以参与比赛,比赛范围决定了比赛的规模。对于比赛规则以及评奖办法,要做到公正、公开和合理,不能有所偏颇。比赛规则以及评奖办法制定出来以后,可以事先征求有关方面的意见,以求更加合理和完善。

(2)邀请和组成一个专家评审团,负责有关比赛的评比工作。在邀请专家组成专家评审团时,评审团的成员要有一定的代表性,并要向所有的参赛者公开,这样评出的比赛结果才更有说服力。

(3)要事先让比赛的所有参加者知道比赛评比结果的揭晓时间。比赛评比的揭晓时间有的会提前公示,这样能引起大家对该日期的高度关注;有的则设置得充满悬念,要根据某一程序才能推断出来,这会让比赛所有的参与者都有所期待。

(4)在比赛评比结果揭晓时,一般需要组织一个公开的发布或颁奖仪式,这样会使得该项比赛更加正式和有影响力。如果要颁奖,要为所有的获奖者颁发一些对获奖有纪念意义的物品,如奖杯、奖状、获奖证书等等,这样可以使比赛更受欢迎。当然,还可以为获奖者颁发一定的奖金。

　　和表演一样,对于一些公众参与性较高,具有一定风险的比赛活动,例如竞技性的比赛等,也要提前做好危机管理方案以防万一。

10.3.3　招投标活动

　　招投标是一个十分常见的商务活动。对于一些大型的项目,为了保证承接项目单位资格确定的公正性,有关单位常常要举行招投标活动。招投标主要有三种方式:公开招标、选择性招标和两阶段招标。公开招标一般用于规模较大的项目,选择性招标对规模不是太大的项目较为合适,两阶段招标对那些首次投标价格与预期价格相差较大的招标项目比较实用。不管哪种方式,招投标活动的技术性都很强,影响往往也较大,在举行时要特别注意组织得当。

　　1. 精心编写招标书

　　招标书是招投标活动对外宣示的招牌,投标企业就是按照收到的或看到的招标书来筹备有关投标事宜的。如果招标书编写不专业和不准确,投标企业往往会无所适从。招标书编写好以后,一般要送达潜在的投标企业。

　　2. 组织好开标和评标

　　投标企业按照招标书的要求制作好投标书,按照招标单位的时间和内容要求送达招标单位,招标单位按照招标书里承诺的时间和方式,组织开标和评标。很多招标项目的开标和评标都可以依次进行,评完标后选出中标单位;但对于一些特殊的项目,开标和评标都可能不止一次,中标单位可能要在多次开标和评标后才能选出。

　　不管什么形式的招标,要在开标时间前合理的时间里让有关企业知道该招标信息,使各有意投标的企业有时间准备标书;在开标和评标时,要注意开标和评标的公平和公正性。

10.4　展会期间的会议和活动策划

　　现代会展业越来越呈现两个鲜明的发展趋势:一是展会与会议并重,为了种种目标,现代的展会越来越讲究在展览期间举办一系列的会议;另一个是展会与娱乐休闲交融,在展会期间举办各种活动已经越来越成为展会的一部分。会议、活动已经成为很多展会不可分割的重要组成部分。一个成功的展会,往往不但要有著名的企业参展,有相当多的观众参观,还要有组织得很好的各种会议和相关活动。

10.4.1　展会期间常见的会议和活动

　　展会期间的会议及活动和展会已经融为一体,成为整个展会的重要组成部分。它们可以和展会在同一个地方举办,也可以在不同的地方举办,但一般说来,如果展会现场场地允许,它们多是和展会在同一个地方举办的,因为这样更有利于它们与展会之间的互动,有利于彼此资源共享,如表 10-2 所示。

表 10-2 展会期间常见的会议和活动

项目	详细分类	功能/作用
会议	行业会议	是帮助展会加强行业信息交流、增进友谊、架设桥梁的有益纽带，可提高展会形象，进一步丰富、扩展和完善展会的基本功能，对提升展会档次、增进展会品质和扩大展会的影响力有重要的促进作用。
	专业研讨会	
	技术交流会	
	产品发布会	
	投资洽谈会	
	经销商会议	
	经营战略发布会	
活动	表演	策划得当，对活跃气氛和吸引潜在观众有较大帮助，否则，反而会干扰展会并产生不好的影响。
	比赛	活跃会场气氛，吸引潜在观众，吸引企业参展。
	颁奖	
	招投标	能提高展会的成交功能，吸引企业参展。
	买卖家配对	能提高展会的成交和信息功能，吸引企业参展和买家到会参观。
	明星/公众人物见面	活跃会场气氛，吸引潜在观众。
	群众性参与活动	活跃会场气氛，吸引潜在观众。

【经典案例】

中国国际进口博览会期间举办的会议和活动

2018 年 11 月 5 日至 10 日在上海国家会展中心举办的中国国际进口博览会（以下简称进口博览会），是中国主动向世界开放市场的重大举措。进口博览会由国家展、企业商业展和会议论坛组成，其中，企业商业展的展览面积 27 万平方米，来自 151 个国家和地区的 3617 家企业参展，现场意向成交金额达 578.3 亿美元。进口博览会在展前和展览期间举办了多场会议、论坛和其他相关活动。

展会开幕前，进口博览会着力推进供需对接、贸易撮合，帮助参展商和采购商加强展前展中撮合成交，从 2018 年 4 到 8 月，展会承办单位进口博览局为进口博览会在上海举办了 7 场展前分展区供需对接会，近 300 家参展商和 700 多家采购商参与。

展会期间，展馆内共举办 176 场会议、论坛和配套活动。这些会议、论坛和配套活动不仅聚焦权威政策发布、国际经贸形势分析，也聚焦企业新品发布、采购签约、需求发布等。期间，进口博览局还在 6.2 号馆举办了大型展商与到会客商供需对接会。来自 82 个国家和地区的 1178 家参展商、2462 家采购商参加。601 对参展商和采购商达成了进一步实地考察意向，657 对参展商和采购商达成意向成交。

展会开幕当天举办的"虹桥国际经贸论坛"，是相关会议、论坛和活动中规模最大和级别最高的。论坛直接服务于进口博览会的总体目标，紧扣国际国内经贸发展的新趋势和新变化，体现开放发展新理念，着眼于推进开放、包容、普惠、平衡、共赢的经济全球化和构建开放型世界经济,促进全球贸易增长。有关国家政要和国际组织负责人、全球商界领袖、知名专家学者出席。

虹桥国际经贸论坛由开幕式、三场平行论坛、虹桥国际财经媒体和智库论坛组成,论坛开幕式也是首届中国国际进口博览会的开幕式。论坛的主题为"激发全球贸易新活力,共创开放共赢新格局"。论坛下设三场平行论坛,分别以"贸易与开放""贸易与创新""贸易与投资"作为议题,重点就推进贸易投资自由化便利化,构建开放型世界经济,通过发展服务贸易、数字经济、电子商务等推动贸易创新增长,挖掘增长新动力以及促进贸易投资互动和可持续发展等内容进行讨论。三场平行论坛、虹桥国际财经媒体和智库论坛于 2018 年 11 月 5 日下午同时举行。三场平行论坛由嘉宾演讲和互动讨论两个环节组成。嘉宾演讲环节邀请中外政要等嘉宾发表演讲,互动讨论环节特邀有关嘉宾围绕平行论坛议题和当前国际经贸热点问题,开展互动讨论。在互动讨论结束后,还安排现场问答,邀请观众提问或发表评论。

日程

时间	内容
15:00-15:05	开幕
15:05-16:00	嘉宾演讲
16:00-16:20	茶歇
16:20-17:20	互动讨论
17:20-17:25	现场互动
17:25-17:30	闭幕

平行论坛的日程安排

虹桥国际财经媒体和智库论坛的主题是"开放型世界经济构建与传播",设两个分议题:一是"开放型世界经济体系中的媒体和智库角色";另一个是"开放的中国与世界发展"。论坛邀请全球知名财经媒体负责人、资深编辑、参展国重要媒体负责人、有关国家负责新闻文化事务的官员和驻华使节、中外知名企业家和智库专家等中外嘉宾参加。论坛围绕进口博览会主题和共同关注的话题,安排全体会议和串行分论坛两个部分。

(资料来源:中国国际进口博览会官网)

10.4.2 展会期间举办会议和活动的目的

之所以要在展会期间策划举办各种会议和活动,是因为举办它们能进一步丰富和完善展会的基本功能,能活跃展会现场气氛,能为展会吸引更多的潜在参展企业和潜在观众,具体表现在:

1.丰富展会的信息功能

展会是行业和市场信息的重要集散地,许多观众参观展会的主要目的是为了收集各种有用的信息。展会期间举办各种会议和活动能极大地丰富展会的信息功能,例如,在展会期间举办一些专业研讨会、技术交流会和行业会议,与会的专家、学者和行业专业人士能将大量的信息带给会场听众,信息积聚和传播的作用非常明显。

【经典案例】

CES 期间的会议

美国拉斯维加斯国际消费类电子产品展览会(CES)是全球顶级的消费电子类展览会,每年1月份举办,世界消费电子产业的著名企业几乎都必定参加。这个展会,除了有琳琅满目的展品之外,众多研讨会也是吸引全世界企业的一个重要原因。例如,2007年1月举办的该展会,就专门面向与会者开设了数百场产业主题演讲,举办了175场专题研讨会,邀请了包括思科 CEO 钱伯斯、诺基亚 CEO 奥利、微软创始人比尔·盖茨、摩托罗拉 CEO 詹德、迪士尼 CEO 罗伯特·艾格和戴尔公司 CEO 戴尔等做主题演讲。这些富有前瞻性视野的行业精英以其敏锐的思维和富有感染力的演讲,使广大听众了解到了消费电子产业未来的发展趋势和预期,极大地丰富了展会的信息功能。

2.扩展展会的展示功能

展会是企业产品的重要展示平台,许多参展企业精心设计展位,精挑细选展品,目的主要是为了在展会上充分展示企业和企业产品的良好形象,树立和强化企业和有关产品的品牌。展会期间举办各种会议和活动能很好地扩展展会的这一功能,例如,在展会期间举办的产品展示会、有关表演和比赛等能使企业和产品的形象能更好地展现,使观众对其产生更加深刻的印象。

3.强化展会的发布功能

由于展会行业人士空前聚集,信息传播很快,在此发布新产品影响更大,有许多企业都选择展会作为发布新产品的场所,展会因此也成为企业发布新产品的一个重要场所。有些展会专门组织产品发布会供企业选择,还有些展会将新产品发布与表演和比赛等活动结合起来举办,以此来强化展会的发布功能。

4.延伸展会的贸易功能

许多企业参展的主要目的是贸易成交,很多观众参观的主要目的是为了寻找合适的供应商,展会因此也成为一个重要的贸易平台。展会期间举办各种会议和活动能延伸展会的贸易功能,如产品订货会、产品推介会、项目招标活动等等。

5.吸引更多的潜在参展企业和潜在观众

策划得当、组织完善、丰富多彩的展会相关活动对展会观众有很大的吸引力,行业会议、项目招标、技术交流会等对吸引企业参展也有较大的帮助。

6.提升展会档次、扩大展会影响

现代展会是一个信息高度集中和丰富的商业平台,如果展会期间各种会议和活动策划得好,不仅能进一步扩大展会的影响,还能极大地提升展会的档次。例如,行业会议、高水平的专业研讨会和技术交流会等就能极大地提升展会的号召力。

7.活跃展会现场气氛

一些富于观赏性的相关活动以及一些大众参与性较强的相关活动能极大地调动现场观众的积极性,使展会现场气氛活跃,为参展企业创造良好的现场氛围。

【经典案例】

香港书展及其活动

"渣打书节"是香港最大的室外书展。2005 年渣打书节以"悦读"为主题,在香港维多利亚公园隆重举行,80 多个展位展出 5000 多种中外书籍。为倡导在自由愉悦的气氛中一起享受读书的乐趣,展会分别以绿、蓝、白色为基调,将整个展会分为三个部分:一是"书节",即书籍展销和专题展览;二是"悦读花园",为各种工作坊和研讨会以及茶餐厅;三是"悦读大道",展出一系列艺术品以为展会增加更多的文化气息。展会在 9 天的展期里每天都设一个专题并配以相关活动,如:关注青少年成长的"悦读新一代",倡导健康环保生活理念的"悦读自然生活",针对妇女及性别研究的"悦读女性",与长者分享阅读乐趣的"悦读经验",推介各种文化新感念的"悦读创意"等。这些活动极大地引起广大市民的兴趣,在 9 天的展期里,展会吸引的观众超过了 20 万人,取得极大成功。

当然,并不是所有在展会期间举办的会议和活动都能对展会起促进作用,如果策划和组织不当,它们就起不到上述积极作用。所以,在展会期间举办的各种会议和活动一定要遵循一些基本原则。

10.4.3　展会期间举办会议和活动的原则

在展会期间举办各种会议和活动与展会之间应存在某种内在的联系,不能脱离展会而存在,更不能为举办活动而举办活动。如果策划不当,或者与展会毫不相干,那么,在展会期间举办各种会议和活动不仅不能促进展会顺利成功,它反而会对展会产生这样或那样的不良干扰,这时,举办展会相关活动不但浪费人力财力,还成了"画蛇添足"。

【经典案例】

ISPO 与行业会议相得益彰

在每年在德国慕尼黑举办的国际体育用品博览会(ISPO)期间,世界体育用品企业联合会(WFSGI)都会聚集全世界的会员,在该博览会的举办期间召开年会,这使得该博览会成为世界体育用品行业巨头聚会的大舞台,展览现场展品琳琅满目,引导世界潮流;与展会同期举办的有关会议现场智慧荡漾,在世界上的影响十分深远。ISPO 也成为世界上规模最大和最具影响力的体育用品博览会之一。

可见,对于那些以展会为依托的会议和活动的举办一定要符合展会的需要。一般的,在展会期间举办各种会议和活动要遵循以下基本原则:

1.主题与形式要符合展会的需要

会议和活动的策划不能天马行空,漫无边际,主题不能与展会毫不相干,形式不能脱离展会的实际,否则,会议和活动不但会与展会脱节,还会扰乱展会现场秩序,甚至还会给展会带来安全隐患。

2.能进一步丰富和完善展会的基本功能

即使是在同一个展会里,不同的参展企业和观众对展会功能的需求程度也会各不相同,有的可能对贸易功能的需求要强一些,有的可能不需要贸易功能而注重信息功能。一个展会有时难以同时兼顾贸易、展示、信息和发布这四项基本功能,这时,会议和活动就要能丰富和完善展会的一项或者几项基本功能;另外,即使展会能同时提供这些功能,但往往有强有弱,这时,会议和活动就要能针对弱项而策划,要进一步丰富和完善该功能。

3.有助于展会吸引更多的潜在企业参展和观众参观

展会不能没有一定数量和质量的参展企业和观众,有一定数量和质量的企业参展是一个展会存在的基础,而有一定数量和质量的观众参观则是一个展会进一步发展的根本,展会期间举办会议和活动对一些企业参展或观众参观形成一定的吸引力,能促进他们来参展和参观。

4.有助于活跃展会现场气氛但不影响企业展出和观众参观

表演、比赛等活动往往能产生十分热闹的气氛,能吸引大量的人群围观和参与,这对活跃展会现场气氛有一定的帮助,但是,如果展会现场气氛过分热烈,到会的无效观众太多,就会对企业的展出效果产生不利影响,对观众参观产生干扰。例如,活动现场噪音过大影响到企业谈生意,围观的人群太多使观众进出展位发生困难等等。

5.会议和活动本身要能产生较好的效果

会议和活动本身要策划得当,组织有力,秩序井然,是人们所喜闻乐见的,并能产生良好的效果。例如,专业研讨会要能紧紧抓住行业的热点和难点问题,群英聚集,智慧激荡,要有助于拓宽视野,更新知识,开拓思路;表演要富有观赏性等。如果会议和活动本身都不能产生较好的效果,则它们本身的存在就是一个问题,更不用说借助于它们来促进展会的进一步发展了。

▷【复习思考题】

1.简述策划举办一个会议的一般流程。
2.简述策划技术交流会与专业研讨会的异同。
3.展会期间常见的会议和活动主要有哪些?
4.展会期间举办会议和活动的目的是什么?
5.展会期间举办会议和活动的原则是什么?

后　记

　　本人关于会展业的著作《会展策划与营销》一经出版，很快就销售一空并重印，还被输出版权到我国台湾地区，成为我国首部输出版权到境外的会展方面的著作，一时被业界称为"会展业的圣经"。实业界和教育界的许多读者来电来信表示，《会展策划与营销》一书包含了会展策划与会展营销两方面的内容，两者交叉，初学者不太容易区分和把握。为此，他们殷切希望我能再出一本只论述会展策划相关问题的著作。应广大读者要求，本人利用从事会展业实际工作之余的业余时间来写成了这本书，希望对我国会展业界能有所贡献。

　　本书主要是从会展项目策划的角度来构思的。像参展商的参展策划等，尽管与展会项目策划有着千丝万缕的联系，但因为它们不是展会项目策划的主要研究范围，因此本书没有对其加以论述。但本书不是认为它们不重要，如果根据市场反应，本书以后有再版需要，届时将再视情况添加有关内容。

　　结合我国会展业的实际情况以及目前我国会展业发展所处的阶段，本书所称的"会展"一词，主要是指"会议"和"展览"两方面的概念，而不是广义的MICE。

　　在我国，会展业目前还是一个崭新的行业，还有很多方面需要各界朋友去从理论上加以总结和提升，并用理论来指导实践，促使实践工作进一步提高。本人在这方面再次进行了大胆的尝试，今后还会在这一领域里继续探索和前进，和业内同仁一起，为我国会展业的发展作出自己的贡献。

　　在本书的写作过程中，我的妻子张莲女士不仅承担了收集和整理资料的繁重工作，还对书中的一些问题提出了很多好的意见和建议，另外，为了使我有充足的时间写作，她还承担了绝大部分的家务工作，在此，对她的无私奉献表示深深的感谢。